Armin Thurnher

Das Trauma, ein Leben

Österreichische Einzelheiten

Paul Zsolnay Verlag

Zu meinem vierzigsten Geburtstag schenkte mir ein Freund die Erstausgabe von Grillparzers »Der Traum, ein Leben«. Ihm und allen Lieben, denen ich mich in diesen zehn Jahren zuwenig gewidmet habe, widme ich wenigstens dieses Buch; vor allen aber Irena, ohne deren Rücksicht es nicht geschrieben worden wäre.

2 3 4 5   99 00 01 02 03

ISBN 3-552-04926-6
Alle Rechte vorbehalten
© Paul Zsolnay Verlag Wien 1999
Satz: Satz für Satz. Barbara Reischmann, Leutkirch
Druck und Bindung: Friedrich Pustet, Regensburg
Printed in Germany

I

Trauma, Trick und Telefon

Das österreichische Inland,
als Panorama betrachtet

Ich verbiete, daß er schreibe!
Ich befehle, daß er's soll!
Franz Grillparzer,
»Der Traum, ein Leben«

Über Österreich zu schreiben ist unerträglich. Zuviel ist geschrieben worden. Zwei Hilfszeitwörter in den ersten beiden Sätzen. Wer hilft dem Autor? Er ist ermattet, schon beschleicht ihn ein drittes. Zu viele Hilfszeitwörter in seiner Brust. Österreich macht schwach. Er widersteht ihm schwer. Er widersteht ihm nicht. Überall ist eine ungeheure Hilfsbereitschaft. Das kann nur bedeuten, der Feind ist nicht weit. Er blickt um sich, da kommen sie schon, die österreichischen Figuren. Nein, es ist das ganz normale Leben. Die Normalität redet er sich mit aller Kraft ein, denn darin besteht sie ja, daß man sie sich einredet, ehe man sich darin einrichtet. Das Einreden ist geradezu die Voraussetzung des Einrichtens. Österreich, ein Einredehaus. Überall im Land stehen Medienhäuser. Jedes Eigenheim ein Medienhaus. Der Kanzler hat die Parole ausgegeben: Internet für alle! Im übrigen fehlt es keineswegs an Einrichtungshäusern. Sie übertreffen die Zahl der Eigenheime bei weitem. Damit der Eigentümer des größten Einrichtungshauses aus seinem Penthouse einen ungehinderten Blick auf Österreich habe, wurde das Museumsquartier, in dem sich die zeitgenössische Kunst einrichten soll, höhenmäßig ein wenig zurechtgestutzt, als wäre es ein zu hoch geratener Tisch, dem die Beine abgeschnitten werden.

Das Einkürzen und das In-die-Länge-Ziehen sind geradezu Spezialitäten des Hauses Österreich. Ein Haus des Prokrustes, dieses Einrichtungshaus. Nicht jeder kann sich darin einrichten, dem ein Haus über dem Kopf abgebrannt ist. Für den Wirtschaftsflüchtling, der also nicht mit dem Messer im Rücken vor uns hintritt, sondern mit der verbundenen Wunde, mit dem geht es rasch retour in Richtung Grenze, wir sind ein Einrichtungshaus, aber keine Wirtschaft. So einer kriegt keinen Ausweis, sondern eine Ausweisung. Wir sind ja kein Ausweishaus! Im Fernsehen läßt ein Einrichtungshaus einen Werbespot spielen, der nicht Produkte anpreist, sondern das Wesen des Einrichtungshauses. Man spielt eine Sitcom, einer tollpatschigen Familie stößt Situationskomik und Konservenlachen zu. Am Schluß sagt eine Stimme aus dem Off, in totalem Gegensatz zum unsäglich öden soeben Gesehenen: »Oiso i find's supa!« Stimmt. Das Einrichtungshaus Österreich ist super. Super ist das Hauswort. Fröhlich klingt es auf in allen Stockwerken. Man versteht es sich einzurichten, das Leben ist easy, man muß nur leistungswillig sein und die richtigen Leute kennen, die Segnungen der Demokratie sind da, man braucht nicht einmal mehr hinaufgehen, man kann es sich auch hier unten richten. Nicht bloß die Einrichtung, vor allem die Richtung stimmt. Wer es sich einreden kann, vermag sich auch einzurichten.

Einschneiden. Fragen wir einmal so: Was ist überhaupt ein Trauma? »Eine einschneidende psychische Erfahrung«, sagt mein psychoanalytischer Ratgeber, den ich stets bei mir trage, »die das Ich überwältigt und seine Identität erschüttert. Deswegen kann sie nicht einfach durch das Subjekt assimiliert werden wie andere weniger belastende Erfahrungen. (...) Manchmal ist ein Trauma nicht durch ein einzelnes Erlebnis ausgelöst. Eine Reihe von sich wiederholenden und summierenden Erfahrungen können auch eine traumatische Wirkung haben.«

Ausrutschen. In Holland fahren die Dampfer durch die Wiese. Im steirischen Lassing stand auf einmal ein Haus bis zum Dach im Grundwasserteich; der Teich hatte sich dort aufgetan, wo gestern noch Wiese war. Ein Talkbergwerk war eingestürzt. Elf Männer waren verschüttet; zehn starben unter Tag. Einer wurde nach zehn Tagen gerettet, der Hainzl Georg. Sein erster Satz lautete übrigens: »Ja, ich bin's, der Georg!« und gemahnte an den Satz einer anderen Legende, des Polizeipräsidenten Holaubek, der einst den entsprungenen Zuchthäusler Schandl mit den Worten zur Aufgabe aufforderte: »Kum aussa, i bin's, dei Präsident.« Hainzl sprach's und kam gegen jede Hoffnung aus seinem kühlen Jausenraum sechzig Meter unter der Erde. Überleben ausgerechnet im jausenfreien Jausenraum – das Komische darf in der tragischen Situation nie fehlen. Ein Jausenraum, den man nach menschlichem Ermessen für sein Grab halten hatte müssen.

Was kümmert die tief im Barock verankerten Österreicher das menschliche Ermessen! »Es war ein Zeichen Gottes«, darauf konnten sich verantwortliche Politikerinnen und Medien schnell einigen. Nicht der Ausdauer und dem Glück der Bohrtrupps war der Fund Hainzls geschuldet, der Bohrtechnik und der bohrenden Medientechnik schon gar nicht, sondern einzig dem Flehen, dem Glauben und dem Gebet. Wenn man Gott für Hainzls Rettung lobte, hätte man ihn nicht andererseits tadeln müssen für den wahrscheinlichen Tod der zehn anderen Bergleute? In der Wunderstimmung war keine Zeit für solche Fragen, das

Katholische brach mächtig durch. Der *Kurier* erklärte Lassing zur »Pilgerstätte«, »zum Symbol dafür, daß die menschliche Hoffnung doch über Technokraten-Thesen siegt«.

Der Schrecken der Bevölkerung über die Toten wurde durch das Mediengewusel samt Liveberichten und Studios am Grubenrand nicht nur mit Devotionalienkitsch, auch mit Ekel garniert. Wenn Handke das gesehen hätte: Der deutsche Großjournalist erschien einen Tag vor Redaktionsschluß. Er blinzelte kurz in die Sonne und retirierte ins Wirtshaus. Dort ließ er sich von einem Journalistenkollegen berichten und diktierte ein saftiges Stück Erlebnisprosa, als wäre er selbst soeben aus dem Schacht gerettet worden. So authentisch, als dürfe er derlei im einst anonymisierten Nachrichtenmagazin mit seinem Namen zeichnen. Was er denn auch tat.

Die Lawine, die im folgenden Winter auf Galtür niederging, war schrecklicher, was die Zahl der Toten betraf. Wenigstens wirkte der Schneevorhang, den nur die Rettungshubschrauber zu durchfliegen vermochten, wie ein reinigender Filter. Der Botenbericht in Gestalt von Filmen des Bundesheers zeigte genug; außerhalb des Tals weideten sich die Pressegeier ausreichend am fremden Unglück. Auch hier lagen Tod und Lächerliches eng beieinander. Höhepunkt der Tragikomik war ein Werbespot der Illustrierten *News* im Fernsehen. »Wer ist verantwortlich?« fragte die Reklamestimme. Und der beschwörende Chor fiel ein: »*News!*«

Wer ist verantwortlich? Während dies geschrieben wird, hat sich über den Bewohnern des Ortes Schwaz in Tirol der Fels gelockert und droht auf sie hinunterzubrechen. 250 Häuser mußten verlassen werden; nur die Tiere im Stall, unter Lebensgefahr gefüttert und getränkt, harren ihres Schicksals. Auch hier wird gefragt: Wer war es? Schon liegen sich die Geologen in den Haaren. Bergbau, Tourismus, der Mensch mit seinen bohrenden Fragen, mit seinem schürfenden Wesen? Wer will es wissen? Am besten erzählt man eine kleine Geschichte vom Aktionisten Hermann Nitsch. Als bei einer seiner frühen Aktionen die Polizei kam, die Tür öffnete und entgeistert an den knöcheltief in Blut und Gekröse watenden, mit einer blutbespritzten Schürze bekleideteten Nitsch die Frage stellte: »Wer war das?«, antwortete der seelenruhig: »Das weiß niemand!«

So ist es auch mit den Katastrophen. Die Experten streiten sich, ob nicht doch fahrlässig gehandelt worden sei, die Kommentatoren versichern, das Leben sei lebensgefährlich, das Volk weiß, die Politiker sind verantwortlich, die Bergbaubehörde ist immer schuld, und schließlich ist nicht Klarheit, aber Zeit gewonnen. Ein Land rutscht weg, bricht ein, bröckelt ab, und keiner ist's gewesen? Das kann nicht sein, denn die Lawine ist jene Form verlorener Kontrolle über die Dinge, die dem Bergvolk am nächsten geht. Sein Wiederaufbauwerk ist in Gefahr. Land der Berge! Nicht nur in der Hymne, im gesamten Symbolhaushalt des Landes steht die Landschaft an erster Stelle. Die großen Kraftwerke im Gebirge waren der Schauplatz, in denen nach der Niederlage auf dem Schlachtfeld die Natur als neuer Feind bezwungen wurde, auf unschuldige Weise.

Unschuldig? Denkste. »Seht, diese Landschaft lebt, da sie doch mehr als fünfzig Jahre tot war oder sich doch zumindest tot gestellt hat!« Elfriede Jelineks »Die Kinder der Toten« ist der vorweg erschienene Roman zu den Katastrophen der späten neunziger Jahre. »Landschaft« ist, das haben Untersuchungen gezeigt, mittlerweile der von Österreichs Insassen am häufigsten genannte Grund, ihr Land zu lieben. Nicht irgendeine Landschaft, die kontrollierte, gezähmte, wiederaufgebaute Landschaft lieben sie, die Alpen als ihren Wilden Westen, wo sie mangels Prärie und

Indianern ihre zweite Nationsbildung erkämpft und ihre Traumata überwunden haben. Der Tourismus bildet dabei nur die Nebenfront des Gelderwerbs. Ob deswegen jede Lawinenkatastrophe, jede Mure, jeder Bergrutsch, Einbruch oder Felsschlag so sehr ans Eingemachte geht, weil sie an jenes Trauma erinnern, von dem man nicht so gerne spricht?

Einfahren. Die Einwohner leben in permanenter Gefahr durch sich selbst, weil nicht mehr Natur, sondern nur noch Selbstgeschaffenes sie umgibt. Deswegen braucht es Leute, die den Berg stellvertretend für alle anderen besiegen, die sogenannten Naturburschen. Zum Beispiel der Maier Hermann mit seinem Maschinenkörper. Sofort nach dem Rennen sitzt er wieder auf dem Hometrainer, weswegen er einen Körper hat, der ihn auch die schlimmsten Stürze überleben läßt. Er ist geradezu berühmt für seine Stürze, für den einen Sturz, bei dem er kopfüber abflog, durch Sicherheitszäune hindurch den Berg hinab, und erst nach langen Sekunden brutal in den Schnee stürzte, alle Hoffnungen begrabend, und doch auferstand am nächsten Tage und noch zwei Goldmedaillen gewann. Ja, der Hermann, der ist das Gegenteil von einem Fußballer. Der hat einen Willen, der durch nichts zu biegen ist. Der hat einen Körper, der ihm zu Willen ist. Weil der Schiverband den Schüler Maier nicht akzeptierte, arbeitete er als Maurer. Er hat also nicht nur den Berg, sondern auch die Bergbürokratie besiegt. Jetzt realisiert er den österreichischen Traum, schreibt seine eigenen Gesetze und trainiert, wie *er* will.

Bergbesiegen ist Österreich. Der Sturz macht den Mann. Im Flachen wie im Steilen. Mit Toni Sailer, dem Blitz von Kitz, haben sie ihre Identität im Zeitalter des Wiederaufbaus mitgeschrieben, mit Hermann, dem Melker der lila Kuh, schreiben sie im Zeitalter der Körpertechnik an ihr weiter. Aus dem »Eigenheim Österreich« (Wolfgang Kos) wird der Eigenkörper Österreich. Man baut sich selbst, Freunde und Nachbarn helfen, die Sparkassa ist am Stirnband präsent. Ein hartes Stück Arbeit muß der Hermann leisten, jede freie Minute verbringt er am Bau. Der Bau wächst in alle Richtungen, die Muskeln schwellen, vergessen ist das schmächtige Männlein von einst. Der Maschinenmensch Maier ist die Baumaschine seines eigenen Erfolgs.

Im Körper des Arnold Schwarzenegger, durchgeformt wie ein Haus von Wüstenrot, wohnt behaglich eine Steirerseele. Diese Symbiose ist das Vorbild aller Eigenbürger, der Beweis, daß nicht sich bilden einen weiterbringt, sondern bodybuilden. Zu den Erfolgskörpern gehört auch eine Stimme. Es ist die des Schireporters. Der Schireporter ist ein Sonderfall des Sportreporters. Er hat keine Konkurrenz. Für diesmal ist er nicht der kleine österreichische Bittsteller, der bei Fußballweltmeisterschaften keine Interviews kriegt, sondern der Platzhirsch, der 700 Kameras an der Strecke postiert und sich darüber beschwert, daß die Schweizer noch immer nichts von ihm gelernt haben. Er kann sich also kraft technischer Überlegenheit komplett gehen lassen, kann auf Distanz weitgehend verzichten und sich als eine Art Vorschluchzer des Hurrapatriotismus aufführen. Zu diesem Zweck gibt es, mit dreißigjähriger Verzögerung den Amis abgelauscht, Co-Kommentatoren, ehemalige Sportler, die wenigstens von der Sache etwas verstehen und den Vorteil haben, durch keine Schulung mit irgendeiner Art von Hemmung versehen zu sein. So reduziert sich das Gebrabbel in entscheidenden Momenten nur noch auf ein Gestöhne, Gegrunze und Geseufze. Während der Eigenkörper der Nation durch die Luft fliegt, geben die Lehrer der Nation den Zuschauern eine Lektion in Empfindsamkeit, indem sie, endlich zu zweit, stöhnen wie Synchronsprecher beim Pornofilm. Der Kommentar ist ersetzt durch Habererhallo und Anfeuerungsgegröle. Was man in der Politik früher Faschismus nannte, die Vision der verfügbaren Masse, findet sich jährlich beim österreichischen Schiereignis des Jahres, in Kitzbühel. 200 Millionen an den Schirmen. Die fesche Masse brodelt, die Schneekanone hat ganze Arbeit geleistet. Es schwillt der Hahnenkamm. Soll man es Schifaschismus nennen? Sagen wir: Feschismus. Hansi Hinterseer singt in Moonboots. Während Hermann auf dem Heimtrainer sitzt, suhlen sich Spitzen aus Politik, Medien und Wirtschaft in der Menge. Die Zuseher daheim werden durch eingestreute Gewinnspiele entschädigt, später durch Listen, die Rangliste der Sieger und die Promi-Liste der Wichtigtuer.

Nach Weltmeisterschaften und Olympischen Spielen gibt es einen Empfang für die Sieger, am Wiener Heldenplatz natürlich, »diese Arena Ballhausplatz-Heldenplatz. Sie hat ja eine großartige, manchmal nachdenkliche Geschichte, aber zuletzt nur positive Geschichte«, sagt der Sportreporter, der durch den Abend führt. Die Sportler tragen ihre Medaillen an bunten Bändern, um die Schultern von Präsident, Bürgermeister und Ministern flattern rotweißrote Schals. Es ist Gleichenfeier. »Mia san olle stolz auf Österreich«, sagt der Reporter und am Schluß: »Passen S' auf beim Autofahren, danke fürs Kommen und machen Sie wieder mit, wenn wir Olympia übertragen.«

Einnetzen. Ein wahrlich traumatisches Gelände, feindliches Flachland, das Rasenrechteck mit den Kreidestrichen und Toren an den Cornerlinien, auf den Tribünen, vor den Fernsehern. Töricht und leer ist die Hoffnung des Österreichers, aber sein Tor ist voll. »Früher« wirkt in seiner Fußballwelt als Zauberwort. Fußball, jene bessere Vergangenheit, deren er sich nicht zu schämen braucht. Das Wunderteam, das waren die besten Kicker der Welt. Sie stellten es gegen England unter Beweis, indem sie 4:3 verloren, 1932 an der Londoner Stamford Bridge. Unter den Nazis wurde, jawohl, Widerstand geleistet, und zwar auf dem Fußballplatz. Es gab Mißfallenskundgebungen, wenn in Wien deutsche gegen österreichische Mannschaften spielten. Und Rapid wurde 1941 deutscher Meister gegen Schalke! Auch nach 1945 ging's nicht so schlecht, 1954 WM-Dritter in der Schweiz, mit dem Wermutstropfen, daß die Deutschen Weltmeister wurden. Dann traf das Trauma, es trug spanische Städtenamen. Córdoba, Gijon, Valencia. Es gibt intellektuelle Literatur zum Thema, es gibt Bücher, bei denen der Titel »3:2« genügt, und jeder weiß, was gemeint ist. Bücher, in denen der Bundeskanzler (»eine gewisse Genugtuung und ebenfalls ein Zeichen besonderer Tüchtigkeit«) und der Wiener Bürgermeister (»Rache für Königgrätz«) ein Vorwort beisteuern. Die Schmach, stets hinter den Deutschen zurückzubleiben, auch in Zeiten, als der Fußball noch nicht durchkommerzialisiert war, konnte höchstens durch die Idee kompensiert werden, man sei ihnen technisch überlegen, man sei spielerisch besser als sie, und nur der schiere Wille, die körperlichen Reserven und der Nachschub an Glück brächten *denen* den Sieg.

So reden sie, diese österreichischen Sportreporter, diese Unglücksboten, diese rabenschwarzen Überbringer der Pechbotschaft. Sie verdoppeln mit ästhetischer Unfähigkeit das Geschehen auf dem Rasen. Wortschatzmäßig herausgeforderte Stammler hinter den Mikrophonen, geistig abwesende Schwenker hinter schlecht postierten Kameras und gelangweilte, selbsternannte Profis an den Regiepulten: Daraus kann nichts Gutes entstehen. Die Distanz des Berichts ist ihnen unbekannt, Skepsis eine Art Blutvergiftung. Sie beherrschen nur das Genre der Fanperspektive, das patriotische Wir-Gelalle. Anders als den Schireportern fehlt ihnen jeder Anlaß zum Triumph, was sie mit dem Hochkitzeln unberechtigter nationaler Erwartungen zu überspielen versuchen, in der Hoffnung, damit von ihren eigenen Unzulänglichkeiten abzulenken. Von Córdoba an ging's mit der *Spielkulturnation* Österreich bergab; über die Schande der Schiebung von Gijon – mit jedem durfte man sich das Ergebnis ausmachen, nur nicht mit der *Militärnation* Deutschland – und eine enttäuschende Weltmeisterschaft bis nach Valencia. Dort wurde Österreichs Fußballnationalmannschaft von den Spaniern auf eine Weise gedemütigt, daß man meinte, einige Spieler würden auf dem Platz zu weinen beginnen. Das wäre sympathisch und bei dem nicht einmal ungerechten Ergebnis von 9:0 durchaus passend gewesen. Tief prägte sich das Bild des Teamchefs, Herbert »Schneckerl« Prohaska, ins Bewußtsein einer erniedrigten Nation ein. Vornübergebeugt saß er, die Hände vors Gesicht geschlagen.

Schneckerl, der genialste Fußballer Österreichs nach 1945, repräsentierte als Spieler jene Idee von Eleganz, die insgeheim den Einsatz roher Muskelkraft verachtet. Diese Eleganz, genannt »technische Überlegenheit«, suggeriert, sie könne die rohe Kraft des Aggressors mit Leichtigkeit aushebeln, sie stützt den Traum des Kleinen, der sich immerzu überlegenen Großen ausgeliefert sieht. Wenn diese Eleganz jedoch nur erträumt wird, sind die Folgen böse. Es widerstrebt anscheinend auch dem unbegabtesten Kicker, wenn er Österreicher ist, von seinen Körperkräften direkten Gebrauch zu machen und sich mit Roheit zu helfen, wo Leichtigkeit nichts fruchtet. Nichts lähmt ihn so sehr, wie wenn ihn andere durch Eleganz erledigen. Wenn sie ihm mit Kraft kommen, hält er mit Willen und Einsatz dagegen. Wenn ihn aber einer austanzt, ist er wehrlos. Dann lähmt ihn die Erfüllung jener Ideale, die er selbst nicht verwirklichen kann. Das Schlimmste ist der Trost, das Leben gehe weiter. Stimmt schon. Aber was nutzt es, wenn der Verteidiger stehenbleibt?

Einmarschieren. Im Grunde genommen spielt Österreich gegen sich selber, wenn es gegen Deutschland spielt. Es spielt gegen die Gespenster der Vergangenheit, gegen jenes Trauma, das lange vor Königgrätz begann, als der Preußenkönig der österreichischen Kaiserin Schlesien abjagte. Es setzte sich fort im 19. Jahrhundert, als Bismarck Franz Joseph zum Vasallen machte, und es kulminierte im »Anschluß« von 1938. Österreich spielt für jene nationale Ideologie, mit der all das nach 1945 weniger aufgearbeitet als vielmehr weggearbeitet wurde. Es spielt für jene besseren, nie realisierten Möglichkeiten, die in einer Absage an die Dominanz einer Nationalität über andere Nationalitäten gelegen wären. Die Dominanz der deutsch-österreichischen Minderheit in der Habsburgermonarchie führte in Verbindung mit Deutschland in die Katastrophe des Ersten Weltkriegs, verkleinerte Österreich in bekannter Weise und brachte beim nächsten Versuch, gemeinsam Größe zu erlangen, das bekannte Unglück.

Das ist Geschichte. Österreich hat sich schmerzhaft umerzogen, durch den Österreicher Hitler und dann durch die Alliierten. Es hat in seinen Staatsvertrag das Anschlußverbot aufgenommen, es definiert sich also endlich als staatliche Negation Deutschlands. Es hat sich so sehr verösterreichert, daß selbst das nationale Lager – national bedeutete einst »deutschnational« – sich gezwungen sah, der »Deutschtümelei« ade zu sagen und sich auf Österreichhuberei umzustellen. Man darf heute ohne jede Hintergedanken in Österreich dem österreichischen Nationalismus skeptisch gegenüberstehen, vor allem ohne in den Verdacht zu geraten, für den »Anschluß« zu plädieren. Die Rolle des Sports bei dieser österreichischen Selbsterziehung war zentral, und sie ist es noch. Mögen die Deutschen den österreichischen Lebensmittelhandel übernehmen, sich bei Banken einkaufen, die Telekommunikationsbranche dominieren und die Medien kontrollieren, mögen sie die österreichische Industrie als Zulieferindustrie domestizieren und gegebene Standortversprechen im Dienste des Shareholder-Value brechen, mögen sie ihrerseits österreichische Unternehmen durch Verstaatlichung von Investitionen fernhalten, wie dies Gerhard Schröder im Fall Preussag tat, welche die österreichische VA-Stahl übernehmen wollte – das juckt uns wenig im Vergleich zu einem verlorenen Länderspiel, sei es im Fußball, sei es im Tennis.

Bei einer Schlagzeile wie »Thomas rettet unsere Ehre«, wußte jeder, daß Thomas Muster gemeint war und nicht der Bundespräsident. Der bot mit erotischen und gesundheitlichen Problemen zwar ähnlichen Unterhaltungswert, es mangelte ihm aber an agonalen Elementen, und vor allem: an einem Gegner wie Boris Becker. Immerhin, als 1994 Österreich im Daviscup gegen Deutschland spielte, war Schatten-Thomas zur Darbietung der Lichtgestalt Thomas geeilt, um an deren hellem Schein teilzuhaben und sich mit einigen staatsmännischen Kommentaren ins österreichisch-deutsche Sportspiel und damit in die wirklich relevante öffentliche Wahrnehmung zu bringen. Es war eine tief österreichische Veranstaltung: Die Österreicher siegten »moralisch«, indem sie 2:3 verloren.

Deutschland – Österreich, ein Folge traumatischer Einzelbilder. Cordoba war die Ausnahme, Nürnberg die Regel. Dort sah Gerd Müller 1970 in einem Weltmeisterschafts-Qualifikationsspiel 89 Minuten lang gegen Norbert Hof keinen Ball. In der 90. Minute erzielte er das 1:0 für Deutschland.

Noch ein Bild, das stärkste vielleicht in dieser Leidensbeziehung. Es geschah in München, daß der Tormann der deutschen Nationalmannschaft den Kapitän der österreichischen im Strafraum so unsanft stieß, daß dieser stolperte. Und? Sie spielten beide in derselben Mannschaft, bei Bayern München. Oliver Kahn, der Tormann, dieser privat angeblich umgängliche Mann, der sich auf dem Feld in eine übermotivierte Bestie verwandelt, hatte gefunden, Andreas Herzog benötige ebenfalls ein wenig Motivation. Traumatisch wurde das Bild dadurch, daß der brave Herzog, ein, wie man sagt, durch und durch sympathischer Spieler, sich nicht umdrehte und seinerseits versuchte, Kahn mit einem rauhen Stoß zur Ordnung zu rufen. Nein, Herzog rappelte sich auf, trottete gesenkten Haupts davon, dachte sich sein Teil und ließ die blonde Bestie in seinem Rücken brüllen.

Einkaufen, en gros. Franz Strohsack wanderte aus dem steirischen Weiz nach Kanada aus, gründete dort 1957 eine kleine Firma und nannte sich fortan Frank Stronach. Heute macht der Magna-Konzern 88 Milliarden Schilling Jahresumsatz; Stronach ist sein Hauptaktionär. Vor ein paar Jahren kehrte er nach Österreich zurück und kaufte ein: Fabriken, Fußballclubs, Grundstücke. 8000 Arbeitsplätze besitzt er heute im Land, und er hat manches Gute getan, wofür 800 Millionen Schilling Förderung gewiß nicht zuviel waren. Er hat aber auch ein spezielles Sykophantentum zum Vorschein gebracht, das dem erfolgreichen Unternehmer nicht nur respektvoll begegnet, sondern kriecherisch. Dabei gibt Stronach nicht den Hunnenkönig, sondern den reichen Onkel aus Amerika.

Onkel Frank weiß, wie's geht. Arbeitsplätze sind das Problem, dort knüpft er an. »Fair enterprise« verspricht er, soll heißen, die Gewerkschaft kann draußen bleiben. »Ich war selbst Arbeiter. Ich weiß genau, was ein Arbeiter braucht«, sagt er, und die Sozis glauben's inbrünstig. Die Steyr-Werke bekam er von der Bank Austria so günstig, daß öffentliche Unruhe entstand. Also legte er noch einmal 500 Millionen drauf und versprach, den Steyr-Konzern nicht zu zerschlagen. Schon passiert. Aber Frank hat anderswo viel mehr Arbeitsplätze geschaffen! Und überhaupt wird ihm nur Unrecht getan, weil er versucht, mit Landeskenntnis das Beste aus den Landessitten zu schlagen. Alles, was ihm nachgesagt wird, ist für ihn nur »negativ Prapagända«.

Das Problem ist in der Tat nicht Stronach. Das Problem sind seine österreichischen Freunde und wie sie auf ihn reagieren.

Sie zeigen Österreich pur. Als Stronach sich bei fast allen Fußballclubs gleichzeitig einkaufte, um einen Wettkanal aufzuziehen, bei dem auf eine Konkurrenz von Clubs gewettet würde, die alle in seiner Hand wären, gab es erstmals Widerstand. Die Gekauften aber priesen, statt sich ihrer Käuflichkeit zu schämen, den Käufer, weil er sie kaufen konnte. Hinweise auf Rechtswidrigkeiten bei diesem Kaufvorgang, bei der Errichtung eines Kartells, nützten nichts. Stronach stellte sich keiner Diskussion im Fernsehen. »Das ist ein österreichischer Paradeunternehmer, ein Manager höchster Qualität, die Österreicher müssen stolz sein, wenn der sich für Fußball interessiert!« Dieses Argument eines beteiligten Clubpräsidenten mußte genügen. Der unbestechliche ORF-Reporter aber fragte: »Herr Kerscher, wer Sie kennt, weiß ja, daß Sie die Zunge vor sich hertragen. Sind Sie einer seiner Intimusse, und warum ist Frank Stronach nicht hergekommen?« Kerscher jedoch antwortete ihm: »Ich bin nicht ganz klar. Ich bin nicht einer seiner Intimusse. Zuviel Ehre für mich.« So kam auch der Begriff der Ehre ins Spiel, ohne daß Wetten darauf angenommen wurden. Der Gastgeber ORF selbst verhandelte mit Stronach über den Wettkanal, also mußte der Diskussionsleiter manchmal auch die Interessen des eigenen Hauses vertreten. Naturgemäß brachte der Sportchef der *Kronenzeitung* namens seines Medienhauses die repräsentative Demokratie ins Spiel: »Ich vertrete von meiner Zeitung sehr viele Fußballinteressierte«, und gab bekannt, auch sein Blatt habe Interesse an diesem Wettkanal. Lauter Interessenten, lauter Sykophanten. Stronach, der reiche Onkel aus Amerika, klopft an die Tür, schon kriechen die Einwohner so gelenkig, als siedelten sie nicht in Eigenheimen, sondern hausten in Hütten um den Palast.

Einrichtungshaus Gottes. Kardinal König, der weise Mann des Ausgleichs, hatte, im Wissen um die unheilvolle Vorgeschichte der Verquickung von Staat und Kirche im gesamten Habsburgerreich und speziell in der Ersten Republik, Distanz dem Staat gegenüber gehalten und dabei die Gesprächsbasis mit der Politik, vor allem mit der regierenden SPÖ, so sehr verbessert, daß plötzlich allerhand Sozis ihre Volkstümlichkeit unter Beweis stellten, indem sie hinter dem Fronleichnamshimmel hertrotteten. Das tat nicht weh und entspannte das arbeitsteilige Klima; gewisse repräsentativ-rituelle Aufgaben erfüllen Priester einfach besser.

Als dieser kluge Kardinal in Pension ging, sprangen mitten aus der tollsten Ungleichzeitigkeit heraus barocke Lemuren den anständigen Katholiken, der überwiegenden Mehrheit im Land, mit dem Hintern ins Gesicht. Der tremolierende Wallfahrtskaplan Hans-Hermann Groër wurde Kardinal, der wohlbeleibte, aber nichtsdestoweniger tückische Reaktionär Kurt Krenn Weihbischof. Er ist zwar eine starke Autorität in Glaubensfragen, aber daß Groër sich im Internat an Knaben vergriffen habe, mochte er »einfach nicht glauben«. Im Unterschied zu allen anderen Bischöfen, die schließlich Groër Ablöse bewerkstelligten. Die vom Papst und dessen Nuntius inszenierte Wende nach rechts provozierte eine wütende Reaktion der Kirchenbasis. 500 000 Menschen, also fast jeder zweite von 1,2 Millionen Kirchgängern, unterzeichneten das sogenannte Kirchenvolksbegehren, das die Bischöfe schließlich in einen »Dialog für Österreich« kanalisierten. Selbst der Papst sollte bei seinem Wienbesuch damit konfrontiert werden. Man erwartete gar ein Machtwort oder die Absetzung Krenns. Natürlich geschah nichts dergleichen. Der Papst waltete seines hierarchischen Amtes und tat nichts. Krenn hingegen provozierte munter weiter die Gutwilligen, im Vertrauen auf die Bibel und seine Kamarilla im Vatikan.

Dieser dicke Bischof hat etwas geradeheraus Feudales, das wunderbar mit seinem Talent zur Intrige harmoniert und ihn zum idealen Repräsentanten des kirchlichen Machtgebäudes macht. Die Anhänger des Kirchenvolksbegehrens müßten eine Butterstatue Krenns aufstellen (zumindest im Winter), denn nur die Existenz des dicken Bischofs gibt ihnen Kraft und Energie. Wogegen ließe sich die Kraft der Liebe behaupten, woran könnte sich christliche Demut bewähren, wenn nicht an dieser Figur? Mit der Eleganz, der Nettigkeit und der Glätte seiner Amtsbrüder hätten die wackeren Katholiken nicht eine einzige Unterschriftenliste gefüllt. Im täglich erscheinenden Krenn-Boten, der *Kronenzeitung*, resümierte ein Monsignore namens Günther Nenning den Papstbesuch: »Etwas ereignet sich, das aus der Tiefe kommt, alles Engkirchliche und Dogmatische hinter sich läßt und nur noch ganz einfach *ist*!« Und friedlich winkend singt Wolf Martin, der spirituelle Reimer der Menschenfreundlichkeit, sein Abschiedslied:

> *Es hat für alle, die verblendet,*
> *der Papst sein Segenswerk vollendet,*
> *da er zum dritten Male hier.*
> *Johannes Paul, wir danken dir!*

Alles paletti im Land der Dome.

Einspeichern. Die Figur des Ingenieurs – man könnte sie als wahren Höllteufel des Fortschritts zeichnen, den er absichtslos über uns hereinbringt, im Dienste der Technik weder rechts noch links blickend. Umgekehrt ist aber die Wertfreiheit seines Expertentums geradezu eine Garantie für seine Schuldlosigkeit. In der Ideologie des Wiederaufbaus spielte er deswegen eine wichtige Rolle; der Ingenieur hatte ja nichts getan; er hatte die Waffe gebaut, aber er war es nicht, der abdrückte. In den Wiederaufbaujahren, als Staudämme wuchsen und Lawinenverbauungen gediehen, als Tunnels gebohrt und Paßstraßen asphaltiert wurden, war das Land voller Ingenieure. »Wir alle waren eigentlich immer höchstens Ingenieure«, lautet die untergründige Botschaft.

Damals schmückte der Ingenieur sich mit Zirkel und Lineal, heute hat er ein anderes Emblem: das Handy. Was man damit alles machen kann! Allein die Tonfolgen, die sich einstellen lassen. Wortbotschaften. Internet. Speicherkapazitäten. Damit kennen sie sich aus. Dieses Gerät haben sie im Griff. Nicht, weil sie damit kommunizieren wollen. Wer möchte ernstlich immer erreichbar sein, außer ein paar Wichtigtuern? Es geht auch nicht um Kommunikation. Im Gegenteil, es geht um die Darstellung von Kommunikationsfähigkeit mittels Technik, nein besser um die Demonstration von Technikfähigkeit durch Nichtkommunikation. Im Handy steckt die ganze Welt, sie zu beherrschen ist Aufgabe des Ingenieurs. Nur die Skandinavier, denen die Wintersonne fehlt, haben in Relation zur Bevölkerung mehr Handys als die Österreicher. Wir sind Weltingenieure, Baby!

Österreich kennt neben dieser harmlosen, spielerischen Variante auch den Ingenieur als höllische Figur, als den Kommunikation verweigernden Erbauer von Höllenmaschinen. In Franz Fuchs fand das Land den Ingenieur der

Ingenieure, den ingeniösen Großmeister der Nichtkommunikation, kommunikationsgestört und in völliger Zurückgezogenheit im Eigenheim der Eltern lebend, aber sogar die durften ihm keine Suppe bringen. Hätte man ihm nur ein Handy gegeben! Wahrscheinlich wäre diese Maßnahme zu spät gekommen. Daß »der Ingenieur« der Versender von Briefbomben sein mußte, war klar. Zu überlegen war seine Technik, spielerisch machte sich der Ingenieur über die Polizei lustig, ließ Bomben in deren Händen explodieren. Die Toten von Oberwart bezeichnete er als »Unfall«. Das hatte er »nicht gewollt«.

Unter dem Namen »der Ingenieur« war auch ein falscher Verdächtiger bekannt geworden, der sich durch das Versenden von »unechten« Bekennerbriefen eingemischt hatte. Nun aber hatte man Franz Fuchs, den selbstisolierten Fremdenhasser und politisch Ewiggestrigen. Die Behörden hatten drei Innenminister lang gebraucht, ihn zu finden. Dann hatte Kommissar Zufall den Einzeltäter geschnappt, den alle wollten. Die Öffentlichkeit brauchte ihn dringend, um den Verdacht von Österreich zu nehmen. Das Bild der »Mörderrepublik«, in dem gemütliche Gamsbartträger am Stammtisch nicht nur fremdenfeindlich dahergurgeln, sondern womöglich Anleitungen zum Bombenbau austauschen und Terror verabreden, schien ihr schwerer erträglich als das Bild der solipsistischen Figur des Franz Fuchs. Für den geborenen Einzelgänger kann seine soziale Umgebung nicht verantwortlich gemacht werden. Franz Fuchs hat mit Österreich, mit gängigem Österreichbewußtsein und dessen Produzenten, nichts zu tun. Er hat sich selbst aus Österreich ausgeschlossen. Die Frage, woher Fuchs seine Informationen hatte, kam nicht auf die Tagesordnung. Wenn Fuchs niemanden hatte, mit dem er sich über Türken und Jugos ausschleimen konnte, dann fehlte ihm jemand, der sozial jene Informationen einordnete und abfederte, die er nur aus Medien kannte. »Wenn die Menschheit als Ganzes träumen könnte, müßte Moosbrugger entstehen«, sagt Musil über den irren Mörder Moosbrugger. Käme, wenn der Traum der österreichischen Öffentlichkeit Gestalt annähme, Franz Fuchs heraus?

Einkochen oder die Dogoudanisierungsfalle. Beim EU-Gipfel, als sich Österreich von seiner Ratspräsidentschaft verabschiedete, hatten nicht nur Bundeskanzler und Außenminister ihren großen Auftritt, sondern auch Attila Dogoudan, der Partykönig. Seine Lokale bilden die Kulisse für die Milieus der Erfolgreichen aus Medien, Wirtschaft und Politik. Er hat erkannt, worauf es ihnen ankommt: die Gesellschaft von ihresgleichen, Qualität, Schnelligkeit, Effizienz und keine unverschämten Preise. In Dogoudans Partyservice schießt alles zusammen: Prominenz, Event und funktionierende Verpflegung als Geschäft. Wer beim Promi-Wirt landet, ist bei Promis angesehen und somit selbst ein solcher. Das Buffet-Milieu triumphiert und wird zum Erfolgsmilieu schlechthin. Dogoudan catert für den Erfolgsmenschen Lauda, und die Erfolgsillustrierte *News* feiert alles ab. Politik wird zum Partyservice, indem sie milieugerechte Häppchen für den kleinen Hunger serviert, Partyservice wird zur Politik, indem es die Milieubildung unter Entscheidungsträgern begünstigt. Silbern blinkt die Gebirgsforelle auf dem Teller, behaglich wälzt sich das zartrosa gebratene Angus-Rind beim Anschnitt, gemütlich grunzt das Minischnitzel am Zahnstocher. Bundespräsident war ja schon ein Kellnerberuf, der Außenminister trägt sowieso ein Mascherl, und eineinhalb Dutzend Staatsoberhäupter samt ein paar tausend Köpfen politmedialen Trosses organisiert Österreich mit links. Tatsächlich. Der Wiener Gipfel wurde historisch, weil es gelang, unser Partyservice als Politikmetapher auf höchstem europäischem

Niveau darzustellen. Nur Kleingeister bemäkelten, Österreich habe politisch nur kleine Brötchen gebacken, bestenfalls politisches Jourgebäck. Das Ergebnis, sagten sie, war so mager wie das Rindfleisch. Ausländer waren das, typischerweise. Ihnen antwortet der Österreicher mit den Worten des Oberkolumnisten Nimmerrichter: »Ob wir ›im Ausland‹ eine gute, eine schlechte oder gar keine Presse haben, sollte uns auch nicht übermäßig beschäftigen.«

Dennoch: Posen gab's statt Positionen, Häppchen statt Brocken. Der innenpolitische Propagandagewinn und die mögliche Befriedung populistischer Euro-Muffel wiegen den tendenziellen Verlust von Politik nicht auf. Wer die Differenzen nicht mehr benennen will, weil er nur den Konsens, die nächste Wahlparty anvisiert und den Wähler als Partykunden bedient, sich aber nicht um politische Substanz kümmert, darf sich nicht wundern, wenn eines Tages seine Börsennotierung in den Keller sackt. Der Wirt hingegen gewann auf allen Linien. Historischer Fortschritt: Früher war der Szene-Wirt Spion oder Mörder, heute geht er an die Börse. Diese funktioniert zwar in Wien am Gängelband der Banken mehr schlecht als recht, aber für den Partyservice reicht es noch. Dogoudans Aufstieg ist nicht aufzuhalten. Das Wirtshaus Österreich ist bereit für die neuen Zeiten.

*

P.S.: Eines möchte sich der Autor ausbitten. Er wollte kein Österreichbuch als Sammlung hiesiger Absonderlichkeiten schreiben, schon gar keines, um sich Luft zu machen. Er fühlt sich gut, hat einen Beruf, der ihn ins Brot setzt, macht sich keine existentiellen Sorgen. Er will niemanden etwas lehren, niemandem etwas beweisen. Warum hat er doch ein Österreichbuch geschrieben, jede Warnung in den

Wind geschlagen? Er hat es getan, weil er es müde ist, seinen deutschen Freunden auch noch in der Freizeit zu erklären, was hier eigentlich los ist. Auch seinen österreichischen wird er das Buch in die Hand drücken, damit er eine Ruhe hat, im Wissen, daß das nichts nützt und sie nur auf neue Fragen kommen werden. Seinen Schweizer Freunden wird er es schicken, weil sie die seriöseste österreichische Tageszeitung machen. Sich selbst hat er da und dort darin vorkommen lassen, weil er das meiste hier Beschriebene von Kindheit an selbst erlitten hat und munter fort erleidet.

Er wäre kein Österreicher, hätte es ihn nicht vor dem Thema zurückgebeutelt und hätte es ihn nicht mit großer Kraft wieder hingezogen. Er wäre kein Österreicher, würde er nicht versuchen, zu vermeiden, »ich« zu sagen. Damit ist jetzt Schluß. Wenn also ich nun auf das Konvolut starre, das ich in ein paar Monaten erzeugt habe, muß ich zugeben, daß ich mir wenigstens nicht untreu geworden bin. Ich bin von Beruf Publizist, mein Grundthema heißt Öffentlichkeit, und das österreichische Grundtrauma rührt daher, daß das Land bis heute keine hat. Sie nachzuholen ist es beinahe zu spät. Die neoliberalen Kommerzheinis, die jetzt überall am Ruder sind, haben nicht nur kein Sensorium für das Problem; sie haben kein Interesse daran. Öffentlichkeit bedeutet für sie allenfalls, eine gute Presse zu haben, und das wird sich wohl machen lassen. Österreich aber springt vom Feudalismus über das Sprungbrett der Konkordanzdemokratie kopfüber in den neoliberalen Weltfeudalismus.

Nein. Hier wird nicht gejammert. Nur ein bißchen. Hauptsächlich versuche ich mir selbst vorzuführen, wie es so weit kam, daß es so weit kam. Denen, die auf bedingungslosem Fortschrittsglauben insistieren, entgegne ich mit dem touristischen Slogan: »Man sieht nur, was man weiß.« Und nur was man versteht, kann man sinnvoll ändern. Wo Jammer ist, gibt es auch Hoffnung. Selbst Habermas, dieses Orakel der Aufklärung, räumt mit siebzig ein, die Widerstandsfähigkeit des Publikums unterschätzt zu haben. Wenn hier die Zeitungen kritisiert werden und die Politiker, die Fußballer und die Intellektuellen, dann immer im Wissen, daß wenigstens Teile ihres jeweiligen Publikums sie sowieso durchschauen. Das Problem entsteht nur kreuzweise, wenn nämlich die Kunden der Zeitung, die wissen, daß der Kolumnist ein überbezahlter Depp ist, ihm trotzdem etwas glauben, weil er es über einen Schriftsteller sagt, von dem sie nichts wissen. Umgekehrt durchschauen die Experten vor dem Apparat die Blödheiten der Sportreporter mit einer unmittelbaren Frische, die man in dieser Schärfe nicht einmal dem schlimmsten Politiker wünschen möchte.

Den meisten geht es prächtig im Land. Es ist ein gutes Land, Grillparzer sagte es, ein ordentliches Land, wie zum Schluß der Legislaturperiode der Klubobmann der ÖVP anmerkte, ein eins-a-prima europäisches Land, sage ich, gegen das man, sonst wäre es ja nicht so prima, halt allerhand einwenden kann. Es ist auch ein verträumtes Land, es träumt noch immer den Traum von jener Größe, die ihm in einem traumatischen Ersten Weltkrieg genommen wurde. Der Traum, ein Fluchthelfer. Hilft, vor dem Trauma zu flüchten. Der Traum beflügelt die zaghaften Hoffnungen der Fußballer und die Selbstüberhebungen der Intellektuellen, er ermuntert die Anmaßungen des selbsterklärten Kulturstaates und bläst der Bevölkerung ein Selbstbehagen ins Ohr, mit dem es sie wunder nimmt, warum man in Phuket weiß, wer Waldheim ist, aber nicht, wo Timelkam liegt. Der Traum verklärt die Landschaft und tröstet darüber, daß die Traumlandschaft davonrutscht. Über allen Bergen ist Land. Der Traum stiftet die Lebenshaltung des Durchkommens, des sich behaglich in der Idylle Einrichtens. Das kommt davon, daß keiner davonkommt. Innere und äußere Emigration: hohle Träume. Österreich entgeht man nicht. Aber man wird's ja noch probieren dürfen.

II

Jetzt wird alles anders

Das achtzehnte Kamel der österreichischen Identität

Nun gilt's fallen oder siegen!
Ausgedauert und – geschwiegen!
Franz Grillparzer,
»Der Traum, ein Leben«

Alles hier ist ganz normal, ausgenommen die Häufigkeit, mit der diese Behauptung aufgestellt wird.

Würden sich nicht ab und zu Bedenkenträger vordrängen und eine Systemkrise ausrufen, müßten sich Staat und Parteien selbst eingestehen, daß ihr Schicksal kaum mehr Interesse weckt – ein weiteres Indiz für Normalität. Es braucht sich ja nicht jeder für Politik zu interessieren; es gibt ein Recht, von Politik unbehelligt zu bleiben. Die zwanghafte Politisierung der kleinsten Alltagsregung zählt mit zu den Gründen für das schnelle Ende der 68er Bewegung; es hat noch jeder politischen Bewegung geschadet, das ganze Leben umfassen zu wollen.

Mit dem durchorganisierten Menschen ist noch nicht endgültig Schluß, aber der Organisationsgrad läßt nach, während die Zahl der Handybenützer zunimmt. Träte nicht zur üblichen Dominanz der kommerziellen Massenmedien eine außergewöhnliche Boulevardhörigkeit der Politik, mit der sie ihre inhaltlichen Defizite zu kaschieren versucht, und wären beim Versuch von Intellektuellen, die Öffentlichkeit wiederzugewinnen, nicht Mißgriffe aller

Art zu beklagen, das österreichische Gemeinwesen könnte sich tatsächlich als ungewöhnlich reif und damit als ungewöhnlich langweilig betrachten. Zwar bemühen sich die Spitzen der österreichischen Politik unentwegt, Bedeutung zu simulieren; ganz ohne österreichische Kleinmannssucht kann man ihnen aber internationale Bedeutungslosigkeit zumessen. Als Österreich die Ratspräsidentschaft in der EU übernahm, machten die Repräsentanten keine schlechte Figur, was allerdings im Inland meist anders gesehen wird. Bedeutung läßt sich jedoch nicht beliebig weit über die Grenzen der tatsächlichen Macht hinaus simulieren, und die österreichischen Politiker vertreten bei aller Sehnsucht nach Größe nun einmal einen Kleinstaat. Selbstbeschränkung ist freilich auch ein Indiz für Normalität. An der Bedeutungslosigkeit Österreichs leiden hauptsächlich jene, die sich selbst mehr Format zuschreiben, als ihnen im In- und Ausland an Geltung zukommt – Fußballer, Kommentatoren, Schriftsteller. Die Masse lebt zwar in der Illusion, ein Großreich zu bevölkern, und ist erstaunt, daß man ein paar Flugstunden weiter nichts mehr davon weiß, aber das wird lediglich als Urlaubs-Fata-Morgana wahrgenommen. Zu Hause richtet einen die Zeitung wieder auf.

Gewiß, es gab Ausnahmen: Bruno Kreisky und, zur Strafe, Kurt Waldheim. Der eine ein Monument politischen Talents, der andere ein Monument österreichischer Durchschnittlichkeit. Zwei, die aus dem Strom der Nachkriegsgeschichte ragten und zugleich deren Lauf veränderten. Langweilig war österreichische Politik in ihren Amtszeiten jedenfalls nicht. An deren Ende prägten eine Reihe von Pannen und Skandalen das Geschehen. Damals wurde das »Land der Skandale« sogar im Ausland wahrgenommen. Darüber hinaus könnte man auch bei bestem Willen nicht behaupten, daß österreichische Vorgänge von weitreichendem Interesse wären. Die Amerikaner kennen nicht einmal Hermann Maier! Abgesehen von derlei Mißachtung und dem Zustand seiner Öffentlichkeit ist im Land alles ganz normal. Daß Dissidenten diese Normalität bestreiten – ganz normal. Mit dem täglich Hunderte Male resigniert gebrauchten, landesüblichen Verzweiflungsausdruck »Das ist doch nicht normal!« akzeptiert man diese Normalität, gerade indem man sie bestreitet.

Österreich, seit 1995 Mitglied der Europäischen Union, ist dort mittlerweile das drittreichste Land, gelobt vom Weltwährungsfonds, gehätschelt vom OECD-Bericht, gewürdigt von den »strengen Kritikern« des *Economist*, wenngleich die dort erschienene schmale Drittelseite hierorts präsentiert wurde, als handle es sich um ein mehrseitiges Dossier. Normalität bedeutet: Wohlstand, sozialer Friede, Demokratie – und einige Merkwürdigkeiten. Die junge Demokratie hat sich auf eigenartige Weise zu ihrer Normalität entwickelt – auf Umwegen, Abwegen und auf Sonderwegen. Ihre dabei entstandenen Eigenheiten sind wohlbekannt: das parteiendominierte Alltagsleben; damit zusammenhängend das Lagerdenken; die Verdrängung und Verleugnung historischer Einflüsse (von den Habsburgern bis zu den Nazis); die Fremdbestimmung (von der Gegenreformation bis zum Staatsvertrag); die Verspätung der Demokratie und deren Verunsicherung durch periodische Abschaffung (durch die Faschisten in der Ersten Republik, durch die Realverfassung des Verbändestaats in der Zweiten); die Lebenslüge und Lebenswahrheit der Neutralität; und die Katastrophe der Öffentlichkeit.

Seine Eigenarten begleiten das Land auf dem Weg in die Normalität. Manche von ihnen sind langlebiger als andere, die meisten scheinen in Erosion begriffen, bei einigen ist Besserung nicht in Sicht. Da sie nur den Ausdruck viel älterer Prägungen und Formierungen darstellen, tauchen sie in veränderter Form immer wieder auf: der aufgeklärte Monarch als Bruno Kreisky, die Sozialpartnerschaft als Medialpartnerschaft, die Hetz als Xenophobie.

Manche dieser Spezifika scheinen unreformierbar, also begünstigen sie den Aufstieg eines populistischen Radikalen. Auf der anderen Seite hat die fehlende innere Reformperspektive beträchtlich dazu beigetragen, daß sich Österreich um den Beitritt zur EU beworben hat, hoffend, daß der teilweise Souveränitätsverzicht sowohl eine Verbesserung der ökonomischen Lage als auch einen Reformdruck von außerhalb bewirken würde. Wenn Wien den Korporatismus nicht erledigt, dann eben Brüssel, lautete die heimliche Devise von Teilen der politischen Klasse. Das war ein maßvoller dialektischer Anschluß an historische Traditionen der Fremdbestimmung und eine kluge Einsicht, daß die Reform der österreichischen Demokratie samt ihren historisch erstarrten Lagern die eigenen Kräfte überfordert. Da die Reform von Bürokratie als Projekt der Bürokratie selbst undenkbar ist, entbehrte dieser Schritt nicht einer gewissen Logik.

Es gab im voreuropäischen Österreich zwar eine Reihe von Skandalen und Affären, verglichen mit Italien oder gar Belgien hielten sie sich aber in überschaubarem Rahmen. Einigen dieser Vorgänge kam sogar eine kathartische Funktion zu. Skandale tragen zur Normalisierung bei. Der Fall des freiheitlichen Abgeordneten Peter Rosenstingl, der bei einer von ihm geführten Wohnbaugenossenschaft Millionenschaden angerichtet und die niederösterreichische FP an den Rand des Konkurses gebracht hatte, machte – nach einem zynischen Wort – die FPÖ zu einer normalen, den Österreichern endgültig akzeptablen Partei. Wer Geld nimmt, der gehört zu denen.

Nach der Überzeugung von Personalberatern sind solche, die selbst einmal Schiffbruch erlitten haben, jenen als

Manager vorzuziehen, die arglos und erfolgreich dahinleben, ohne die Kehrseite zu ahnen. Tatsächlich ist Erfolg durch Scheitern ein Grundthema der österreichischen Zeitgeschichte, aber auch ein wesentlicher Aspekt des privaten Lebens: Erfolg macht mißtrauisch, und als wirklich gescheit gilt nur der Gescheiterte.

Erfolg durch Scheitern: die lange Vorgeschichte

Wie alles anfing? Schon beginnen die Schwierigkeiten. Wo fängt sie an, die Zweite Republik? Mit der Kapitulation Hitlers am 8. Mai 1945? Oder am 27. April, als der von den Sowjets reaktivierte Karl Renner jene Unabhängigkeitserklärung verfaßt, die als erstes Staatsgesetzblatt der Zweiten Republik Österreich erscheint, unterzeichnet von den Führern von ÖVP, SPÖ und KPÖ? »Die demokratische Republik Österreich ist wiederhergestellt und im Geiste der Verfassung von 1920 einzurichten«, hebt der Text an. Der Sozialist Renner verhandelt mit den Parteispitzen von Bürgerlichen und Kommunisten über die Bildung einer provisorischen Regierung. Österreich Zwei startet als Inszenierung eines Parteienstaats, nicht als Einrichtung eines Verfassungsstaats.

Die Erste Republik hatte sich auf ähnliche Weise konstituiert. Christlichsoziale, Deutschnationale und Sozialdemokraten bildeten einen Staatsrat und beriefen die provisorische Nationalversammlung ein, welche die – im wesentlichen noch heute geltende – Verfassung beschloß. »Österreich ist eine demokratische Republik« steht in deren erstem Artikel, »ihr Recht geht vom Volke aus.« Der historische Verlauf legt nahe, zu sagen: ihr Recht geht von den Parteien aus. Verfassungsjuristen haben wiederholt darauf hingewiesen: Am Ausgangspunkt der beiden Republiken stand jeweils eine Parteienvereinbarung ohne legale Basis.

Renner setzte seinen Verfassungskonsens 1945 autoritär durch, gegen den Widerstand der Kommunisten, die weder zustimmten noch auf Renners Aufforderung hin zurücktraten. Renner selbst erklärte das Verfassungsgesetz als angenommen, und so war es denn angenommen. Die Rechtmäßigkeit stand auf einem anderen Blatt. Sowohl Alliierte als auch Kommunisten hätten eine neue österreichische Verfassung gewünscht; für Verfassungspatriotismus nach dem Muster des deutschen Grundgesetzes ließ jedoch der sogenannte Realitätssinn keinen Raum, weder bei SPÖ noch bei ÖVP. Damit war man formalrechtlich näher an Weimar als an Bonn.

Die beiden Anfänge der Republik Österreich verliefen also ebenso autokratisch wie traumatisch. Beim ersten Mal fand sich die kleine Republik als deutschösterreichischer Rest eines gescheiterten Imperiums. Es gab kein Parlament, an dessen Tradition vernünftigerweise anzuknüpfen gewesen wäre. Der Anschluß an Deutschland, mit dem man gemeinsam in den Weltkrieg gezogen war, schien die einzige Lösung. Beim zweiten Mal hatte die Republik sich selbst erst erfinden oder erfinden lassen müssen, war sie doch, je nach Blickwinkel, im Dritten Reich willig aufgegangen oder von diesem ausgelöscht worden. Schon in den fünf Jahren vor Hitler hatte es kein Parlament gegeben. Der austrofaschistische Diktator Dollfuß hatte es 1933 aufgelöst.

Womit hätte man beginnen sollen? Es gab für den demokratisch verfaßten Staat Österreich keine Möglichkeit, sich durch Entscheidung seines Volkssouveräns etablieren zu lassen. Wo keine Wahl, da ein Dekret. Daß sich die Köpfe der politischen Parteien fast selbstverständlich dazu bereit fanden, die Rolle politischer Autokraten zu spielen,

Fürsten von eigener Gnade (und der Gnade der jeweiligen Sieger), welche geruhen, die Demokratie zu erlassen, paßt ins Bild des Hauses Österreich. Dorthin paßt auch, daß es mehr als vierzig Jahre dauerte, ehe 1986, bei der unglückseligen und doch befreienden Wahl Kurt Waldheims zum Bundespräsidenten, eine vehemente Auseinandersetzung mit den Voraussetzungen dieser Republik allgemein sichtbare Kreise zog; eingesetzt hat sie freilich viel früher.

Unmittelbar nach Kriegsende, selbst nach dem Staatsvertragsjahr 1955 diskutierten nur wenige über Probleme des österreichischen Staatsbewußtseins. Die Herstellung eines solchen Staatsbewußtseins hatte Vorrang. Und an erster Stelle, davon kaum zu trennen, stand die Herstellung des Staates selbst. In einer Atmosphäre von Selbstrechtfertigung und Opferlüge, von Buhlen um die alten Nazis und deren Verfolgung, von Provinzialismus und kaltem Kulturkrieg, von ideologischer Konstruktion eines dem Patriotismus verpflichteten neuen Österreichbewußtseins thematisierten Leute wie Friedrich Heer und Erika Weinzierl den problematischen Tiefenstrom der österreichischen Geschichte. Als hervorstechende Züge dieses Tiefenstroms, der in die zweite österreichische Republik mündet, erwiesen sich Enge und Fremdbestimmtheit.

Lange vor Königgrätz begann das Unglück. Im 15. Jahrhundert verwendete der niederösterreichische Geschichtsschreiber und Theologe Thomas Ebendorfer erstmals den Terminus »Domus Austriae«. Er verstand darunter keineswegs ein Land Österreich, sondern den Herrschaftsbereich der Familie Habsburg. »Bei ihm«, bemerkte Erika Weinzierl, »trifft man auf einen bis zu diesem Zeitpunkt nicht beobachteten amor patriae, ein völlig bewußtes, aber auch sehr engstirniges Österreichertum, dem schon die Steiermark suspektes Ausland bedeutet.« Mehr als hundert Jahre später, beim Ausschußlandtag in Innsbruck, hatte sich jenes Österreich, das sich topographisch annähernd mit dem heutigen Bundesgebiet deckt, als das »Herz« des Heiligen Römischen Reichs Deutscher Nation bezeichnet. Viel mehr als ein gegenseitiges Hilfsabkommen der Länder gegen die Türken erwuchs daraus aber nicht. Im Gegenteil. Die Gegenreformation machte aus protestantischen Kernländern gewaltsam katholische. Der habsburgische Absolutismus verknüpfte den Katholizismus hierzulande auf immer und ewig mit dem Zwang der Gegenreformation und begründete damit nicht nur die feindselige Haltung der Österreicher zum Staat, sondern auch jenen Kryptoprotestantismus, der Jahrhunderte später manche Regionen – die Steiermark, Kärnten, das Waldviertel und das Ausseerland – zu Kerngebieten und Brutstätten des Nationalsozialismus werden ließ. In der Casa de Austria ging die Sonne nicht unter, über das Haus Österreich aber fiel das Dunkel des absoluten Katholizismus. Merkwürdig, wenn heute der St. Pöltener Bischof Krenn, ein Wiedergänger dieser Gegenreformatoren, sich auf politische Allianzen mit der FPÖ einläßt, den späten Nachkommen jener unterdrückten Protestanten.

Der Staat, das waren zuerst der Kaiser, dann der Adel und die Armee. Der katholische Kaiser kämpfte für das Abendland gegen die Türken. Er verkörperte den Staat der Monarchie so sehr, daß man 1916 »mit dem Tod des alten Kaisers allgemein auch schon den Untergang des Staates betrauert« (Weinzierl). Erst gegen Ende des 18. Jahrhunderts, unter Maria Theresia und Josef II., kamen Lehrer und Beamte als Träger des Staates ins Bild. Die verordnete Verbürgerlichung des Staates brachte diesen seiner Bevölkerung zwar näher, ließ ihn aber keineswegs freundlicher erscheinen. Die Habsburgermonarchie war kein Vaterland, kein Nationalstaat, sie war ein Kaiserreich, auch nach dem durch Napoleon herbeigeführten Ende des Heiligen Römischen Reichs Deutscher Nation. Und sie war und blieb ein Obrigkeitsstaat.

Die Idee des Vielvölkerreichs blieb eine nicht verwirklichte bessere Möglichkeit, weil aufgrund der Dominanz der deutsch-österreichischen Minderheit die Gleichberechtigung der in ihr vertretenen Nationen nicht realisiert wurde. Daß nichts aus dieser Utopie entstand, nicht einmal das Bild der »Vereinigten Staaten von Österreich«, gehört erstaunlicherweise nicht zum Stoff, aus dem hierzulande die Träume sind. Traumata ergaben sich reichlich: 1848 wurde die Revolution blutig niedergeschlagen, es folgten die Aberkennung bürgerlicher Freiheiten und fortgesetzter Absolutismus; dann die Schlacht bei Königgrätz, die die Hegemoniefrage unter den deutschsprachigen Nationen zugunsten Preußens klärte, was direkt in den Ersten Weltkrieg führte.

Wie später noch öfter entstanden aus einer militärischen Niederlage Ansätze zur Demokratie. Nach Königgrätz erhielt Österreich eine Verfassung. Aus einer zweiten großen Niederlage, dem Kollaps der Monarchie, ging die Erste Republik hervor. »Wir sind über Nacht ein Volk ohne Staat geworden«, sagte Karl Renner. Ein Volk, das weder an seine Überlebensfähigkeit glaubte noch eine Beziehung zu seiner Staatlichkeit hatte. Deshalb nannten es seine Führer Deutschösterreich. Und seine provisorische Nationalversammlung deklarierte: »Deutschösterreich ist ein Bestandteil des Deutschen Reiches.« Erst die Siegermächte untersagten in Saint-Germain Österreichs Anschluß an Deutschland. Aus der dritten Niederlage, der Kapitulation des nationalsozialistischen Deutschland, entstand die Zweite Republik. Sie litt an staatsfeindlichen Traditionen und hatte sich nun von der in allen Parteien vorhandenen Deutschfrömmigkeit wohl endgültig zu verabschieden. Sie mußte damit leben, Hitler begeistert empfangen zu haben.

Der austrofaschistische Staat hatte 1938 keinen Widerstand geleistet; seiner Österreich-Ideologie fehlte es nicht an Frömmigkeit, aber an Österreich-Glauben. »Gott schütze Österreich!« rief Kanzler Schuschnigg erst in seiner letzten Radioansprache, ehe er von den Nazis verhaftet wurde. Während der nationalsozialistischen Herrschaft leisteten in erster Linie Kommunisten und Legitimisten Widerstand. Doch auch dazu bedurfte es Ermunterung von außen. Die »Moskauer Deklaration«, ein Viermächte-Papier, legte 1943, mitten im Zweiten Weltkrieg, die Zukunft Österreichs fest, indem sie das Land als erstes Okkupationsopfer Hitler-Deutschlands wertete. Zugleich sprach sie von der Mitschuld Österreichs, die gültig erst nach dem Ausmaß des österreichischen Widerstands gegen Hitler beurteilt werden sollte.

Die Westalliierten hofften, durch Propaganda Österreich zur offenen Rebellion zu bewegen. Die Mitschuldklausel in der »Moskauer Deklaration« »wurde nicht, wie gewöhnlich angenommen, ursprünglich von sowjetischer Seite vorgeschlagen, sondern gehörte zum Plan des Westens, den lahmen Widerstand der Österreicher zum Leben zu erwecken«, erklärt der britische Historiker Gordon Brook-Shepherd, ein konservativer, legitimistisch grundierter Freund Österreichs, damals englischer Propagandaoffizier. Der österreichische Widerstand sollte zum Sturz Hitlers beitragen. Die Alliierten wurden enttäuscht. Allerdings, so Brook-Shepherd, waren sie »weitgehend selbst schuld. Sie hatten frühere Berichte, die von Exilgruppen übereifrig ausgeschmückt und verbreitet wurden, für bare Münze genommen, denen zufolge die Österreicher vor Unzufriedenheit mit den Nazis nur so kochten, so daß es zu einer nationalen Erhebung kommen könnte. Sie mußten auch die Erfahrung machen, daß die Österreicher zwar äußerst gut köchelten, aber weniger leicht überkochten.«

Immerhin kam es später doch zu Widerstandsaktionen, die die Alliierten besänftigten. Erst ein Jahr nach der »Moskauer Deklaration« wurde der gemeinsame Führungsausschuß der Widerstandsbewegung O5 gegründet (5 stand für E, den fünften Buchstaben im Alphabet). »Entkräftung des Volkes und Entgüterung des Landes« nennt Karl Renners »Proklamation an das österreichische Volk zur Herstellung verfassungsmäßiger Zustände« als Gründe für den insgesamt lauen Widerstand. Die wenigen tatsächlichen Widerstandskämpfer, in der Mehrzahl Kommunisten, wurden nach Kriegsende rasch von den Parteien ausgeschaltet.

Unabhängigkeit, Demokratie und Widerstand waren zumindest teilweise verordnet, fremdbestimmt, von außen auferlegt oder von oben gewährt. Sogar der Wunsch nach einem eigenen Staat war Österreich von den Nazis eingetrieben worden, die in den ersten Tagen nach dem »Anschluß« 70 000 Menschen verhaften lassen hatten und im Zuge ihrer Herrschaft klarstellten, daß Deutsche und Österreicher mehr trennt als nur die gemeinsame Sprache. Etwa 65 500 österreichische Juden und mehr als 5000 Roma und Sinti wurden in Konzentrations- oder Vernichtungslagern ermordet, weitere 130 000 Juden waren vertrieben worden. Über 30 000 Menschen fielen auf Schloß Hartheim bei Linz dem Euthanasieprogramm zum Opfer. Insgesamt kamen 120 000 Österreicher in Konzentrationslagern um. Der Krieg forderte 247 000 Militärtote und knapp 30 000 zivile Tote. Fast 500 000 österreichische Soldaten kamen in Kriegsgefangenschaft, 170 000 Soldaten blieben Invalide.

Wenn auch etliche, wie der spätere sozialdemokratische Bundespräsident Adolf Schärf, erst kurz vor Kriegsende zur österreich-patriotischen Einsicht gelangten, war der »Anschluß« an Deutschland nach 1945 kein Thema mehr. Dennoch blieben zahlreiche Kontinuitäten bestehen. Wirtschafts- und Steuerrecht sowie das Kreditwesen wurden übernommen, die von den Nazis im agrarisch geprägten Ständestaat geschaffene Schwerindustrie wurde verstaatlicht. Die markanteste Form der Kontinuität bildeten die alten Nazis selbst, die an den Universitäten, im kulturellen Leben und in der Verwaltung weiterwirkten. Im Gegensatz zu ihnen kehrte nur ein verschwindend geringer Teil der vertriebenen Juden zurück; abgesehen von dem legendären Appell des kommunistischen Wiener Stadtrats Viktor Matejka dachte offensichtlich niemand daran, sie zu einer Rückkehr zu ermutigen. Umgekehrt galten 537 000 Personen nach dem NSDAP-Verbotsgesetz als belastet.

Die Gerichte setzten sich mit 137 000 dieser Fälle auseinander, ein Sechstel davon führte zu einem Urteil (darunter die skandalösen Freisprüche für die KZ-Baumeister), 30 000 Jahre Gefängnis und 43 Todesurteile wurden ausgesprochen. 1948 entlastete eine sogenannte Minderbelastetenamnestie 480 000 Betroffene. Wenig später setzte das große Buhlen um sie ein, als die Parteien sie als Wähler haben wollten; der Kalte Krieg etablierte das Feindbild Kommunismus; immerhin eine Gemeinsamkeit im westlichen und im nationalsozialistischen Weltbild. Daß Österreicher – und nicht nur die »Eichmann-Männer« (Hans Safrian) – einen überproportional hohen Anteil an der Vernichtungsmaschinerie der Nazis gestellt hatten, wollte damals niemand zur Kenntnis nehmen.

Die Entschädigung der Opfer, die Rückgabe von Eigentum wurden verschleppt und – im Schutz der »Moskauer Deklaration« – nach dem berüchtigten Wort des sozialistischen Innenministers Oskar Helmer »in die Länge gezogen«, sodaß manche »Arisierung« jetzt erst legalisiert wurde und viele Opfer entnervt überhaupt auf Entschädigung verzichteten. »Insgesamt wurde der Personenkreis der Täter, Mitläufer und Mitschuldigen deutlich besser behandelt als deren Opfer«, urteilt der Wirtschaftshistoriker

Roman Sandgruber. Österreich zahlte einen deutlich niedrigeren Betrag, als es seinem Bevölkerungsanteil im Dritten Reich entsprochen hätte. Auch in Fragen des Deutschen Eigentums hatte man sich aufgrund der Opferstellung eine derart vorteilhafte Position gesichert, daß der deutsche Bundeskanzler Adenauer schäumte: »Die Gebeine Hitlers sind nicht aufzufinden, sonst würde ich anheimstellen, sie wieder in sein Heimatland zurückzuführen.«

Der Staat – das waren immer die anderen. Die da oben, die da draußen, der Kaiser, die Kirche, der Adel, die Militärdiktatoren, die Nazis, die Besatzer, die Beamten. Demokratie – das waren die Parteien. Als die Parteien den Staat übernahmen, besetzten sie die Rolle der Obrigkeit, die das ganze Leben gewährte: Wohnung, Beruf, Fortkommen. Die Erste Republik teilte sich in drei Lager: Christlichsoziale, Sozialdemokraten, Deutschnationale, dann – nach Auflösung des Parlaments und Verbot der Sozialdemokraten – nur noch in zwei. Nun kehrten die Sozialdemokraten in den Staat zurück, die Deutschnationalen waren vorerst diskreditiert und mußten entnazifiziert werden. So verlangte es nicht die innenpolitische, aber die außenpolitische Raison. An ihre Stelle traten die Kommunisten, legitimiert durch ihren Beitrag im Widerstand und protegiert von den Sowjets.

Die Unabhängigkeit des Landes zu sichern war oberstes Staatsziel und somit nunmehr Sache der Parteien. Nicht trotz, sondern wegen der Besatzung begannen sich so etwas wie österreichische Staatlichkeit und österreichisches Staatsbewußtsein herzustellen. Es waren weniger die Konzentrationslager, in denen Politiker das Miteinander gelernt hatten, als die außenpolitischen Bedingungen, die ihnen diese Zusammenarbeit nahelegten. Die Teilung des Landes in Zonen mußte vermieden werden. Außenpolitik bestimmte die Innenpolitik, die Besatzer waren ja im Land.

Unter ihrem Schirm und ihrem Diktat, im geschmeidigen Wechselspiel mit ihren einander zuwiderlaufenden Interessen war das Gemeinwesen neu zu ordnen. Die ersten Wahlen brachten eine klare Entscheidung zugunsten der großen Parteien; die Kommunisten blieben mit vier Abgeordneten eine marginale Größe, 1959 hatten sie ihre parlamentarische Rolle ganz ausgespielt.

Konnte zwar von Staatsbewußtsein erstmals die Rede sein, so fehlte doch das Gefühl für die Grundlage jeder Demokratie, für die Verfassung. Diese wurde kurzerhand und praktischerweise rekonstruiert, und zwar in der Form von 1920 samt der Novelle von 1929, welche die Rolle des Bundespräsidenten mit unnötiger Machtfülle ausstattet. Österreich war als verspätete Verfassungsnation ohnehin eher »mit Rußland oder der Türkei als mit Frankreich oder England« vergleichbar (Anton Pelinka). Die Gefahr, Österreich könnte zu einem kommunistischen Satellitenstaat werden, legitimierte manches. Was tatsächlich geschah, drückt der Verfassungsrechtler Manfried Welan nüchtern so aus: »Unter dem Quasi-Kollektivprotektorat der vier Besatzungsmächte inszenierten die zwei Lager die Besetzung Österreichs durch ihr demokratisch legitimiertes Protektorat.« Der Wiederaufbau konnte beginnen.

Das doppelte Trauma von Niederlage und Fremdbestimmung schuf die Bedingungen, unter denen Politik überhaupt stattfinden konnte. Es erzwang von den politischen Akteuren als sofortige Reaktion die Verdrängung, das Wegschieben, das Unterdrücken der Wahrnehmung von Tatsachen. Die weiche Form österreichischer Entnazifizierung verhinderte die offene Diskussion der Nazijahre. Der Historiker Ernst Hanisch: »Neben der offiziell antinazistischen Position der österreichischen Regierung bildete sich eine graue Zone heimlichen Einverständnisses mit dem Nationalsozialismus heraus (so schlecht war das gar nicht ...), von Traditionsverbänden gestützt, wurde jede ehrliche Diskussion der NS-Problematik blockiert. In Österreich konnte man (...) auf eine so zweideutige Art über den Nationalsozialismus reden, die in der BRD längst zum Skandal geführt hätte. Hierin enthüllte sich die Kehrseite der offiziellen Opfertheorie und forcierten Österreichideologie.«

Offenbar beteiligten sich an dieser Wirklichkeitsaufweichung alle Akteure. Die Alliierten zum Beispiel erkannten die Verfassung der Regierung Karl Renners nie an; trotzdem funktionierte sie. In seiner Proklamation schrieb der doppelte Kanzler und Verfassunggeber noch einmal die Formulierung der »Moskauer Deklaration« fest, Österreich sei überlistet, annektiert und mißbraucht worden. Eine Legende als Selbstbehauptung, diktiert von pragmatischer Notwendigkeit. Öffentlicher Zweifel wäre schädlich gewesen, bildete die Legende doch den Grund, auf dem die Staatlichkeit des neuen Österreich mit den Alliierten erst verhandelt werden mußte; obwohl die Alliierten zweifellos diese Behauptung durchschauten, wurde sie zur Basis dieser Staatlichkeit.

Die Opferlegende erinnert an das Kinderrätsel mit den Kamelen. Der alte Scheich stirbt, hinterläßt siebzehn Kamele und ein seltsames Testament. Die Hälfte der Herde soll dem Ältesten gehören, ein Drittel dem mittleren und ein Neuntel dem jüngsten Sohn. Die Erben sind ratlos. Sie wälzen die Sache hin und her, finden aber keine Lösung. In ihrer Verzweiflung rufen sie nach dem Fleischhauer. Der wetzt bereits die Messer, um das Problem auf dem Weg mechanischer Teilung aus der Welt zu schaffen. Da kommt der weise Onkel auf seinem Kamel herbeigeritten, läßt sich die Ursache des Streits erklären, greift sich in seinen weißen Bart, stellt sein Kamel zu den siebzehn und fordert die Neffen auf, das Testament zu vollziehen. Der Älteste führt nun die Hälfte weg, neun Kamele. Der Mittlere nimmt ein Drittel, also sechs. Dem jüngsten kommt ein Neuntel zu, also zwei. Am Schluß steht nur noch das Kamel des weisen Onkels da. Der angepflockte Rest. Er bindet es los, steigt in den Sattel und reitet lächelnd davon.

Die Opferlegende ist das achtzehnte Kamel der österreichischen Identität. 1943 herbeigeführt, 1955 wieder fortgeritten. Die Herde ließ sich in drei Teile teilen, als gäbe es keinen Rest.

Sozialpartnerschaft,
die Unform des sozialen Friedens

Über dem Tor zur Zweiten Republik steht in riesigen Buchstaben das Wort »Konsens«. Der Konsens war das konstituierende Element der Zweiten Republik. Er schien nicht nur den Parteien die einzige Möglichkeit, auf das doppelte Trauma Niederlage und Fremdbestimmung zu reagieren. Im Subtext des Konsenses las man »Verdrängung«. Nur auf Basis der anerkannten Opferlegende entstand die Republik. Die Schuldfrage durfte nicht gestellt werden. Fürs erste ging es um den Konsens mit den Siegern. Auch ihnen war das Verdrängen der jüngsten Geschichte ein Anliegen. Sie waren der Onkel, der das achtzehnte Kamel herbeiführte, und sie verfolgten ihre wohlkalkulierten Interessen. Geopolitisches Schlaucherltum konnte man allenfalls den Österreichern unterstellen, weil sie zwischen diesen Interessen vermitteln mußten, ohne Schaden zu nehmen, zwischen der volksdemokratisch geprägten Neutralität, welche die Russen, und der Westorientierung samt Nato-Bindung, welche die Westalliierten im Sinn hatten.

Die ÖVP hätte nach den ersten Nationalratswahlen 1945

eine Koalition mit der KPÖ bilden können. ÖVP und SPÖ zogen es aber vor, die Lagerkonfrontation der Ersten Republik aufzuheben, nun aber sublimiert in der sicheren Umarmung eines Regierungsbündnisses. Die beiden großen Parteien wollten unter allen Umständen den Anschein vermeiden, auf eine »Volksrepublik Österreich« zuzusteuern; eine kleine Koalition, die die Kommunisten miteingeschlossen hätte, wäre in den Augen der westlichen Alliierten ein fatales Zeichen gewesen.

Andererseits fielen durchaus scharfe Töne. Der »Solidarismus«, den die ÖVP gegen den Klassenkampf der SPÖ setzte, sei die »Solidarität der gewesenen Faschisten gegen eine wahrhaft soziale und demokratische Entwicklung in Österreich«, rief der SP-Vorsitzende Schärf den Schwarzen 1947 am Parteitag entgegen. Die große Koalition hielt danach bekanntlich fast zwanzig Jahre lang. 1986 kehrte sie zum Entsetzen vieler zurück; nun ächzt und krächzt sie wieder, als wolle sie das Publikum mit besonderen Beweisen ihrer Vitalität und Entschlossenheit erschrecken; Konsens maskiert sich neuerdings als lärmender Dissens.

Weit bedeutsamer als die Verfassung war die Entstehung der sogenannten Realverfassung.

1946 erhielt die SPÖ die Zustimmung, einige Schlüsselindustrien zu verstaatlichen, als Ausgleich für das Zugeständnis an Julius Raabs ÖVP, das Handelskammergesetz mit seiner bis heute bestehenden Zwangsmitgliedschaft zu beschließen. Diese institutionalisierte Form des Gegengeschäfts hieß fortan Sozialpartnerschaft. Schon 1945 waren die Arbeiterkammern wieder eingerichtet und der ÖGB gegründet worden, die Präsidentenkonferenz der Landwirtschaftskammern folgte 1946. Die Zwangsmitgliedschaft in den Kammern sollte diesen nicht bloß die Funktion von Lobbyisten zugestehen, sie sollten »gesamtgesellschaftliche Aufgaben« übernehmen. Damit sie ihre Mitglieder adäquat vertreten können, müssen diese gezwungen werden, Mitglieder zu sein. Aufgeklärter Absolutismus in korporatistischem Gewand.

In der Unform der Sozialpartnerschaft finden sich die Spitzen der Verbände mit den Spitzen der Regierung zusammen, um grundsätzliche, in Parlament und Ministerrat unumstößliche Entscheidungen zu treffen. Vor allem in fünf Lohn-Preis-Abkommen zwischen 1947 und 1951 trug diese Nebenregierung wesentlich zum Erfolg des Wiederaufbaus bei. Die Neuerrichtung marktwirtschaftlicher Bedingungen erfreute sich der Mäßigung der Arbeitnehmervertreter; und natürlich profitierte sie vom Marshallplan. Die Produktion von Konsens ist der Daseinszweck der Sozialpartnerschaft. Man findet sie, wie ein Wirtschaftshistoriker bemerkt, nicht im Telefonbuch. Sie ist die Grauzone schlechthin, die offiziellste Grauzone der Welt. Der Versuch, die Zusammenarbeit von Regierung und Verbänden, damals Wirtschaftsdirektorium genannt, öffentlich zu machen und gesetzlich zu regeln, blieb Anfang der fünfziger Jahre eine Episode und wurde kurzerhand vom Verfassungsgerichtshof beendet. Die Sozialpartnerschaft kehrte in die Grauzone der Informalität zurück.

Nichtöffentlichkeit, Informalität, Einstimmigkeit bleiben ihre wesentlichen Merkmale, als 1957 die »Paritätische Kommission für Lohn- und Preisfragen« eingerichtet wird; ihre Aufgaben hat diese Kommission stetig erweitert und in ständig neuen Vereinbarungen zwischen den Kammern und dem ÖGB festgehalten. Die jüngste Vereinbarung von 1992 spricht es klar aus: Die Paritätische Kommission will »die besondere Gesprächsebene zwischen Regierung und Sozialpartnerverbänden sein«; Bundeskanzler und die mit Wirtschaftsfragen befaßten Minister nehmen an ihren Sitzungen teil. Dabei funktioniert die Sozialpartnerschaft, für sich betrachtet, nicht einmal undemokratisch. Die Willensbildung findet von unten nach oben statt. Erst wenn sie in staatliche Abläufe eingreift, wird sie demokratisch ungreifbar und zur verfassungsrechtlichen Uniform.

Alles informell, in der Verfassung nicht vorgesehen. Eine Nebenregierung, nicht gewählt, legitimiert allenfalls durch die Zwangsmitgliedschaft der Beitragszahler, die das Parlament vor vollendete Tatsachen stellt. Die Verfassungspatrioten schäumen, und man kann sie verstehen. Schaut auf die Resultate, rufen ihnen die pragmatischen Ökonomen zu. Das korporatistische Modell Österreich gehöre »zu den international erfolgreichsten wirtschaftspolitischen Steuerungssystemen«, schreibt der SP-Wirtschaftssprecher Ewald Nowotny. Stabilität begünstige Investitionen, Arbeitslosigkeit und Inflation seien niedrig. Ökonomische Kritik könne allenfalls den zu hohen Schutz schrumpfender Wirtschaftsbereiche wie der Landwirtschaft oder strukturkonservative Effekte wie »mangelnde Dynamik« als negativ anführen.

Nein, der ökonomische Erfolg der Sozialpartnerschaft ist derart unbestritten, daß sie gut und gern internationale Karriere machen könnte, was manche nicht zu Unrecht als gefährliche Drohung auffassen. Denn ihre Kehrseite besteht nicht nur in Zwangsmitgliedschaft. Mit ihr wurde, weit über die Erfordernisse der Wiederherstellung des Staates hinaus, jener arkane, also geheime innere Bereich von Politik institutionalisiert, den man nur als Kabinettspolitik feudaler Herrscher kennt, nicht aber als Teil jener Öffentlichkeit, die man als das Kennzeichen bürgerlicher Gesellschaften ansieht. Daß die verspätete Demokratie Österreichs trotz zunehmender Reife immer noch Züge halbwüchsiger Unfertigkeit trägt, ist nicht zuletzt der unseligen Gleichsetzung von Erfolg mit Hinterzimmer geschuldet.

Wer sich an die frische Luft wagt, wer sein Tun öffentlich überprüfbar macht, der wird schon sehen, wohin er kommt. Über wirtschaftlichen Erfolg spricht man nicht. Das Nicht-darüber-Sprechen ist keine Frage der Diskretion. Nichtöffentlichkeit wird geradezu als Voraussetzung wirtschaftlichen Erfolgs betrachtet, und vermutlich deshalb auch von politischem Erfolg überhaupt.

»Bedeutung und Ansehen der Sozialpartnerschaft beruhen auf ihren Leistungen, nicht auf ihrem Verfahren«, urteilt der Sozialwissenschaftler Bernd Marin. Der soziale Friede als Grundlage der Normalität ist gewahrt, die Verluste an Öffentlichkeit scheinen in den Leistungsbilanzen sowenig auf wie die Umweltzerstörung in den Haushaltsrechnungen der Industriestaaten. Das symbolische Defizit allerdings läßt sich nicht wertberichtigen. Die österreichische Konkordanzdemokratie, wie sie Politologen nennen, hat sich nach 1945 etabliert, um die Geister der Faschismen, der Krisen und des Bürgerkriegs zu bannen. Weil sie aber, um Demokratie zu schaffen, gleichzeitig die demokratischen Grundtugenden von Öffentlichkeit und Wettbewerb ausschloß, mußte nach Abzug der Besatzungsmächte der institutionalisierte Konflikt ausbrechen. Dies geschah in drei Phasen. Die gesellschaftliche und kulturelle Modernisierung fand spät genug unter Kreisky statt, die Zeit der Verdrängung begann mit Waldheim zu brökkeln, und Österreichs innerinstitutionelle Blockade erlitt erste Risse mit dem Beitritt zur EU unter Vranitzky.

Bruno Kreisky, Schleusenwärter der Demokratie

Die Karten wurden nach den »langen fünfziger Jahren« (Ernst Hanisch) neu gemischt. Die soziale Basis der gesellschaftlichen Lager erodierte. Die Industriegesellschaft wandelte sich zur Dienstleistungsgesellschaft, aus Arbeitern und Bauern wurden Angestellte, Teil der neuen Mittelschicht, Mitglieder der Konsumgesellschaft. Die Revolution der Kommunikationsmittel, die Herrschaft der Unterhaltungsindustrie, die Jugendrevolte schufen ein neues Publikum, das mit den paternalistisch-spießigen Erscheinungsformen der ewigen Koalition nichts anzufangen wußte. Zuviel hatte sich aufgestaut. In Krisen und in Skandalen kündigte sich der Umbruch an. Die Dominanz von Staat und Parteien war zurückgegangen, die alte SPÖ hatte den Kampf um das Eigentum an der *Kronenzeitung* verloren, die neue SPÖ dafür die Zuneigung des Blattes gewonnen. Die ÖVP errang 1966 bei den Nationalratswahlen gegen die alte SPÖ die absolute Mehrheit und machte Josef Klaus zum Bundeskanzler. Sein Motto: »Verlebendigung der Demokratie.« Das Rundfunkvolksbegehren entwand den ORF dem Staat und übergab ihn Bacher. Die Gesellschaft der Grauzone brachte neue starke Männer nach vorn.

1970 gewann Bruno Kreisky die Wahlen – nicht die neue SPÖ, Bruno Kreisky, der großbürgerliche Jude. Nie hätte er geglaubt, sagte er einmal, daß ein Jude in Österreich Bundeskanzler werden könne, und sein Rivale, der bürgerliche Josef Klaus, hatte sich denn auch als ein »echter Österreicher« plakatieren lassen. Es nützte ihm nicht. Stattdessen muß eine Ahnung von einem anderen echten Österreich im Wahlvolk durchgebrochen sein, die Ahnung eines Österreich jenseits deutschnationaler Enge und obrigkeitsstaatlicher Bürokratie. Der »Sonnenkönig«, wie Kreisky von Spöttern respektvoll genannt wurde, ist im Urteil von Kritikern und Wegbegleitern der bedeutendste Politiker, den das Österreich beider Republiken hervorgebracht hat.

Mit diesem liberalen, gebildeten Mann an der Spitze war es vielen erstmals möglich, sich mit dem Staat zu identifizieren. Er versprach die »Durchflutung aller Lebensbereiche mit Demokratie«. Noch wichtiger als das Öffnen der Schleusen, die er für die Demokratie aufmachte, war der Schleusenwärter selbst. Ironisch spielten Werbestrategen der Partei mit einem Bild Kreiskys, das ihn vor einem Porträt Kaiser Franz Josephs zeigte. Nun war es Kreisky, der den Staat verkörperte. Nur seine souverän-autokratische Erscheinungsform, mit glaubhaftem persönlichem Gehalt erfüllt, konnte diese Rolle ausfüllen. Nur die starke Rollenpersönlichkeit des demokratischen Monarchen vermochte zuzudecken, daß gleichzeitig die Strukturen der Grauzone fortbestanden. Rundherum muteten Medien, Frisuren und Popsongs frischer an. Die Kultur des Einverständnisses, der außer- und vorparlamentarischen Entscheidungen aber hatte weiterhin Bestand. Die ÖVP hätte nicht klaglos vierzehn Jahre Alleinregierung der SPÖ (1970–1983) überlebt, wäre sie nicht in die Sozialpartnerschaft und damit in die Machtmechanismen der Republik integriert gewesen.

Diese Bereiche wurden nicht mit Demokratie durchflutet, es handelte sich ja nicht um Lebens-, sondern um politische Bereiche. Man braucht Kreiskys Erfolg nicht kleinzureden. In seiner Regierungszeit wurden Gesellschaft und Wirtschaft modernisiert, der Wohlstand stieg, die soziale und gesundheitliche Verfassung der Österreicher war besser denn je, die Arbeitslosigkeit blieb nach heutigen EU-Kriterien unter zwei Prozent. Justiz und Universitäten erhielten nötige Reformen. Die Politik wurde insgesamt gestärkt, weil sie einen glaubwürdigen Repräsentanten hatte. Kreisky selbst belebte die Öffentlichkeit durch Geist und Charme, aber er tat strukturell nichts zu ihrer Rekonstruktion. Nichts? Nein. Zwei paradoxe Versuche unternahm er: die Neuerfindung des Citoyen und die Verstaatlichung der Kulturpolitik.

Schon der aufgeklärte Habsburger Josef II. hatte, um die Wirtschaft zu beleben, Manufakturisten, also industriell tätige Bürger, importieren müssen. Von dem im 19. und frühen 20. Jahrhundert in Österreich entstandenen Bürgertum waren gerade noch die kümmerlichen und reaktionären österreichischen Reste vorhanden, die Mehrzahl, die Juden, war vertrieben oder ermordet.

Kreisky stellte bürgerlich gesinnten, von der Engstirnigkeit des österreichischen Konservativismus abgestoßenen Menschen die Verwirklichung ihrer Reformabsichten in Aussicht. Er rief sie geradezu auf, Reformen vorzuschlagen. Die Folge war zuerst eine Initiative parteiungebundener Leute. »Kritische Wähler für Kreisky«, hieß sie. Ein Schub an Reformprojekten folgte, und irgendwann, als die meisten – wie etwa die Reform des Gesundheitswesens – nicht verwirklicht worden waren, setzten Frust und Katzenjammer ein. Anstelle von neuen Citoyens hatte sich eine Schicht neuer roter Bourgeois gebildet, die über die Raffgier, nicht aber über die Ausgrenzungssicherheit ihrer bürgerlichen Vorgänger verfügte. Das Ende war traumatisch. Die roten Prinzen gingen, ungebremst von roter Moral, den Weg der Skandale.

Kreisky hatte den Kernbereich des Systems nicht angetastet. Wie jeder Monarch agierte er virtuos in Arkanbezirken und vermochte dadurch vielleicht auch zu verschleiern, daß die Technokraten vom Gewerkschaftsbund in der Sozialpartnerschaft mitunter die Oberhand behielten. Er ließ die Grauzone unbehelligt, aber er gab dem gesellschaftlichen Druck politischen Ausdruck. Daß Kulturpolitik jener Ort sei, »wo Radikalität ihren Platz hat«, überraschte höchstens jene Studenten, die dachten, Radikalität wäre im Kampf um den Besitz der Produktionsmittel angemessen.

In seinem 1989 publizierten Buch »Der wohlwollende Despot« gibt der Essayist Karl-Markus Gauß schon im Titel die Zusammenfassung seiner Kritik an der Erfindung sozialdemokratischer Kulturpolitik unter Kreisky. »Nun sollte alles anders werden. Das kulturelle Programm des stieren Konservativismus war die Ausgrenzung gewesen. Was ist das Gegenteil der Ausgrenzung? Die Eingemeindung.« Die Konservativen hatten Bolschewismus und Amerikanismus, Schmutz und Schund draußen gehalten. Ihre Kultur wurde jetzt als »Hochkultur« verhöhnt, aber die Sozialdemokraten setzten der konservativen Enge kein Konzept entgegen, sondern eine beliebige Weltoffenheit. »Das Versprechen einer Aussöhnung von Staatsmacht und Kultur, das Kreisky glaubhaft zu repräsentieren schien, verstanden sowohl die, in deren Namen es gegeben wurde, wie jene, an die es sich richtete, als einen demokratischen Akt.« In Wahrheit seien die Kulturschaffenden vom Habsburg-Feudalismus ohne befreiende Selbstfindungsphase in die »österreichische Variante des Staats-Sozialismus« gegangen. Subvention sei an die Stelle der Zensur getreten.

Ein irreversibler Prozeß, der schließlich zur Folge hatte, daß jeder Künstler, ob zu Recht oder nicht, als Staatskünstler eingestuft wurde, wenn er sich nur kritisch äußerte, ja, daß dieser Vorwurf gerade gegen jene erhoben wurde, die ausschließlich vom Markt lebten; während andere, die fast ausschließlich vom Staat lebten, sich von diesem vehement distanzierten. Die Reflexe verkehrten sich: Anarchisten galten als Staatskünstler, Staatskünstler gerierten sich als Anarchisten. Vor allem aber bildeten sich falsche Gemeinschaften. Künstler fanden sich solidarisch mit Leuten zusammen, mit denen sie sich der Sache nach nicht finden wollten. Nur der gemeinsame Angreifer vereinte sie. Umgekehrt fiel es zunehmend schwerer, Kunst zu kritisieren, die der Solidargemeinschaft angehörte. Wenige wagten es, das Denkmal gegen Krieg und Faschismus von Alfred Hrdlicka als den Kitsch zu bezeichnen, der er ist, weil sie fürchteten, sich damit jenen zuzugesellen, die ein solches

Denkmal aus ganz anderen Gründen überhaupt ablehnten. Gauß: »Nicht für das, was einer schafft, wird er heute geschätzt oder verteidigt; allein daß es den Widerspruch der dreisten Skandalgewitter erregte, reicht aus, um es schützens-, ja rühmenswert zu machen.«

Das führt hinein in die Waldheim-Affäre. Von der Fortdauer der Kreiskyschen Kulturpolitik wird noch zu reden sein; von all seinen Reformen hat ausgerechnet sie sich als unabschaffbar erwiesen. Die Macht von Kreiskys Politik war, wie Marxisten sagen würden, eine Macht des Überbaus. Was heute winkelzügig in Kabinettsbereiche verbannt wird, übte Kreisky in aller Offenheit aus. Alfons Dalma, der ehemalige Chefredakteur des ORF, berichtet, Kreisky habe seinen Kopf gefordert und erhalten. Ihm gegenüber habe er dies mit politischer Notwendigkeit begründet und gemeint, als politischer Mensch müsse Dalma das doch verstehen. Der Jude Kreisky schimpfte den israelischen Premierminister Begin eine »Krämerseele« und suchte demonstrativ das Gespräch mit den Feinden Israels, Arafat und Ghaddafi. Hinter den Kulissen half er jedoch bei der Organisation jüdischer Hilfsprogramme im Osten und bei der Emigration sowjetischer Juden nach Israel.

Bruno Kreisky konnte mit staatlicher Autorität und mit der ganzen Wucht seiner parteipolitischen Überzeugung handeln; etwa im Kampf gegen den ORF-Generalintendanten Gerd Bacher, dessen Handlungsfähigkeit er mit einer Novelle des Rundfunkgesetzes beschnitt, unter der noch heute Bachers Nachfolger stöhnen. Aber auch in seiner Politik des Austro-Keynesianismus, mit der er die verstaatlichte Industrie am Leben erhielt. Es war der Abglanz jener geschichtlichen Epoche, in der Politik tatsächlich nicht nur etwas zu sagen, sondern auch etwas zu reden hatte.

Mit Kurt Waldheim ging diese Nachkriegszeit zu Ende.

Mit Franz Vranitzky begann jene neue Phase, in der die Politik als Steuerungssystem von der Ökonomie abgelöst wurde. Kreisky hatte, abgesehen von seinem persönlichen und politischen Format, das zweifelhafte Glück, an der Grenze zweier Epochen zu stehen. Vielleicht ist deshalb jede Politik seither irgendwie rückbezogen auf Kreisky. Jeder Kanzler muß sich mit ihm vergleichen lassen, vergleicht sich selbst mit ihm. Gelegentlich hat das bei Franz Vranitzky zu Unmut geführt, er verwies dann auf das fragwürdige ökonomische Erbe Kreiskys, doch litt er sichtbar darunter, nicht wie Kreisky die Zuneigung der Intellektuellen zu besitzen.

Mit Kreisky wurde der Staat erstmals zum Freund, wohlwollend despotisch meinetwegen, nicht mehr angsterregend, umfassend und obsorgend, vom privaten Leben nicht wirklich zu trennen. Vom Touringclub bis zum Fischereiverein, von der Ärztekammer bis zum Kindergarten, von der Kirchensteuer bis zur Konfessionsschule – wo ist die Grenze zwischen Partei, Staat und privater Organisation? Das alles, so der Volkswirt Helmut Kuzmics, ist nicht mehr auseinanderzuhalten und wird überstrahlt vom Glanz eines »milden Autoritarismus«. Die verkleinbürgerte Gesellschaft steht dem Staat zwar – wie alle anderen Gesellschaften vor ihr – ebenfalls fremd gegenüber, aber der Staat ist seit Kreisky nicht mehr die fremde, strafende Autorität. Die Gesellschaft beginnt nun, freundlich mit ihm zu leben. Zugang zum Recht und bürgernahe Polizei sind die Schlagworte der Zeit. Die Gesellschaft lernt sogar, sich vom Staat zu distanzieren, sich in neuen sozialen Bewegungen zu organisieren, in Frauen-, Kinder-, Schwulen-, Umweltgruppen. Auch sie entgingen der Umarmung des freundlichen Staates nicht. Soviel Konsens war nie. Sogar ein Klopapier bediente sich dieser Marke. Sein Papier war rosa.

Das Ende der Nachkriegszeit – Hainburg, Proksch, Waldheim

Die Umweltbewegung verstand Kreisky erst nach seinem Rücktritt. Die Volksabstimmung über das Atomkraftwerk Zwentendorf verlor er, die Wahl danach gewann er triumphal. Die Krise um das Donaukraftwerk Hainburg erlebte er bereits als Altkanzler. Sie war nicht untypisch für ihre Zeit und doch sehr ungleichzeitig. Herbeigeführt durch ökologisch orientierte Grüne, die daraus den Gründungsimpuls als Partei gewannen, getragen von bürgerlichen Sympathisanten, unterstützt von der *Kronenzeitung*, stellte die Besetzung der Aulandschaft die erste öffentliche Herausforderung der Sozialpartnerschaft auf offenem Feld dar (Zwentendorf hatte sich in den Abstimmungslokalen entschieden). Kurz vor Weihnachten 1984 standen einander nicht nur Gendarmen und Umweltschützer gegenüber. Das älteste Trauma der Republik, jenes bewaffneter Auseinandersetzungen Lager gegen Lager, hob plötzlich in der Form der modernsten gesellschaftlichen Auseinandersetzung sein Haupt. Auf der einen Seite der Donau waren Hunderte Bauern auf Traktoren gekommen, um für die Besetzer Partei zu ergreifen, vis-à-vis hörten sich entschlossene Bau-Holz-Gewerkschafter – schon 1950 hatten sich ihre Kollegen bei der Niederschlagung des KP-Putsches bewährt – in Hainburg Kampfparolen an. Nach einigen symbolisch gefällten Bäumen, ein paar Knüppelschlägen von Gendarmen und ein paar Platzwunden bei Demonstranten verordnete sich die Regierung Fred Sinowatz eine Denkpause und verzichtete schließlich auf den Bau.

Es war alles sehr kompliziert in jenen Tagen. Die Idylle war schon in Kreiskys letzten Jahren krisenanfällig geworden. Nein, das wäre unrichtig! Die öffentliche Wahrnehmung von Krisenfällen hatte sich geändert. War es eine

Folge der zunehmenden Medialisierung, der zunehmenden Selbständigkeit der Einzelnen, der ob ihrer Eingemeindung gewachsenen Intellektuellenszene – Dinge, die noch Mitte der siebziger Jahre hingenommen wurden, erregten nun Aufsehen. Man sprach plötzlich von einer »Skandalrepublik Österreich«, dabei war nichts anderes geschehen als während der Nachkriegsjahre auch: eine Weinpantsch-Affäre, Korruption in der verstaatlichten Industrie, ein Versicherungsbetrug mit tödlichen Folgen für einige Matrosen, dessen Urheber ein paar Minister deckten – das war alles?

Es war alles! Aber es erweckte den Eindruck, als käme nun das Geflecht aus der Grauzone Stück für Stück an den Tag. Im Licht der Skandale war nun auch jenes wohltätige Dunkel diskutiert worden, in dem bisher zum Wohle des Volkes Verabredungen aus dem Scheinwerfer der Öffentlichkeit gehalten worden waren. Udo Proksch, Avantgardist, Lebenskünstler und parasitärer Wirt, hat die Phantasie am entschiedensten angeregt, weil er es verstand, mit dem einfachen Trick menschlicher Zuwendung und der Inszenierung dessen, was die Parvenüs für Ambiente hielten, die halbe Personalreserve der SPÖ in seine kriminellen Machenschaften zu verstricken. Bis zum Urteil in seinem Prozeß, bis zum Ende der achtziger Jahre, deckten ihn mächtige Freunde wie Innen-, Justiz- und Außenminister, verhinderten die Anklage, beschafften falsche Dokumente, entließen ihn aus der Untersuchungshaft. Der Chef der *Kronenzeitung* pochte auf die Unschuldsvermutung für Udo auf eine Weise, wie sie noch für keinen anderen dort je gegolten hatte, und der Generalintendant des ORF erklärte ihn zum »Österreicher mit Weltniveau«.

Der Fall Proksch verdient deswegen Beachtung, weil er das Prinzip der Zweckfreundschaft pervertierte, das den Verabredungen und der gesamten Konsensdemokratie der

Zweiten Republik zugrunde lag. Die Konsensstrategie ließ sich umfassend offenbar nur solange aufrecht erhalten, als die sie tragenden Institutionen – die Gewerkschaften, die Interessenvertretungen und Kirchen (in Österreich selbstverständlich: die katholische) – die Gesellschaft dominierten; und solange die Politik als übergreifendes Steuerungssystem der Gesellschaft nicht in Frage stand. Als sich dieses Bild änderte, wofür die wirtschaftlichen Schwierigkeiten der verstaatlichten Industrie und der unerschütterlich scheinenden roten und schwarzen Genossenschaftsriesen nur die am besten sichtbaren Zeichen darstellten, änderte sich auch die Einstellung zur Sozialpartnerschaft, zum Konsens, der allem zugrunde liegenden, alles umfassenden Beziehung der Freundschaft.

Plötzlich erwies sich die edle, im Sinn des Gemeinwesens geschlossene Zweckfreundschaft als unedle, rein dem privaten Vorteil dienende Zweckgemeinschaft. Plötzlich schienen die Vorteile des Wirtschaftswunders aufgehoben durch die Nachteile der Parteibuchwirtschaft. Plötzlich bemerkte eine Bevölkerung die Defizite ihrer Demokratie. Die alles umfassende Freundschaft wurde als allumklammerndes Geflecht, der staatstragende Konsens wurde als lähmende Unöffentlichkeit empfunden, die auch die persönliche Entwicklung hemmte. Der politische Skandal erschien als Normalität des Systems. Der Staat blieb warmes Nest, erschien aber in unfreundlicherem Licht.

Die Plötzlichkeit dieser Wahrnehmungen war einerseits der Wirtschaftskrise, andererseits der Intensität der Verdrängung und des Zurechtredens geschuldet, auf denen das österreichische Staatswesen jahrzehntelang aufgebaut hatte. Nicht daß es wie Schuppen von den Augen gefallen wäre, aber zum einen gab es seit Anfang der siebziger Jahre schlicht mehr beobachtende Augen als zuvor. Zum anderen war der Druck gewichen, sich aus einer Art Eigeninteresse nicht mit denen in der Grauzone anzulegen. Der Staat schrumpfte, der Markt wuchs. Als Kreisky 1975 den ehemaligen SS-Offizier Friedrich Peter gegen Simon Wiesenthal in Schutz nahm, hielten sich die nationale und internationale Erregung in Grenzen; als zehn Jahre später der FPÖ-Minister Frischenschlager den aus italienischer Haft entlassenen Kriegsverbrecher Reder per Handschlag in Österreich begrüßte, brach ein Sturm der Empörung los. (Bis heute sagen übrigens Gerüchte, der eher liberale Frischenschlager – heute Haider-Dissident beim Liberalen Forum – sei damals »gelegt« und »überrumpelt« worden).

III

Franz Vranitzky: Ausgleich

Österreichs turbulenter Aufbruch in die
europäische Normalität

> *Klar ward's, daß im Thun und Handeln,*
> *Nicht im Grübeln's Leben liegt.–*
> Franz Grillparzer,
> »Der Traum, ein Leben«

Eher geht jedoch ein Kamel durch ein Nadelöhr, als daß es verschwände. Onkel Sinowatz und einige ungenannt bleiben wollende Kollegen hatten das Kamel losgemacht und es bei Nacht zurück in die Oase getrieben. Da stand es nun, reiterlos und ratlos unter Palmen, ein Kreatur gewordener doppelhöckriger Vorwurf, ein Rest, der nicht aufgegangen war.

Der Staat, das sind die anderen. Dieser Staat kann tatsächlich zur Hölle werden. Jede kleine Steuerhinterziehung ein Akt des Widerstands, jeder Politiker kein Interessenvertreter, sondern ein Gauner, ein Gegner. Die Allianz aus Rechtspopulisten und Boulevard gedeiht nur auf dem Boden dieses Ressentiments. Es ist – soziale Bewegungen hin, Dienstleistungsgesellschaft her – nach wie vor ein feudal durchwachsener, kein demokratischer Boden, auf dem wir uns bewegen, und die dämonische Seite dieses Hasses, die in der Wärme und unter der Decke spürbar wird, macht die Angst vor der Auseinandersetzung mitunter verständlich.

Auch wenn man bedenkt, daß er nur unter der Decke gewachsen ist.

Im Fall Waldheim, als die Republik sich in Gestalt eines Präsidenten, der sich nicht erinnern konnte, selbst ins Antlitz blicken mußte, brach der auf Verdrängen gebaute Hausfrieden zum ersten Mal auseinander. Leopold Figl hatte es 1955 geschafft, den Botschaftern der vier Besatzungsmächte auszureden, dem neutralen Österreich »bei seiner Geburt ein Schuldmal aufzubrennen und so seine innere und äußere Entwicklung mit einer moralischen Hypothek zu belasten«. Nun trat das Schuldmal auf der Stirn Waldheims hervor und führte zu turbulenten Auseinandersetzungen zwischen Jungen und Alten, Schwarzen und Roten.

Schon tauchte das Trauma der Ersten Republik aus dem Strom des Vergessens auf. Jahre später sprach Franz Vranitzky, der damals als Bundeskanzler alles unternahm, um die Wogen zu glätten, rückblickend von der Gefahr einer »Libanonisierung der Innenpolitik«. So weit kam es doch nicht, aber Kurt Waldheim wurde unter beschämenden Umständen zum Bundespräsidenten gewählt. Die von seinen politischen Gegnern angezettelte Kampagne beantwortete er mit einer Gegen-»Campaign«, in deren Folge antisemitische Ressentiments und dumpfe Wut gegen das Ausland hochkochten. Der Slogan »Wir Österreicher wählen, wen wir wollen« knüpfte an den »echten Österreicher« von anno 1970 an; nur daß der Spruch diesmal verfing.

An Waldheims Verfehlung gemessen, war die Erregung unverhältnismäßig. Und doch muß dieser die Eskalation der Affäre weitgehend selbst verantworten. Aus dem durchschnittlichen Vergessenskünstler wurde das Fanal des Gedenkenmüssens, aus dem ganz normalen österreichischen Diplomaten, der es mit Oberkellner-Habitus zum UN-Generalsekretär gebracht hatte, das hochragende

Mahnmal der Zweiten Republik und ihrer schlauen Vergeßlichkeit.

War 1955 das »annus mirabilis« der österreichischen Politik gewesen, dann wurde es 1986 zum »annus horribilis«. In Innsbruck wählt die FPÖ Jörg Haider auf skandalöse Weise zum Parteiobmann. Sein innerparteilicher Gegner Norbert Steger wird dort als »Jud« beschimpft und mit »Vergasen« bedroht. Papst Wojtyla macht Hans-Hermann Groër, einen reaktionär-sektiererischen Marienpfarrer, zum Erzbischof von Wien und zum Nachfolger des hochgebildeten und allseits geschätzten Kardinal Franz König. Waldheim wird Bundespräsident.

Der eine ist die Ursache des anderen. Waldheim, dieses Monument österreichischer Durchschnittlichkeit, bedingt Vranitzky, den Wirtschaftskanzler, auf den sich Hoffnungen aller anderen projizierten. Fred Sinowatz, Miturheber der Kampagne gegen Waldheim, tritt zurück, Finanzminister Franz Vranitzky wird sein Nachfolger und kündigt sofort nach den Innsbrucker Vorfällen die kleine Koalition mit der FPÖ. Bei den anschließenden Wahlen schafft die ÖVP den Sieg nicht; ihr Spitzenkandidat Alois Mock bricht am Wahlabend physisch und psychisch zusammen. Vranitzky wird Kanzler, Mock übernimmt die Rolle des Vizekanzlers und Außenministers in einer erneuerten großen Koalition. Es folgt postwendend der Bruch mit Bruno Kreisky, der die Aufgabe des Außenressorts als unverzeihlich empfindet.

Ein Zeitbruch. Die lang erwartete konservative Wende findet wieder nicht statt, oder nur als Wende der Gefühle, als Aufschwung populistischen Ressentiments. Die Waldheim-Welle bricht den Konsens, die NS-Vergangenheit zu tabuisieren. Die Waldheim-Welle ermutigt aber auch andere, mit antisemitischen und xenophoben Ressentiments hervorzutreten. Der Ton wird schärfer. »Wer Waldheim sät, wird Haider ernten« – dieser kluge Satz des Soziologen Silvio Lehmann brachte es auf den Punkt. Das Verdrängte tritt nun offen zu Tage. Vranitzky betreibt Schadensbegrenzung, bricht als erster das offizielle Schweigen Österreichs und bekennt sich im Parlament und später in Israel zur Verantwortung Österreichs für seine gesamte Geschichte.

Anfang Juli 1992 sitze ich viele Stunden mit Vranitzky am Ballhausplatz, Zweck ist ein langes Interview, das zu einem Buch wird; das einzige größere, zusammenhängend publizierte politische Statement Vranitzkys. Wenn ich auf ihn warte, sitze ich im Steinsaal, in dessen Boden in der Ecke eine unauffällige Schrift darauf hinweist, daß hier 1934 Kanzler Dollfuß verblutet ist, der Diktator als Terroropfer der Nazis. Sehen wir von seinem Fenster hinüber zur Hofburg, steht nicht mehr Kurt Waldheim im Fensterrahmen, sondern der überraschende Nachfolger Thomas Klestil. Die Waldheim-Affäre ist überstanden, Vranitzky hat das Land in den Worten des Philosophen Rudolf Burger »aus seiner außenpolitischen Isolation geführt, das Verhältnis zu den USA und zu Israel normalisiert und durch offizielle Erklärungen im In- und Ausland mit der Verlogenheit der österreichischen Opferideologie gebrochen«.

Franz Vranitzky ringt in unseren Gesprächen nicht nur um Formulierungen; er ringt mit dem Schatten Kreiskys. Er spürt in meinen Fragen den Wunsch, Politik in einer Weise artikuliert zu bekommen, die ihm nicht gemäß ist: scharf, polemisch, mit Lust am Widerspruch. Er kann und will die Widersprüche nicht offen benennen, die ihn bei seiner Arbeit hemmen, die Unreformierbarkeit seiner Partei, der Sozialpartner, der Institutionen und Verbände. Zu sehr ist auch er ein Mann des Konsenses. Lust am Dissens scheint ihm nicht unverständlich, aber in seiner Stellung unverantwortlich. Für die großen politischen Entwürfe fehlt dem Ökonomen weniger der Horizont als der Möglichkeitssinn.

Haider gewinnt von Wahl zu Wahl dazu. Vranitzky ist populär und in seiner Partei unanfechtbar gerade aus diesem Grund. Ebenso ist ihm aber klar, daß Popularität allein gegen Haider nicht reicht. Haider von der Macht fernzuhalten wird von vielen in der Sozialdemokratischen Partei als »Ausgrenzung« interpretiert und als falsche Strategie kritisiert. Was tun? »Wenn es uns gelingt«, sagt Vranitzky im Gespräch, »die zünftlerischen Beschränkungen des österreichischen Systems im Rahmen einer Deregulierung mit Augenmaß abzuschaffen, wenn es uns gelingt, den Umbau Österreichs in eine moderne und offene Gesellschaft zügig fortzusetzen, wenn es uns gelingt, die geschützten Nester abzuschaffen, hat Haider gar keinen Platz mehr, seine Aggressivität zu entfalten. Kurz gesagt: Der Gegenzug heißt Demokratisierungsoffensive.« Er wirkt entschlossen, wenn er das sagt, aber er wirkt auch – im Wissen um die beharrenden Kräfte – resigniert.

Vranitzky kam nicht aus der Mitte der Partei, er kam aus der Wirtschaft, aus staatsnahen Banken zwar, aber er sollte wohl, der Ökonomisierung aller Lebensverhältnisse Rechnung tragend, signalisieren, daß die SPÖ nun Wirtschaftskompetenz und Modernität besaß. In der ausbrechenden Entstaatlichungs- und Privatisierungseuphorie redeten manche ehemals Linke in der SPÖ plötzlich wie Manchester-Liberale. Heute werden sie nicht mehr gern daran erinnert.

Im nachhinein mutet es absurd an, mit welchen Erwartungen Vranitzky konfrontiert wurde. Die Öffentlichkeit erhoffte von ihm eine tiefgreifende Strukturreform der österreichischen Gesellschaft, die Abschaffung des Kammernsystems, das Zurückdrängen des Einflusses der Gewerkschaft auf die Partei, die Aufwertung des Parlaments, eine Verwestlichung des trotz der Kreisky-Jahre noch immer feudal strukturierten Landes und die Verwandlung der SPÖ in ein modernes, medial orientiertes Dienstleistungscenter für politische Inhalte. Modern an Franz Vranitzky war die Auffassung seiner Rolle. Er repräsentierte den Konsensgeist der Republikgründer auf eine neue Weise. Er wollte dem Staat dienen, indem er ihn vor Erschütterungen bewahrte. Dem hatte sich auch der Reformeifer unterzuordnen. Vranitzkys Crux: Er war Staatsmann, wollte und konnte aber kein Politiker sein, denn auch in Österreich hatte der Beruf des Politikers einen pejorativen Beigeschmack bekommen. Sein Erscheinungsbild hob sich deutlich vom verachteten Rollenbild des ins Geflecht verstrickten Funktionärs ab.

Vranitzky brachte einen für Regierungsmitglieder neuen Ton ins Spiel: einen dezidiert antifaschistischen. Später hat man ihm genau das, was zuerst von der kritischen Öffentlichkeit gefordert worden war, vorgeworfen. Der Publizist Hubertus Czernin nannte ihn einen »Haidermacher«, was nach Meinung vieler bedeutete, daß der konsequente Anti-Haider-Kurs Vranitzkys Haider erst stark gemacht hätte.

Politik ist heute danach zu beurteilen, ob sie imstande ist, Orientierungen zu geben und Änderungen von Mentalitäten zu initiieren. Staatsmänner mißt man daran, ob sie als Staatsschauspieler ihre Rolle gut oder schlecht spielen. Vranitzky hat die seine gut gespielt. Indem er Haider nicht in eine Regierung aufnahm, hat er zwar das Ressentiment nicht entschärft, aber er hat eine auch für seine Nachfolger unübersehbare Linie gezogen. Was die Änderung von Mentalitäten betrifft, fällt das Urteil schwer. Für die Bewegung vom Etatismus zur Marktwirtschaft war Vranitzky mehr Symbol als treibende Kraft. Im Urteil des Zeithistorikers Ernst Hanisch »brach die SPÖ mit einer Reihe von Traditionsbeständen«: Entstaatlichung, Privatisierung, Deregulierung des verstaatlichten Sektors, Übergang des sorgenden Staates zum Markt. »Vielleicht«, so Hanisch, »werden die Historiker einmal in dem Zauderer Franz Vranitzky so etwas wie einen ›Revolutionär‹ sehen – zumindest in bezug auf die SPÖ.«

Apropos Zauderer: Vranitzky führte die SPÖ gegen starke Widerstände in die EU und trug wesentlich zum Erfolg der Volksabstimmung bei. Zwei Drittel der Wahlberechtigten (66,4 Prozent) befürworteten den Beitritt Österreichs. Der Zauderer handelte schnell, als es galt, nach diversen Skandalen Personalentscheidungen zu treffen. Er zögerte auch nicht, dem Koalitionspartner eine traumatische Niederlage zuzufügen, die sich noch heute auf die politische Landschaft auswirkt: Er verantwortete den Kauf der renommierten, bürgerlich geprägten Creditanstalt durch die Bank Austria.

Die Privatisierung der staatlichen Creditanstalt war seit Jahren fällig; Versuche internationaler Bankinstitute, sich zu beteiligen, scheiterten. Für das führende Geldinstitut des Landes sollte eine österreichische Lösung gefunden werden. Daß die traditionell schwarze Creditanstalt in sozialdemokratische Hände fallen könnte, schien nach österreichischer Realverfassung jedenfalls undenkbar. Im Vertrauen auf dieses ungeschriebene Gesetz hatte sich ein österreichisches Bieterkonsortium aus schwarzen Versicherungen und Banken zusammengefunden und bot jahrelang etwas mehr als ein Drittel des Marktwerts der Creditanstalt als Kaufpreis, im Vertrauen, daß die Bank »eh uns gehört«. Ein roter Anbieter galt als denkunmöglich. Kein Politiker würde es wagen, wegen zehn Milliarden Schilling die Koalition aufs Spiel zu setzen.

Kanzler und Finanzminister sollten also zusehen, wie die Creditanstalt zu billig verkauft würde. Da trat unvorhergesehenerweise der ehemalige Eigentümer des Billa-

Konzerns, Karl Wlaschek, auf und legte ein Kaufangebot über 13 Milliarden Schilling vor. Nun war das Dilemma groß. Wlaschek war ein tüchtiger Unternehmer und ist schwerreich; aber konnte man einem ehemaligen Barpianisten die führende bürgerliche Bank ausliefern? Gewiß würde der barbarische Parvenü das Unternehmen in seine Bestandteile zerlegen oder sonst etwas tun, was mit nationalem Festbestand niemand geschehen lassen wollte!

Ermutigt durch Wlaschek, trat nun auch die Bank Austria als möglicher Käufer auf, überbot ihn und legte das beste Angebot. Verärgert zog das Konsortium nach, ohne aber die Bank Austria zu überbieten. Da die Bank Austria sich zu 45 Prozent im Besitz einer von der Gemeinde Wien kontrollierten »Anteilsverwaltung Zentralsparkasse« befand, war die Optik eindeutig: Rot schluckt Schwarz. Die ÖVP drohte mit Koalitionsbruch und setzte alles in Bewegung, um die Übernahme zu verhindern. Vranitzky und sein Finanzminister blieben hart. Der Bestbieter sollte den Zuschlag erhalten. Und Bestbieter war die Bank Austria. Der Name des Finanzministers: Viktor Klima.

Die ÖVP erhielt später Zugeständnisse des Koalitionspartners zu Fusionen im Versicherungs- und Bankbereich. Das Trauma des Aufgehens der Ceditanstalt in der Bank Austria hat sie aber nicht verwunden; es war für sie – und mehr noch für die bürgerliche Führung der Bank, als lieferte man der *Kronenzeitung* das Burgtheater aus (das Burgtheater vor Peymann, selbstverständlich). Um ein Haar hätte die ÖVP deswegen die Koalition platzen lassen. Ein bereits unterschriftsreif ausverhandelter Koalitionspakt mit Haiders FPÖ scheiterte im letzten Augenblick, weil es einige ÖVP-Parlamentarier mit der Angst zu tun bekamen. Im Jänner 1997 kaufte die Bank Austria die Creditanstalt; im Februar trat Franz Vranitzky zurück. Sein Nachfolger hieß Viktor Klima.

Im Wartesaal der Politik – eine Repräsentation

Besucher des österreichischen Bundeskanzleramts warten normalerweise im Steinsaal darauf, zum Amtsinhaber vorgelassen zu werden. Die weißen Türen mit den goldgeränderten Feldern, der kannelierte, speckig glänzende, beige Marmor an der Wand, die rosa Marmorfliesen, die cremefarbene Polstergarnitur, das Couchtischchen mit den Messingbeinen sehen im Tageslicht wie Dekorationen aus. Die hohen, barocken Fenster wirken mit ihrem implantierten Sicherheitsglas wie Scheinfenster. Auf der einen Seite die Dollfuß-Ecke, auf der anderen das Gemälde mit der Zeremonie der Unterzeichnung des Staatsvertrags im Belvedere. Der fleischfarbene Grundton des Raumes verstärkte sich noch, als ein patriotisch-pastoses Ölbild von Christian Ludwig Attersee den Platz der Belvedere-Szene einnahm.

Trotz dieses Grundtons, trotz der nicht immer aktuellen Zeitungen und der stets frischen Blumen auf dem Tischchen wirkt der Raum nicht nur seltsam leer und kühl, sondern geradezu steril. Weniger wie ein Wartezimmer, eher wie ein Set für einen Kostümfilm der fünfziger Jahre. Obwohl die Hintern der Welt ihr Sitzfleisch hier gehärtet haben mögen, ist von Geschichte nichts zu ahnen.

Als Franz Vranitzky für eine Homestory jener Illustrierten posieren mußte, für die alle Mächtigen posieren müssen, setzte er sich auf die Polstergarnitur im Steinsaal und präsentierte ihn, als handle es sich um jenes Zimmer, in dem er seine Tage verbringt. Ich weiß nicht, ob Absicht dahinter war oder ob es sich nur um eine bequeme Lösung handelte, die journalistischen Quälgeister abzuspeisen. Die Illustrierte war zufrieden. Was ihre Leser als bedeutenden Einblick in Vranitzkys Arbeitszimmer präsentiert bekamen, war ein Foto des Kanzlers im Wartesaal. Wie stets, wenn es ums Posieren ging, lächelte er ein wenig gequält in die Kamera.

In sein eigentliches Büro hatte Vranitzky einen von den Architekten Eichinger oder Knechtl entworfenen Schreibtisch stellen lassen. Er bildete einen markanten Kontrast zur rotweißroten Fahne samt Staatswappen und zur denkmalgeschützten Fünfziger-Jahre-Holztäfelung von Oswald Haerdtl. »Bundeskammer-Barock« hieß die im Büro-Jargon. Nun war alles beisammen: die Staatsvertragsikone in Öl; die Blutspur der Ersten Republik, als goldene Gedenkschrift versteckt in der Ecke; die stolz ostendierte zeitgenössische Malerei des repräsentativ gewordenen einstigen Avantgardisten Attersee, eine Frucht vom Baum der Kulturpolitik; der elegant designte Schreibtisch auf dem Stand der Gegenwart; die Holztäfelung, ein Raab-Figlscher Hauch von Sozialpartnerschaft; das Ganze in der alten Hofkanzlei, einem Baudenkmal absolutistischer Provenienz. Schwer genug, in diesem historisch-ästhetischen Durcheinander Haltung zu bewahren. Einen Stil zu finden schien der vielen Ebenen wegen schlechthin unmöglich. Vranitzky mußte es allein der Innenarchitektur seines Büros wegen beim österreichischen Eklektizismus bewenden lassen. Er machte dies dadurch auf verquere Weise erträglich. Eklektizismus braucht nicht unbedingt als Schwäche aufgefaßt werden: Er schließt vieles ein und nichts aus.

Aufbruch aus der Vergangenheit

Die Vranitzky-Jahre waren Jahre des Aufbruchs. Die Auseinandersetzung mit der weggeschwindelten Vergangenheit belebte die Öffentlichkeit. 1989 fiel der Eiserne Vorhang; Sympathie empfing die Nachbarn, die kamen, um den Kapitalismus zu erleben. Der anfangs wild umstrittene

EU-Beitritt wurde vermutlich vor allem akzeptiert, weil die *Kronenzeitung* das Versprechen mittrug, Schlagobers würde billiger werden.

Die Vranitzky-Jahre waren Jahre des Abschieds und der Zurücknahme. 1989 hatte sich der reale Sozialismus aus der Geschichte verabschiedet; bald folgte ihm das große Wort vom »Ende der Geschichte«. Ängstlichkeit löste die ersten Sympathieregungen ab. Hunderttausende Rumänen kündigte der Boulevard an, als ein paar hundert sich an der Grenze zeigten. Die Ängstlichkeit schlug um in Xenophobie.

»Das Boot ist voll« tauchte als gegen polnische Flohmarkttouristen gerichtete Phrase schon auf, ehe die Boote der Albaner vor der italienischen Küste aufkreuzten. Im Grenzgebiet ärgerte man sich über Zigaretten-, Benzin- und Gebäckschmuggel; kein Wort fiel über die billigen Arbeitskräfte im Wirtshaus herüben und über die drüben günstig gekauften Grundstücke. Banken und Handelsfirmen nutzten ihre Chance. Bei gleichzeitiger sozialer und kultureller Abschottung von seinen Nachbarn verstand es Österreich, von der Ostöffnung wirtschaftlich zu profitieren.

Vranitzky taugte von Natur aus nicht zum großen Erzähler, außerdem hatte er noch keine Spindoctors, sondern einen Pressechef. Sein Mangel an politischen Beratern nimmt sich im Rückblick nicht als Stärke aus, erscheint aber mit heutiger Erfahrung geradezu als sympathisch. Nicht daß es, in Vranitzkys Jargon gesprochen, an Handlungsbedarf gemangelt hätte. Aber die Sehnsucht nach dem »Macher« Vranitzky, mit der die Öffentlichkeit auf den Stau der anliegenden Projekte und der aufgelaufenen Reformen reagierte, rief einen prononcierten Pragmatismus hervor, der für Experten selbst dann wenig Raum ließ, wenn sie aufgeboten wurden. Und aufgeboten wurden sie, nicht zu knapp.

Die Diskussion um die Migration und die Ausländerpolitik wurden von Vranitzkys Innenminister Franz Löschnak von Anfang an unglücklich geführt, nämlich gar nicht. Löschnak betrieb xenophobe Politik und kassierte nicht einmal den populistischen Bonus dafür. Jörg Haider startete sein Ausländervolksbegehren »Österreich zuerst«, wer weiß, wie erfolgreich es geworden wäre, hätte ihm nicht die Gegenbewegung des Lichtermeers den Garaus gemacht. Als die Briefbomben explodierten, rechtsradikal textierte Bekennerschreiben die »Tschuschenregierung« attackierten und schließlich die Bombe von Oberwart vier Roma tötete, erschien das wie eine logische Folge der Stimmung im Land. Endlich berief Vranitzky Löschnak ab und besetzte das Innenressort mit Caspar Einem. Auch Sozialminister Hesoun wurde bei dieser Gelegenheit verabschiedet; sein sozial völlig unausgewogenes Sparpaket blieb erhalten.

Was funktionierte, waren die Mechanismen der österreichischen Öffentlichkeit: Der biedere, engstirnige Löschnak war von Haider selbst und dem Boulevard zu Haiders bestem Mann in der Regierung erklärt worden. Da nützte es nichts, daß er beim Lichtermeer ein Kerzlein ins Bürofenster stellte. Der großbürgerliche ehemalige Sozialarbeiter und liberale Querkopf Einem sah sich umgekehrt einer populistischen Hetzkampagne ausgesetzt, die ihn zu einem Hoffnungsträger der Linken stilisierte, der er nicht ist. Vranitzkys Nachfolger Klima konnte es sich bei bestem populistischem Willen danach nicht leisten, Einem loszuwerden; er bekam das kaum regierbare Monsterressort aus Wissenschaft und Verkehr.

In der Briefbombenaffäre und nach den Morden in Oberwart hinterließ das Verhalten der Behörden, Justiz inklusive, einen katastrophalen Eindruck. Im Innenministerium herrschte Chaos; die schlecht ausgerüsteten und desorientierten Ermittler vernichteten tollpatschig Beweismittel und erwiesen sich als den Anforderungen nicht gewachsen. Nach der Berufung Einems begannen von der FPÖ-Gewerkschaft kontrollierte Teile der Truppe gegen den Minister zu agieren. Der Sicherheitsdirektor veranstaltete unabgesprochene Pressekonferenzen. Das Innenministerium schien mehr und mehr Staat im Staat, unregierbar, von rivalisierenden Cliquen beherrscht, teilweise machte es den Eindruck, außer Kontrolle zu geraten.

In jenen Jahren, die im Rückblick bereits ereignislos erscheinen, ging die Nachkriegszeit endgültig zu Ende. Nicht nur der Eiserne Vorhang, auch die Grenzen der traditionellen politischen Lager waren gefallen; Stammwähler strömten zu Haider, das dritte, das (deutsch-)nationale Lager erstarkte. Die Grünen hielten sich, die Liberalen spalteten sich von der FPÖ ab. Mit einem Mal waren nicht zwei große und eine kleine, sondern drei mittlere und zwei kleine Parteien im Parlament vertreten. Modernisierungsgewinner gab es wohl, allein sie machten diese Verluste an Wählern bei den großkoalitionären Parteien nicht wett.

Die Wähler hatten keinen Grund, sich für eine Ampel zu interessieren. Für eine schwarz-blaue Koalition sprachen die Mehrheitsverhältnisse, gegen ihre Realisierung sprach Haider. Lähmend senkte sich die Ausweglosigkeit der ewigen Koalition über das Land. Zuletzt setzte es für die Koalition Denkzettel bei den Wahlen zum Europäischen Parlament und zum Wiener Gemeinderat, worauf Vranitzky nach dem Verkauf der Creditanstalt am 18. Jänner 1997 an die Bank Austria selbst seinen Rücktritt erklärte und elegant abging.

Ausgleich und Entpolitisierung

Vranitzky hatte seiner Partei einiges zugemutet. Zuerst benannte er sie von »Sozialistische Partei« in »Sozialdemokratische Partei« um, damit vermochte er sie aber auch nicht zu reanimieren. Die *Neue AZ* wurde privatisiert, das heißt gefühlsschonend eingestellt. Die Außenpolitik überließ er dem Koalitionspartner. Frauenministerin Johanna Dohnal, die Galionsfigur der Frauenbewegung, schickte er vorzeitig in Pension. Der Etatismus nahm seinen langen Anlauf zum Ende. Erstmals überstieg die Summe privaten Kapitals die des staatlichen; mehr als ein Dutzend staatliche Großbetriebe, darunter OMV, VOEST-Alpine und Amag, wurden privatisiert.

Die Zeit hielt für die Genossen manch herbe Botschaft bereit. Der Konsum ging pleite, die unantastbar scheinende Lebensmittel-Genossenschaft wurde von den Banken in den Ausgleich geschickt; noch heute scheint es aufklärungsbedürftig, wieso ein Unternehmen zahlungsunfähig gemacht wurde, das nach einer äußerst flotten Abwicklung seine Gläubiger immerhin mit einer Quote von über 60 Prozent zufriedenstellte. Im Osten konstatierten gestandene Rote beinahe gleichmütig den Verlust. Nur im Westen Österreichs konnten die Konsumenten erfassen, um welch traumatischen Verlust es sich handelte, als der Konsum seinen bereits an Bord befindlichen Schweizer Partner Migros, wahrscheinlich die erfolgreichste Genossenschaft der Welt, so hinters Licht zu führen vermochte, daß die Schweizer verdrossen ihre Investitionen abschrieben und sich zurückzogen. Über die Konzentration am österreichischen Lebensmittelmarkt zerbrechen sich fortan nur noch Konzerne in deutschem Besitz den Kopf.

Daß in den Gerichtsverfahren die Verantwortlichkeit von Eigentümern, Kapitalgebern und Banken nicht zur

Sprache kam und daß man versuchte, alle Schuld jenem Mann anzuhängen, der vermutlich den geringsten Anteil am Untergang des Konsum hat, empfindet außer ihm selbst niemand als Trauma. Der letzte Konsum-Geschäftsführer, Hermann Gerharter, dient nun als Sündenbock, dessen Opferdampf alle Fragen zudecken soll. Dabei könnte der aufgrund gewerkschaftlicher Selbstblockaden (der ÖGB war Eigentümer) ruinierte Konsum als lehrreiches Beispiel für vieles dienen, was gemeinwirtschaftlich in Österreich mißlang.

Vranitzkys Politik bestand im Ausgleich. Das paßt zwar zynisch auf den Konsum, bezieht sich jedoch auf Waldheim und auf den Außenminister Alois Mock, der am Balkan forsch die von Restjugoslawien bedrohten Teilrepubliken zur Selbständigkeit ermunterte. Es meint weiters die notwendig gewordene Privatisierungspolitik, die mit einem Tempo voranging, das Neoliberale als viel zu schleppend empfanden. Und es zielt auf die Beibehaltung der Neutralität, die Vranitzky verteidigte, weniger mangels Alternative als im Wissen um ihre Bedeutung für den Harmoniehaushalt der Österreicher. Vranitzkys größte Zumutung an seine Klientel bildeten die Sparpakete. Der Rezession steuerte Österreich gut austro-keynesianisch entgegen. Außerdem wurde die Kapitalertragssteuer eingeführt, dafür die Vermögenssteuer abgeschafft. Fachleute halten das für einen entscheidenden wirtschaftspolitischen Fehler. Daß 1996 die Privatvermögen in Österreich 6000 Milliarden Schilling betrugen und die Zinseinkünfte daraus allein mindestens 300 Milliarden im Jahr, wurde nie zum öffentlichen Thema; gegen den konservativ-boulevardistischen Slogan »Sparen« hatten die Fakten keine Chance. Die Staatsverschuldung (und der Zinsendienst) stieg, sogenannte Sparpakete mußten geschnürt werden. Kaum hatte man sich an den freundlichen Staat gewöhnt, öffnete der die Tür, und herein blies der rauhe Wind des Marktes. »Wer nicht gegen den Populismus ankämpfen kann, muß ihm folgen«, kommentierte der Ökonom Stefan Schulmeister.

Der Druck war von Jörg Haider ausgegangen. Die Bürgerlichen gaben diesen Druck weiter und bestanden auf Einsparungen im Sozialsystem. Dennoch drohte die ÖVP zwischen dem optisch konservativen, konsensuellen und verläßlichen Vranitzky, der die Reflexe ihrer Wähler ansprach, und dem reaktionären Rebellen Jörg Haider, der ihre Wähler in Versuchung führte, zerrieben zu werden. Also flüchtete sie nach vorn. Vranitzkys vierter bürgerlicher Vizekanzler, Wolfgang Schüssel, und die ÖVP witterten die große Chance, an die Macht zu kommen und brachen 1995 Neuwahlen vom Zaun, nachdem sie Erhard Busek als ÖVP-Chef abgesetzt hatten.

Busek, aus Überzeugung auf Anti-Haider-Kurs, war von der *Kronenzeitung* erledigt worden, auch weil er sich als Wissenschaftsminister nicht ganz den Dichandschen Wünschen beim Museumsquartier hatte beugen wollen. Busek hatte als einziger österreichischer Politiker systematisch seit den späten sechziger Jahren die Perspektive einer mitteleuropäischen Zivilgesellschaft im Auge und pflegte Kontakte zu Dissidenten, wofür er sich lange Zeit einen nostalgischen Konservativen schimpfen lassen mußte, während die SPÖ-Spitzen mit Systempolitikern des realen Sozialismus Umgang pflegten. Die österreichische Bevölkerung, sprich ihre medialen Exponenten, haben für solche Qualitäten wenig Verständnis. 1994 erreichte Busek das schlechteste ÖVP-Ergebnis aller Zeiten.

Wolfgang Schüssel, einem Wort Robert Menasses zufolge »ein Populist, der nicht populär ist«, ergriff die Chance, um seiner Gefolgschaft und nicht nur dieser zu erklären, daß es nun gelte, den Staatshaushalt zu sanieren und fest zu sparen. Sein Erstaunen darüber, daß die Massen das nicht honorierten und Vranitzky die Wahl 1995 gewann, kann nicht allzu groß gewesen sein. Vranitzky und Schüssel harmonierten kaum miteinander, vor allem hatte Schüssel stets die Karte Haider im Ärmel; anläßlich der CA-Krise hätte er sie beinahe gespielt.

So blieben die Vranitzky-Jahre eine Epoche einer neu aufgelegten, aber nicht gut aufgelegten Koalition. Für Dissens sorgte immer wieder die Kulturpolitik. An ihr hielt Vranitzky bis zuletzt fest, als wäre sie das einzige politische Erbe Kreiskys, das er durch seine Amtszeit retten wollte. Mittlerweile hatten die einst angefeindeten Künstler und Intellektuellen ihre Aufgabe erfüllt und in der offiziell geförderten Kunst die Hegemonie errungen; angefeindet blieben sie trotzdem. Die Idee der ideologischen Kunstgemeinschaft hatte sich auf nationaler Ebene durchgesetzt; der kultivierte Kunstminister Rudolf Scholten verteidigte fortschrittliche, sperrige, widerständige Kunst als offizielle Doktrin, ihre Künstler nahm er nach besten Kräften und bestem Gewissen gegen die Attacken der Volksunion aus Boulevard und Populisten in Schutz. Das tatsächliche Ausmaß dieser Förderung ist wenig bekannt. Die von der Kunstsektion ausgegebenen Gelder betragen nur ein Sechzehntel aller Gelder, die Bund, Länder und Gemeinden in Österreich für Kunst ausgeben; und von dem Sechzehntel kommt nur ein Bruchteil gegenwärtiger Kunst zugute. Die offizielle Kunstpolitik hat also vor allem symbolischen Wert; der breite Strom von Blasmusik- und Trachtengruppen, Mozart und Strauß bleibt von ihr unberührt.

Vranitzky widersprach dem populistischen Druck von Boulevard und Opposition nicht offen. Er zog es vor, Distanz und Haltung zu wahren. »Österreich erwartete einen Macher, aber es entfaltete sich ein Konsenspolitiker«, resümierte die *Neue Zürcher Zeitung*. Politik als Öffnen neuer Felder, als Bewegen von Mentalitäten, als offensive Parteinahme war – ausgenommen im Fall Haider – seine Sache nicht. Das kam der österreichischen Harmoniesucht entgegen, die auf einer Unsicherheit in allem gründet, was mit Öffentlichkeit zu tun hat.

Nicht nur den Medien wurde das auf die Dauer zu langweilig. Der Unmut über die Folgen von Vranitzkys Politik schlug hohe Wellen des Protests, mit polemischen Schaumkronen. Ein Beispiel gefällig? »Dagegen vor allem richten sich die Proteste: gegen die Entpolitisierung der Politik selber durch eine Kaste von Funktionären, die, vom Bundeskanzler abwärts, aus dem dienenden Stande ehemaliger Sekretäre sich rekrutiert, von herrenlosen Dienern auf den Sesseln ihrer Chefs. (Kein Wunder, daß die vor einem Vollblutpolitiker wie Haider sich fürchten.) Wo ist die Politik? (…) Wie kann man von solchen Leuten Politik erwarten? (…) Was sie gelernt haben, ist Verhandeln mit ihresgleichen, mit anderen Sekretären, und wechselseitig Forderungen zu ›junktimieren‹ – das nennen sie dann ›Schnüren von Paketen‹ und treiben es von der Neutralitäts- bis zur Bildungspolitik. Nur: Wo ist die Politik? Eine Soziologie des Ministersekretärs ist meines Wissens noch nicht geschrieben, aber sie würfe wohl ein bezeichnendes Licht auf die Verhältnisse in der Spätphase der Zweiten Republik.« Rudolf Burgers Anklage des Sekretärs griff zu kurz, weil sie den allgemeinen Bedeutungsverlust der Politik polemisch vernachlässigte, rührte aber an einen zentralen österreichischen Zusammenhang. Kurze Zeit später wurde dieser Zusammenhang traumatisch.

Die Kugel des Sekretärs –
Nachrichten aus dem Inneren der Macht

Am Samstag, dem 26. April 1997, betritt Gerhard Praschak, Banker und vormaliger Sekretär im Kanzleramt, abends sein Büro in der staatlichen Kontrollbank, setzt sich an seinen Schreibtisch, schreibt einen Abschiedsbrief an seine Frau und schießt sich mit seiner Dienstpistole in den Kopf. Praschak erklärte seine Tat in Briefen an Medien und Oppositionsparteien. Er begehe Selbstmord, weil er bei einer Postenrochade im staatsnahen Bankengeflecht für sich keine adäquate Rolle mehr sehe. Die Rochade war notwendig geworden, weil der ehemalige Kunstminister Scholten nun in die Kontrollbank zurückkehrte und einen einst von ihm, jetzt von Praschak besetzten Posten beanspruchte. Praschak hatte einsehen müssen, daß er aus dem System der Loyalitäten, dem er seine Stellung verdankte, nicht mehr aussteigen konnte, auch wenn er der Ansicht war, daß ihn seine beruflichen Fähigkeiten längst zu diesem Ausstieg qualifizierten.

Bald darauf erschien das Buch »Republik der Sekretäre«. Der Journalist Samo Kobenter beschreibt darin ein geschlossenes politisches System, ein Geflecht, das weite Teile der Republik, der staatsnahen Wirtschaft und Öffentlichkeit überzieht. Der Tod des vormaligen Sekretärs Gerhard Praschak war ein Betriebsunfall bei der Ausübung des Machthandwerks. Einer, der sich nicht mehr an die Regeln halten wollte, verließ das Spiel.

Im Zentrum dieses Handwerks steht die Figur des Sekretärs. Bereits der berühmte Sekretär Wurm in Schillers Tragödie »Kabale und Liebe« bewegte sich an der »Schnittstelle zweier Welten«, der des Feudalismus und des aufziehenden bürgerlichen Kapitalismus. In der heutigen Informationsgesellschaft ist sein Metier das der Steuerung der Öffentlichkeit, während er aus der Nichtöffentlichkeit schlechthin kommt, nämlich aus dem geheimen Kabinett eines Mächtigen. Der geheime Schreiber wird zur natürlichen Gegenfigur des öffentlichen Schreibers, des Journalisten.

Er bewegt sich zwischen zwei Figuren, der des Mächtigen, dem er dient, und der des Journalisten, den er zu steuern versucht. Der öffentliche und der geheime Schreiber sind nicht nur Verwandte mit ähnlichen historischen Wurzeln, ihre Aktionen verflechten sich im Gewebe der Öffentlichkeit unauflöslich miteinander. Das System der Sekretäre dient zwar einerseits der effizienten Machtausübung der Politiker und Funktionsträger, welche ihre Sekretäre benützen; andererseits ist der Sekretär selbst, wie Kobenter das ausdrückt, »die Möglichkeitsform des Politikers oder Managers, sein Streben darauf ausgerichtet, den Status des Konjunktivs in den des Indikativs zu verwandeln«, also möglichst schnell selbst Politiker oder Manager zu werden. Eine Nebenfolge dieser Entwicklung: In Österreich brauchen wir keine Management-Schmieden, weil wir die Kabinette haben. Umgekehrt ist unsere Öffentlichkeit naturgemäß davon geprägt, daß die Eliten nicht einem öffentlichen Bereich, sondern vielmehr einem halböffentlichen Zwischenreich entstammen. Die spezifischen, auch die spezifisch österreichischen Ausprägungen des Sekretärswesens gehen so weit, daß nicht einmal terroristische Aktivitäten, gleich ob von Einzeltätern oder Gruppen, ohne Sekretär auskommen. Selbst die offenbar vom Bombenattentäter Franz Fuchs erfundene »Bajuwarische Befreiungsarmee« glaubte nicht, ohne ihren – fiktiven oder realen – Sekretär wirken zu können.

Das halböffentliche Wesen des Sekretärs gedeiht besonders gut dort, wo wesentliche Institutionen der Öffentlichkeit unterentwickelt sind, also etwa in den österreichischen

Medien. Zum bevorzugten Spielfeld dieser Gutausgebildeten wird der öffentlich-rechtliche ORF, selbst ein Zwitterwesen, halb staatlich und öffentlich, halb wirtschaftlich und privat.

Der Sekretär west in der Grauzone. Auf ihn trifft in außerordentlichem Maß zu, daß in reiner Form kaum etwas zu haben ist. Unterwegs in eigener Sache, dient er seinem Herrn durchaus treu. Er bereitet dessen Entscheidungen vor, ohne sie selbst zu treffen, obwohl er sie durch die Art seiner Vorbereitung mitbestimmt. Er versucht, die Öffentlichkeit zu steuern, indem er aus Hunderten möglichen Sichtweisen die ihm genehme bei den Journalisten zu etablieren sucht. Der Sekretär ist einer, der andere und anderes strukturiert, während er selbst dauernd reagiert und damit seinerseits von anderen strukturiert wird. Er steht unter dem Druck der Aktualitäten und versucht, die über ihn hereinstürzenden Nachrichten seinerseits zu gestalten, indem er diesen Druck miterzeugt. Der Sekretär bereitet Gesetzesvorlagen vor, zieht Deals durch, er schreibt Reden.

Dadurch beeinflußt und prägt er Wirklichkeit. Das ist zum einen selbstverständlich, zum anderen wird ihm jene Verantwortung zugewiesen, der er aufgrund seines fehlenden Amtes zu entgehen vermag. Der Sekretär ist mit-, wenn nicht hauptverantwortlich für das, was in Österreich politisch geschieht. Die sogenannte politische Verantwortung dafür braucht er nicht auf sich zu nehmen.

Ist die Dominanz der Sekretäre ein österreichisches Spezifikum? Der Verdacht, ihre geheimschreiberische Herkunft habe mit dem hiesigen Fortdauern des Feudalismus im demokratischen Gewand zu tun, liegt nahe. Zu bedenken ist auch die komplementäre Gegenfigur des Sekretärs, der Journalist. Die beschriebenen Aktionsformen der Sekretäre setzen eine entsprechend funktionierende Öffentlichkeit geradezu voraus, und leitet man aus dem Zustand des politischen Gesamtsekretariats die Verfilzung der Politik ab, so ergibt sich bei deren medialem Spiegelbild als Befund zwangsläufig die Verrottung des öffentlichen Lebens. Grauzone ist überall. Zum Bedauern der Österreich-Kritiker nicht nur in Österreich.

Politik und Journalismus verkehren miteinander in der Form des Gegengeschäfts. Während der klassische politische Sekretär durch den modernen Pragmatiker ersetzt wird, etablieren sich im Bereich des Journalismus neue Typen, die ihrerseits versuchen, die politische Welt zu gestalten, zumindest soweit, daß sie ihren Geschäften nicht im Wege steht. Nicht zufällig wird in dieser Welt des neuen, pragmatischen Journalismus der Journalist mit Macht aufgeladen, der Sekretär hingegen für seinen Machtverlust mit Prominenz entschädigt.

Sowohl Politiker als auch Journalisten stellen – frei nach Hans Magnus Enzensberger – trotz ihrer dauernden Hyperaktivität in gewisser Weise spezifische Formen von Arbeitslosen dar. Ihnen fehlen die Erfahrungen der nicht politisch oder medial organisierten arbeitenden Bevölkerung. Umgekehrt hat die Bevölkerung keine Ahnung, wie es im Inneren der Macht zugeht. Wenn sie es, wie im Fall Praschak, einmal erfährt, bleiben die Folgen aus. Praschaks Hinweise auf das noch immer politische Geflecht des Bankensektors samt möglichen Absprachen unterhielten die Öffentlichkeit nur kurz und gerieten bald in Vergessenheit.

Ernst Bloch erzählte einst die Anekdote vom tief depressiven Fürsten Potemkin, dem niemand wagte, wichtige Akten zur Unterschrift vorzulegen. Nur ein kecker Sekretär, Petukow, traute sich ins Kabinett. Der finster schweigende Fürst musterte Petukow nur kurz und unterschrieb mechanisch Akt auf Akt. Erst draußen, als der glückliche Petukow die Akten an die wartenden Beamten verteilte, stellte sich heraus, daß Potemkin sämtliche nicht mit Potemkin, sondern mit Petukow unterschrieben hatte. Das Interessante daran sei aber weniger die Begebenheit selbst, erklärte Bloch, als vielmehr die Melancholie, welche Leute an der Spitze ihres Glücks befällt, während die Aufwärtsstrebenden, die Ehrgeizigen, die Petukows, die Sekretäre eben, eher manisch zu nennen sind. Denn so grau und allumfassend unsere Kabinette und ihr Personal auch scheinen, so werden sie doch nicht nur von Macht und Kalkül bewegt, sondern vor allem von Wünschen und vom Widerspiel melancholischer und manischer Figuren.

Der Fall Praschak zeigte, daß die Bedingungen des Machtgeflechts in Österreich sich langsam ändern. Die Einflußsphären der Parteien schrumpfen. Die Privatisierung raubt der systematischen Postenbesetzung ihr Feld, wenngleich man sich keine zu großen Illusionen machen sollte. Von der Flughafengesellschaft bis zum Glücksspiel, vom Tabakmonopol bis zur verstaatlichten Industrie: Neben jedem schwarzen Direktor sitzt ein roter. Dennoch mehren sich die Beispiele unvermittelbarer Sekretäre, die keinen Posten im Einflußbereich der Parteien mehr finden und gezwungen sind, in die Privatwirtschaft abzuwandern. Schließlich erschwert die geschärfte Aufmerksamkeit der Medien den Postenschacher (es sei denn, diese wären, wie im Fall des ORF, selbst Vermittlungsgebiet). Auch fällt in Brüssel und Straßburg mittlerweile auf, daß die Österreicher für jeden Posten zwei Bewerber vorzuschlagen haben: eine roten und einen schwarzen ...

IV

Viktor Klima: Bildinfarkt

Wo, bitte, geht's hier zum Dritten Weg?

> *Wir sind Kinder uns'rer Thaten,*
> *und nach aufwärts strebt der Fuß.*
>
> Franz Grillparzer,
> »Der Traum, ein Leben«

Unter Vranitzkys Nachfolger fand zumindest stilmäßig der Paradigmenwechsel statt. Auf den Öffentlichkeitsmelancholiker folgte der Publicitymaniker Viktor Klima. Was führte zu diesem Wechsel? Vordergründig wohl der erfolgreiche Abschluß des Verkaufs der Creditanstalt an die Bank Austria. Vordergründig die Übergabe der Regierungsgeschäfte durch einen Vranitzky, der nicht nach einer Wahlniederlage das Feld räumte, sondern selbst den Zeitpunkt der Übergabe bestimmte. Vordergründig die von der SPÖ verlorenen Wahlen zum EU-Parlament und zum Wiener Gemeinderat. Der Wiener und der niederösterreichische Parteiobmann, deren Wahlen als nächste bevorstanden, betrieben die Ablöse Vranitzkys kräftig mit. In ihren Augen hatte sich der kühle Kanzler nicht nur zuwenig für sie engagiert, er hatte sich auch in seiner Wirkung abgenützt.

Der wahre Grund für Vranitzyks Ablöse war der große Überdruß nach mehr als zehn Jahren in liebloser großkoalitionärer Umschlingung. Sobald sich eine Art von Müdigkeit zeigte, wurden Zweifel laut, ob Vranitzkys Haider-Strategie richtig, vor allem, ob sie erfolgversprechend war. Wenn man nicht in der Lage ist, dem Populisten Haider eine andere Politik entgegenzusetzen, wird man ihn mit der kalten Schulter allein auch nicht aufhalten, war allseits zu hören. Die institutionelle Blockade von Parteien und Sozialpartnern lähmte die Gemüter. Nichts schien mehr weiterzugehen, viele sahen Haider schon als unvermeidlichen Bundeskanzler.

Die Angst vor Jörg Haider und die Sehnsucht nach jemandem, der endlich etwas tut, führten dazu, daß Klima begrüßt wurde wie ein heimkehrender Olympiasieger. Jetzt war wirklich ein Macher gekommen! Andererseits war früher bekanntlich immer alles besser. Sofort stellte sich also vor allem bei den einstigen Vranitzky-Nörglern eine Art Vranitzky-Nostalgie ein, am stärksten bei jenen, die ihn als Macher begrüßt hatten und dann enttäuscht waren, weil er zuwenig machte.

Dennoch wurde Vranitzkys Abgang entsprechend gewürdigt; glänzende Bilanzen wurden gezogen und rührende Abschiedsinterviews geführt. Plötzlich erkannte man, daß Klima nicht nur sorgfältig aufgebaut worden war, sondern seit einem Jahr einen Härtetest nach dem anderen bestanden hatte: Das Sparpaket brachte er als Finanzminister mit Popularitätsgewinn durch (merkwürdiger Polit-Masochismus, daß – nicht nur in Österreich – hauptsächlich strenge Finanzminister populär sind). Ein TV-Duell mit Haider beendete er zwar nicht gerade elegant, aber brachial mit einem siegreichen Unentschieden. Und schließlich wickelte er den fast denkunmöglichen Verkauf der Creditanstalt an die Bank Austria ab. Noch als Verkehrsminister vergab er eine GSM-Lizenz, also eine Lizenz zum Gelddrucken, an ein Konsortium, dem neben anderen der Herausgeber der *Kronenzeitung* angehört. Kein Wunder, daß dieser ihm Realitätstüchtigkeit attestierte. »Klimas Blitzstart kommt gut an« lautete die Schlagzeile des Machtblatts, »Ausland vergleicht Klima mit Clinton« die lobende Steigerung.

Fast überall wurde Klima ein warmer Empfang zuteil, in den sich zuerst nur sanfte Töne der Skepsis mischten. Sie rührten vor allem daher, daß man Klima als Populisten betrachtete, dessen politischer Hintergrund nicht so recht einzuschätzen war. Er war kein Sekretär, kam aus der einst staatlichen, nunmehr privatisierten OMV, wo er, wie man sich bewundernd erzählte, massive Personaleinsparungen im besten Einvernehmen mit der Gewerkschaft durchgesetzt hatte. Wie Vranitzky stammt er aus den Kernschichten, aus kleinen sozialdemokratischen Verhältnissen. »Roter Haider« lautete das Attribut, das man ihm zudachte. Die bange Frage, ob er mit Haider koalieren werde, mit dem er seit dem Fernsehduell per du ist, beantwortete er bereits in seinem ersten Interview mit einem klaren Nein.

Dem Populisten Haider gegenüber verfolgte Klima eine klare Strategie: erstens Populismus in eigener, nicht in fremder Sache. Kein »Product placement für Haider« wolle er machen, sagte er, ihn vielmehr mit Nichtbeachtung strafen, wo es nur möglich ist. Zweitens werde er Wert auf eigenes Product placement legen. Auf das, was man in der Welt für »moderne Formen der Kommunikation« hält, mit Umfragen, mit Inszenierungen, mit der Formulierung klarer, aber einfacher Aussagen. Mit der Umsetzung von Politik in verständliche Symbole. Die längst geforderte Professionalisierung der Politik begann offenbar bei allen Parteien Wirklichkeit zu werden. Es klang zu gut, um wahr zu sein. Sekretäre, die mittlerweile Geschäftsführer hießen, öffneten die Schubladen, um den Gast mit in Mappen gebundenen Umfrageergebnissen und Konzepten zu überzeugen. Sie behaupteten zwar, von Spindoctoring nichts zu halten, flogen aber aufgeregt nach England, als Tony Blair sich anschickte, dort die Macht zu übernehmen. Je genauer man auf die Papiere sah, desto offensichtlicher wurde es, daß sie gar keine Konzepte in den Schubladen hatten. In den Parteizentralen traten plötzlich Menschen mit amerikanischem Akzent und schlichten Rezepten auf. Manchmal fragten sie, ob die Adresse stimme, aber im Grunde genommen spielte es keine Rolle, wo sie gerade »down with the taxes« als Wunderlösung empfahlen. Es soll vorgekommen sein, daß diese Legionäre des medialen Liberalismus zwei konkurrierenden Parteien ihr einziges Erfolgsrezept verkauft haben. Die Professionalisierung der Politik erwies sich vor allem als Professionalisierung ihres Verkaufs.

Mehr Verkauf, weniger Politik, das sollte bald zum öffentlichen Dilemma Klimas werden. Nicht, daß es ihm bei den Kernwählerschichten oder beim Boulevard geschadet hätte, im Gegenteil – die Umfragedaten sehen sowieso bestens aus, mit Ausnahme der Kärntner Panne (dort hatten SPÖ-Daten angeblich ein Kopf-an-Kopf-Rennen vorausgesagt). Die Wahlen zum EU-Parlament, üblicherweise Protestwahlen, bei denen Regierungsparteien verlieren, wurden gewonnen. Klima ist beliebt und holt sogar einige frustrierte, an Haider verlorene Stammwähler zurück. Teile der Intelligenz freilich haben sich genau dieses Populismus wegen von Klima abgewandt. Den Kreisky-Spagat schafft keiner mehr.

Vranitzky hatte vom Zeitungsboulevard angefeindete Köpfe wie Scholten, Dohnal, Einem in seinem Kabinett. Klima hat nur noch Einem, und den nicht als Innenminister. Er reduzierte Reibungsflächen mit den Massenblättern und schuf dafür neue mit den Intellektuellen. Nichts nützte es, über den »Mann ohne Eigenschaften« maturiert zu haben (sogar mit Vorzug) und demonstrativ am Life Ball aufzutauchen; nichts, offen und entgegenkommend zu sein, »auf die Menschen zuzugehen« und sie zur Mitarbeit aufzufordern, und mochte das noch so sehr von Herzen kommen. Schon gar nichts nützte es, die Kunst zur »Chefsache« zu erklären, das Kunstministerium aufzulösen und die Sektion dem Kanzleramt anzugliedern.

Zuviel Begeisterung wird grundsätzlich bestraft. Klima hatte sich anfangs von seinem Job euphorisieren lassen. Er wollte etwas bewegen, wollte nun, da er die Macht hatte, auch ein Macher sein. Ruckzuck bekam er das Attribut »zähnefletschende Herzlichkeit« umgehängt. Rudolf Burger kontrastierte dieses unschöne Wort mit einer Würdigung der distanzierten Art des zurückgetretenen Vranitzky; den Zusammenhang bildete eine Kritik an Czernins These vom »Haidermacher« Vranitzky und eine Warnung vor Haider. »Ein ›Haidermacher‹ war er sicher nicht« schrieb Burger, »sondern, im Gegenteil, sein ›Aufhalter‹. Seine Macher sind eher jene, die in ihm den Teufel sehen, den sie mit dem Beelzebub austreiben wollen. Vielleicht haben sie Erfolg. Die zähnefletschende Herzlichkeit, die jetzt am Ruder ist und die den Populismus zum Programm erhebt, verheißt nichts Gutes.« Dies geschah etwa einen Monat nach dem Regierungsantritt Klimas. Klima bat Burger zum Kaffee, man sprach sich aus, weitere ferndentistische Befunde wurden nicht mehr publik.

Dafür meldete im Oktober 1997 Robert Menasse mit der ersten seiner Attacken auf Klima die Anwartschaft auf den seit Bernhard verwaisten Polemik-Thron an. »Warum gilt ausgerechnet Viktor Klima als Macher?« fragte er. Seine Antwort: »Ein Macher ist hierzulande ein Politiker, der auf besonders dynamische Weise seine Macherqualitäten im Vermeiden beweist: Er will nichts machen, wofür er vom Boulevard angemacht wird. Ein Macher ist ein Politiker, der sich eben nicht für Entscheidungen, sondern für die Reaktionen des Boulevard bereithält.« Klima mache keine Medienpolitik, er setze die Sozialpartnerschaft nicht außer

Kraft, er spreche kein Machtwort, wenn sich Regierungsmitglieder danebenbenähmen (»delirierten«), er stecke seine Nachrichten dem Boulevard, weil eine Hand die andere wasche, und er setze Herausforderungen wie jener der katholischen Kirche nichts entgegen, deren Kardinal die Fristenlösung abschaffen wolle.

Der Essayist und Philosophieprofessor Konrad Paul Liessmann sprang bei. Kein »kreativer Kopf von Rang« habe es der Mühe wert befunden, Klima gegen Menasses Attacke zu verteidigen. Im Parkett setzte es zwar eine kleine Diskussion, die aber vermochte Liessmanns klare Analyse nicht zu trüben. »Das aber bedeutet zweierlei: Die Sozialdemokratie neuen Typs, eng an den Boulevard gebunden und durch die politische Konstellation für ewig zur Macht verurteilt, kann nun unverblümt den letzten Rest ihres proletarischen Bewußtseins zur Schau stellen: Geistfeindlichkeit. Und die Künstler und Intellektuellen müssen akzeptieren, daß der Weg, den sie in kritischer Solidarität mit dieser Partei seit Kreisky gegangen sind, nun offenbar zu Ende ist. Jetzt, da man sie auch als Anti-Haider-Bollwerk nicht mehr braucht, werden sie nicht einmal mehr ignoriert. Ein Mohr hat seine Schuldigkeit getan.«

Abgesehen davon, daß als Bundeskanzler bei österreichischen Intellektuellen vermutlich nicht einmal eine Kombination aus Jürgen Habermas und Winston Churchill Gnade fände, erscheinen die Schärfe dieser Resümees und die finale Tonlage, in die sie abgefaßt sind, beachtenswert. Betrachten wir ihre sachlichen Grundlagen.

Viktor Klima hatte seine Regierungserklärung am 29. Jänner 1997 im Parlament erstaunlich defensiv angelegt. Kommentatoren sprachen davon, er habe sich eher als Therapeut denn als Macher gebärdet. Das Etikett »Macher« klebte ihm die Illustrierte *News* auf, die am 29. Jänner erschien und für die Klima, mit Boxhandschuhen angetan, in

Gilet, Krawatte und weißem Hemd auf dem Cover posierte. Der Bundeskanzler hatte sich also entschieden, vor dem Parlament die Illustrierte zu informieren, um terminlich niemanden zu brüskieren – weder Blatt noch Parlament. Klima und seine Berater empfanden das keineswegs als Mißgriff; die Illustrierte interpretierte es freilich als Triumph. »Das zeigt«, hieß es im Editorial, wo den Einfältigen die Angeberwelt in konzentrierten Happen verfüttert wird, »welchen Stellenwert *News* mittlerweile in der heimischen Innenpolitik hat und wie sehr Österreichs Politiker die Seriosität von *News* schätzen.«

Das in der Tat zeigt den Paradigmenwechsel. Erst das Parlament, dann der ORF, die seriösen Tageszeitungen, ausländische Qualitätsmedien, Nachrichtenmagazine, Illustrierte und Boulevardzeitungen – so etwa hätte die traditionelle Abfolge lauten müssen. Indem er sie auf den Kopf stellte, signalisierte Klima, daß er gedenkt, Politik mit Partnern zu inszenieren. Die fundamentale Ignoranz dessen, was im Umgang mit Öffentlichkeit beachtet werden muß, nämlich die Rangordnung von Substanz, nicht von Reichweite, ist ihm offenbar nicht klar geworden. Er glaubte beide bedienen zu können – Scheinöffentlichkeit und politische Öffentlichkeit. Für das *News*-Interview unterbrach er die nächtelange Arbeit an seiner Regierungserklärung im Parlament; er verbrachte so viele Nachtstunden damit, sie zu redigieren, daß er sie aus physischer Erschöpfung im Parlament nicht mehr adäquat präsentierte. Hätte er sich nicht für die Boxhandschuhe entschieden, wäre der Eindruck eines Mannes entstanden, der bis zum letzten um Inhalte ringt. So entstand der Eindruck eines Mannes, dem es genügt, medialen Schein zu erzeugen.

Einer der *News*-Interviewer, ein bekannter Interessent an Privat-TV, fragte am Anfang des Interviews: »Wird es unter dem Bundeskanzler Klima Privatfernsehen geben in

Österreich?« Daß die Antwort fälschlicherweise für diese Legislaturperiode Privat-TV versprach, bedeutet weit weniger als die Tatsache des unverschämten halböffentlichen Diskutierens mit einem halbheimlichen Lobbyisten in eigener Sache. Das Interview mit *News* trug den Titel: »Ich bin ein Macher. Schlecht?« Titel stammen von der Redaktion, Texte sind autorisiert. Klima hatte gesagt: »Okay, ihr bezeichnet mich als Macher – schlecht? Was ist schlecht daran, wenn hinter dem Denken das Handeln steht?«

Menasse: »Wäre es ein komplexes, dialektisches Spiel, das der Kanzler treibt, indem er schamlos den Boulevard bedient, um sich gegen allzu billige Kritik an einer grundsätzlich vernünftigen Politik, die er zugleich macht, zu immunisieren – man könnte seine Willfährigkeit immer noch verachten, aber es fiele schwer, dagegen zu polemisieren – er hätte allzu viel auf der Habenseite. Nun ist aber Viktor Klima eindeutig dadurch charakterisiert, daß er sich ausschließlich durch Nicht-Machen gegen Kritik immunisiert, daß er, nur weil er nichts macht, mit dem Macher-Image belohnt wird.«

Klima Passivität vorzuwerfen heißt dennoch, ihn falsch einzuschätzen. Der Vorwurf läßt sich in seiner polemischen Geradlinigkeit nicht aufrechterhalten. Klima hat die *Kronenzeitung* nämlich tatsächlich ruhiggestellt. Sie hat daraufhin Haider zumindest bundesweit weniger stark forciert. Klima hat das Blatt für seine Pensionsreform eingespannt; man kann sagen, die sei unbedeutend gewesen. Immerhin hat er sie, nach ihren Jahren auf der langen Bank, angepackt! Auch die Sache mit der Bank hat er durchgedrückt, so unvorstellbar sie erschienen war, auch der *Kronenzeitung*, die zuletzt noch CA-Volksaktien gefordert hatte. Und Klima hat beim Semmeringtunnel sogar gegen die Zeitung Linie gehalten. Die Budgetsanierung (mit all ihren sozialen Härten und Unausgewogenheiten) samt Zweijahreshaushalt ist zumindest eine im deutschsprachigen Ausland mit ungläubigem Staunen registrierte Tat, wie immer man sie beurteilen mag. Österreichs turnusmäßige Ratspräsidentschaft erfordete ebenfalls wenn nicht Taten, so zumindest Maßnahmen, und die Beiträge österreichischer Minister wurden in Straßburg und Brüssel deutlich besser bewertet als die manch anderer Ratspräsidenten. Klima und Schüssel mögen sich musterschülerhaft benommen haben, blamiert haben sie sich und das Land aber in keiner Weise.

Gegen die Fehler bei der Werkvertragsregelung haben die Schriftsteller selbst erfolgreich protestiert, also mußte sie auch jemand gemacht haben. In Fragen der Restitution geraubten jüdischen Eigentums begann Klima im Verbund mit der Unterrichtsministerin Gehrer, für reinen Tisch zu sorgen. Einiges wurde durchgesetzt, ehe es bei der Frage der Klimt-Bilder zu einem schwerwiegenden Rückfall kam. In der Medienpolitik brachte Klima ein Privatradiogesetz zustande, das tatsächlich einen Sendebetrieb ermöglichte. Er setzte den Baubeginn des Museumsquartiers durch, des größten Kulturbaus der Zweiten Republik. In der Kunstpolitik betrieb er die Ausgliederung der Bundestheater (wie immer man das bewerten mag) und unternahm den Versuch, Grundsätze von Kulturpolitik auf Basis eines bundesweiten Diskussionsprozesses, der Künstler und Kulturinitiativen einschloß, neu zu formulieren.

Genug aufgezählt. Ich habe nicht vor, den Pressesprecher der Regierung zu geben. Aber es geht um den Vorwurf des Nichtstuns.

Bliebe der Vorwurf der Willfährigkeit dem Boulevard gegenüber. Auch er läßt sich nur dann aufrechterhalten, wenn man ihn auf die Ebene des Gegengeschäfts erweitert. Die Verhandlung läuft permanent, Aufmerksamkeit für den Politiker wird gegen Aufwertung des Mediums getauscht. Das reicht schon für das Tagesgeschäft, Lizenzen und gewonnene Wahlen werden als Zuwaage betrachtet und finden sich wie von selbst ein – ein Tatbestand, so spezifisch österreichisch wie Coca-Cola. Ob Willfährigkeit die Komplexität der politmedialen Verflechtung trifft, darf bezweifelt werden – ohne die Beobachtung zu bestreiten, daß couragierte Medienpolitik ausbleibt.

Spezifisch österreichisch sind vielleicht die Durchsichtigkeit der Handlung und die Intimität der Handelnden miteinander. Die einmal gesetzte Geste des Posierens in Handschuhen nimmt die Illustrierte als Lizenz zum Montieren; kürzlich hat sie Klima mit Haider und Schüssel auf einem Foto kombiniert – alle drei trugen sie rote Boxhandschuhe, selbstverständlich ebenfalls montiert.

Bei einer Hochwasserkatastrophe tauchte Klima in gelben Gummistiefeln am Ort des Geschehens auf und griff zum Eimer, gleich darauf zeigte er sich beim Termin im Dreiteiler, der Fotograf immer dabei. Das ist mehr als Willfährigkeit. Klima produziert Bilder. Er zieht die Konsequenz aus der Tatsache, daß nicht nur die Ökonomie die Politik dominiert, sondern die literarisierte Öffentlichkeit von der visualisierten überlagert wird. Der Bildermacher Klima will eine visuelle Ebene schaffen, auf der er seine Politik darstellt. Daß er dabei die Aufgabe hat, die Bildproduktion des Konkurrenten Haider zurückzudrängen, versteht sich. Haider projiziert gesunde (Volks-)Körper, also sind auch die Bilder des zigarettenrauchenden Klima verschwunden, seit er als Kanzler im republikanischen Bilderdienst steht.

Klimas Ästhetik des Arbeitstieres und des schnellen Eingreifers in wechselnden Kostümen bleibt allerdings anspruchslos und stellt sich nur die Frage der Mehrheitenbeschaffung. Die politische Kernfrage, wie Mentalitäten gebildet werden können, wie man statt der billigen Konkurrenz aller gegen alle zum Beispiel Solidarität darstellungsfähig macht, stellt sich Klima nicht. Insofern trifft Menasses Polemik des Nicht-Machens auf andere Weise genau. Und auch wieder nicht: Die Fähigkeit, politische Bilder in den Medien zu produzieren, ist heute nichts anderes als eine Definition politischer Macht. Betrachtet man allein gelbe Gummistiefel, rote Boxhandschuhe und den radelnden Kanzler beim EU-Ratsgipfel, steht man freilich vor einer Ikonographie des Unernsts. Die Bilder des betroffenen Klima bei der Lawinenkatastrophe in Galtür, beim fatalen Unglück in Lassing, im Flüchtlingscamp Shkodra werden allenfalls noch registriert (was tut er dort? Rettungsteams beim Einsatz stören? Nein, er zeigt, daß er sich kümmert. Problematisch wird es nur, wenn der Konferenztisch die Kümmerer nicht mehr fassen kann und die Sendezeit ihre Wortspenden nicht mehr aufnehmen. Das ist traumatisch: ein Kümmerer bei einer Katastrophe, ein Kümmerer, der eingeflogen wurde, nur um stumm im Bild zu sitzen.) Die Bilderflut des Klima im Dreiteiler mit den Mächtigen der Welt wird als selbstverständlich kaum mehr wahrgenommen und landet dann doch (mit Blair und Schröder) am Wahlplakat.

In einer zweiten, noch mehr Aufmerksamkeit erregenden Polemik präzisierte Menasse im September 1998 unter der Dachzeile »Wo die Dummheit regiert – zur österreichischen Qualität des politischen Handelns im Zeichen der EU-Präsidentschaft« seine Kritik am Hause Österreich und dessen Verwaltern: »Alles, was wir heute unter dem Titel ›österreichische Regierungspolitik‹ beobachten können, ist nichts anderes als systematische Flucht vor Verantwortung: Privatisierung, Ausgliederung, Auslagerung, Entstaatlichung, Distanzierung, Transformation in Stiftungen (...) jedoch ist weit und breit keine Politik feststellbar, die selbstbewußt, weil demokratisch legitimiert, zumindest

Signale setzt in der großen zeitgenössischen Herausforderung: WIR, die demokratisch legitimierte Politik, produzieren die Rahmenbedingungen, nach denen sich die Konzerne verdammt noch einmal zu richten haben. Wir haben uns allzu lange als Volk der Kellner und Sängerknaben dargestellt, aber heute haben wir, die Politiker, ein ganz simples, sowohl unserer prinzipiellen Situation als auch der welthistorischen Herausforderung einzig angemessenes Interesse, nämlich: dem Herrschaftsanspruch der Ökonomie über die Politik das Primat der Politik über die Ökonomie entgegenzustellen! Noch dazu unter radikal verbesserten Voraussetzungen: nämlich, dank EU, durch ein radikal intensiviertes Zusammenspiel mit den Regierungen anderer europäischer Länder. Und jetzt wollen wir sehen, zu welchen vernünftigen, und für alle tragfähigen Kompromissen wir in dieser Auseinandersetzung finden!«

Der Schärfe der Analyse und der Vernunft dieser Forderungen wird sich niemand verschließen. Flucht vor Verantwortung! Primat der Politik! Radikal intensiviertes Zusammenspiel mit den Regierungen anderer europäischer Länder! Und am Schluß: tragfähige Kompromisse! Niemand kann unsere Polemiker staatsfern nennen. Bemerkenswert ist diese Kritik aber nicht, weil sie in die Aufforderung zum Kompromiß mündet. Nicht, weil sie maximalistisch ein Primat der Politik fordert, das ausgerechnet in der einst als Union der Konzerne verhöhnten EU möglich werden soll. Nein, Menasses Kritik beschränkt sich in ihrem Kern auf das, was sie Klima ankreidet. Politik soll »zumindest Signale setzen«. Damit aber, so der vorige Vorwurf (»Macher«), begnüge sich Klima. Er sende nur Signale, tue aber sonst nichts.

Im Ernst: Diese Kritik trifft besser. Es fehlt nicht an Signalen, es fehlt an den richtigen Signalen. Aber man muß auch die Schwierigkeiten sehen, die sich mit dieser Feststellung verbinden. Da wäre erstens der von liberalen Kritikern vorgebrachte Befund, daß der Primat der Politik in Österreich so hoch ist wie kaum woanders. Allerdings handelt es sich um einen Primat von Regelungen, Rechten, Institutionen, (Real-)Verfassungen. Wenn das politische Handeln Interessen nicht ausreichend artikuliert, dann deswegen, weil diese sich im institutionalisierten Bestand verfestigt haben. Blockaden scheinen oft das einzige Mittel, den Besitzstand der Politik zu sichern. Minimalistisch, im Rückzugskampf, erhält Österreich den Primat der Politik aufrecht und verstößt deswegen sogar kaltlächelnd gegen EU-Richtlinien. Da dieses Absichern nicht öffentlich gemacht werden kann, weil es nicht nach Machen, sondern nach Mauern aussieht, entsteht das Gefühl der Blockade.

Zweitens kann dabei Schützenswertes gesichert werden. Betrachtet man das Beispiel des ORF, zeigt sich, daß der schlaue Klima seine Ankündigung, selbstverständlich werde es in dieser Legislaturperiode Privat-TV geben, nicht verwirklicht hat. Er hat entdeckt, daß Privat-TV, so wie es sich die Konzerne oder die Verleger vorstellen, mit einem Marktverlust des ORF verbunden wäre, der diesen wiederum in eine Abwärtsspirale brächte, bei der die Legitimation öffentlicher Finanzierung durch Gebühren immer schwächer würde. Ist Politik nur an Machterhalt interessiert, wird sie weiterhin Privat-TV legistisch blockieren und Allianzen des ORF mit allen Medienmächtigen begünstigen. Wäre Politik allerdings an Öffentlichkeit interessiert, würde sie den Privat-TV-Konzernen und -Interessenten öffentlich entgegentreten und dem Publikum erklären, wieso ein öffentlich-rechtlicher ORF in dessen eigenem Interesse liegt. Sie könnte das zum Beispiel im ORF selber tun. Daß sie darauf verzichtet und sich für die Blockade-Version entscheidet, macht die Kritik wieder plausibel. In ihrem Defensivverhalten hält sich die Politik zwar Räume frei, entzieht sich aber durch Verflechtung mit dem medialen Gegner tendenziell selbst den Boden.

Politisches Handeln artikuliert sich heute in Form von Wortbildphrasen, die im Hin und Her zwischen Handlungsbildnern und Bilderhändlern entstehen. Es ist leider nicht einmal wahr, daß überall nur Rückzugsgefechte stattfinden: In der Ausländerpolitik hat Österreich auf europäischer Ebene einen unrühmlichen Vorstoß unternommen, der sogar die Genfer Flüchtlingskonvention im Visier hatte (als einige Empörte aufschrien, nahm man den Vorstoß zurück).

Die Aufforderung »Politiker, setzt die Signale!« zielt natürlich nicht nur auf die Rekonstruktion der Öffentlichkeit, sondern auf die Frage politischer Hegemonie. Es muß nicht immer ein politischer Übervater zu allem das Seine dazugeben. Dennoch dürfte es die Rolle des Kanzlers als Primus inter pares der Regierung sein, ab und zu die Definitionsmacht an sich zu reißen und eines der ersehnten, erlösenden Kraftwörter zu sprechen, »ein klärendes Wort, eine Zurücknahme des Deliriums seiner Mannschaft«, wie Menasse formuliert. Aber unter den Bedingungen der Boulevardisierungsfalle, des teuflischen Mechanismus der österreichischen Un-Öffentlichkeit, scheint solches zu riskant. Entscheidet man sich für den Anstand, droht die Niederlage. Entscheidet man sich für eine Politik des offenen Worts, verliert man das Vertrauen der Mehrheit, zumindest ihrer Medien.

Zur konzertierten Hetze von FPÖ und *Kronenzeitung* gegen den Künstler Cornelius Kolig, einem Tiefpunkt der österreichischen Nachkriegszivilisation, haben zumindest Kärntner Sozialdemokraten nicht geschwiegen; allerdings hat der Kunstkanzler zur fortgesetzten öffentlichen Erniedrigung und Verhöhnung eines zeitgenössischen Künstlers nicht nur kein entschiedenes Wort gefunden, sondern überhaupt keines. Die SPÖ verlor die von den Gegnern zum »Zahltag« erklärte Kärntner Wahl in einem Ausmaß, das Klima erstmals öffentlich wirklich unsicher aussehen ließ. Hätte Klima gesprochen, wer weiß, ob die SPÖ so hoch verloren hätte. Aber er hätte dafür eine Niederlage gegen Haider riskieren müssen. Allein daß so gedacht wird und daß Appelle, sich anders zu verhalten, auf Politiker nachgerade absurd wirken, zeigt die Schandbarkeit des Zustands. Die Machtprobe zwischen Spitzenpolitiker und Boulevard kann der erste nicht gewinnen. In Kärnten hatte der Boulevard klar signalisiert, wem die Stimmen zukommen sollten. Andererseits, wie kann man wissen, ob es wahr ist, solange kein Politiker die Probe aufs Exempel macht?

Ist das eine historische Langfolge, noch ein Erbstück barocker Gegenaufklärung, jesuitisch-theatralischer Bilderwut, daß die Frage nach der politischen Hegemonie durch Ikonographie entschieden wird? Österreich als das Bild der kleinen Welt, in der die große ihren Probeabzug hält? Klima, der Alpen-Clinton?

Klima hatte sich verschätzt, als er die Kunst zur »Chefsache« erklärte. Er tat das einerseits, um eine Verkleinerung der Regierung zu verkaufen, als würde das Ersetzen eines Ministers durch einen Staatssekretär Geld sparen. Die Beamten bleiben ja. Andererseits wollte er, wie er sagte, dadurch eine Aufwertung des Ressorts signalisieren. Der bei Künstlern populäre, beim Boulevard verhaßte Rudolf Scholten war in die Wirtschaft zurückgekehrt, wie die Sprachregelung lautete. Der Kontrast vom feinsinnigen, intellektuellen Scholten zum entschlossen populär auftretenden Klima hätte größer nicht sein können. Da auch in Wien die Stadträtin Pasterk, mitverantwortlich für das Engagement von Peymann und als Ideologin Feindfigur des Haider-Boulevards, nach verlorener Wahl nicht mehr im Amt bleiben durfte, schien der Bruch der Kulturpolitik programmatische Dimensionen anzunehmen.

Die reale Basis für diesen Eindruck war schmal: Das Budget blieb gleich, die Beamten sowieso. Rote Spektakelkultur hatte es vorher gegeben. Daß Claus Peymanns Vertrag am Burgtheater nicht verlängert wurde, hätte man anders gesehen, wäre Klima damit nicht der *Kronenzeitung* entgegengekommen. Die Prioritäten der Kulturpolitik, Architektur und Film, waren gewiß nicht falsch gesetzt. In der Medienpolitik herrscht tatsächliche Blockade. Eine Medienanstalt zur Marktregulierung wird verhindert, weil die den Raum für Gegengeschäfte enger macht. Die Presseförderung wird vor allem so reformiert, daß niemandem genommen und auch denen gegeben wird, die nichts brauchen.

Vor Unterschätzung von Stilfragen wird gewarnt. Der neue Kunststaatssekretär, ein ausgewiesener Liberaler und guter Organisator, lieferte einige schwache Auftritte und wurde öffentlich notgeschlachtet. Er konnte sich von dem Debakel seiner ersten Statements kaum erholen. Über Kunst soll man nicht Kunstfremde reden lassen. Künstler würden immer behaupten, es komme ihnen nur darauf an, die Kunstpolitik würde ordentlich verwaltet; gestalten könnten sie schon selber. Ebenso schnell sind sie gekränkt, wenn sie sich benutzt und nicht verstanden fühlen.

Klima sorgte für eine Steigerung, da er selbst zuwenig Zeit hatte, sich der schwierigen Suböffentlichkeit der Künstler in der geforderten Ausführlichkeit zu widmen. Bei Gelegenheit erstaunte er jene, die ihm näherkamen, durch Interesse und Auffassungsvermögen. Andere wieder vermieden aus Angst vor Eingemeindung und Instrumentalisierung den Kontakt. Aus Klima und den Künstlern und den Intellektuellen wurde nicht, wie geplant, eine Liebesgeschichte. Das Verhältnis zwischen Kunst und Macht bleibt schwierig. Die Sache mit dem Kunstkanzler war ein Fehler, weil sie wie ein Trick anmutete. Ein an Kunst interessierter und für Kunst engagierter Kanzler macht sich besser als das billige Wort von der Chefsache.

Die Darstellungsunsicherheit der Politik zeigte sich in künstlerischen Angelegenheiten vermutlich deswegen so scharf, weil Politik dort in Konkurrenz zur Herstellung von Bildern, Geschichten und Sinn tritt. Der Künstler erkennt im Spindoctor seinen natürlichen Feind.

Unsicherheit ist aber nicht nur dort zu beobachten. Sie beginnt bei der schlichten Handhabung von Politik. Die Sekretäre wechseln mit den Kabinetten. Die Regierung Klima ist in Verwaltungsprozessen unerfahren; der Politroutinier Schüssel kann das besser. Vielleicht gewinnt deswegen die ÖVP die Verhandlungen, nachdem die SPÖ die Wahlen gewonnen hat. Zusammen mit dem neuen Management der Partei, das Ziele anders verfolgt (Schublade, öffne dich!), und den Anforderungen der EU läßt das wenig Raum, Politik zu definieren. Die Verbindung zu den Experten funktioniert nur schwach, man weiß nicht recht, was man mit den Eierköpfen tun soll. Politische Substanz fehlt erst, wenn die verlorene Hegemonie sich in verlorenen Mehrheiten ausdrückt.

Klima, der zweite Kanzler-Ökonom nach Vranitzky, scheint, was einen Zugewinn an politischer Substanz betrifft, ratlos. Das zeigt sich in seiner Unsicherheit, Themen zu setzen und Diskussionen zu initiieren. Die verschiedenen Vorschläge, die Neutralität »außer Streit zu stellen« oder das Bundesheer »aus dem Wahlkampf herauszuhalten«, zeigen, daß Diskussion als Zeichen dafür empfunden wird, daß etwas nicht funktioniert. Also versucht man, sie zu vermeiden.

Politik zu formulieren ist nicht die Stärke der österreichischen Regierung, schon gar nicht im internationalen

Kontext. Die latente Sehnsucht nach Größe, die sich in diesem Wunsch ausdrückt, bleibt unbefriedigt. Österreich spielt keine Rolle bei der EU-Osterweiterung, abgesehen davon, daß es versucht, seine Nachbarn mit seinem Vetorecht bei der EU-Aufnahme zu bedrohen, um sie von der Errichtung von Atomkraftwerken abzuhalten. Mentalitätenpolitik, wohl nirgends so angebracht wie hier, wird dem engen Mir-san-mir der Hausmeister vom Boulevard geopfert, die übrigens sämtlich – von Bulgarien bis Tschechien, von Kroatien bis in die Slowakei – ihre Investments im Osten bereits getätigt haben.

Was im polit-medialen Innenverhältnis das Gegengeschäft, ist im Außenverhältnis zur Öffentlichkeit der Trick. Es war nicht ungeschickt von der SPÖ, das Thema Neutralität mit dem Angebot in die Debatte zu bringen, sie »außer Streit zu stellen«. Der Debattenstifter ist es danach nicht gewesen. Aber Trick bleibt Trick. Vor allem auch, weil die SPÖ die Erhaltung der Neutralität nicht aus politischer Überzeugung vertritt, sondern im Wissen, daß die Mehrheit der Wähler an ihr hängt. Politik als Mimesis an den Boulevard.

Was die Mehrheit offensichtlich nicht wünscht, ist eine faire Ausländerpolitik. Beschränkung von Zuwanderung ist notwendig, keine Partei bestreitet das. Dringend notwendig wäre der eines Rechtsstaats würdige Umgang mit Ausländern im Land. Der Schmelztiegel Österreich, traumatisierter Rest des Vielvölkerstaates oder Völkerkerkers, je nachdem, therapiert sein Trauma, indem er sich im Rollenspiel als Kerkermeister übt. Die Ratlosigkeit, wie mit Zuwanderern umzugehen sei, ist in restriktive Brutalität abgeglitten; in die Brutalität, sie nicht ins Land zu lassen (die Zahl der bewilligten Asylansuchen sinkt ständig), und in Brutalität bei ihrer Behandlung im Land und bei der Abschiebung.

Fraglos gibt es Polizeiübergriffe gegen Ausländer. Nicht viele, aber genug, um in Amnesty-Berichten vermerkt zu werden. Es gibt auch ein Zusammenspiel zwischen Polizei und Justiz. Dessen Routine zufolge werden die Beamten immer freigesprochen, die ausländischen Kläger aber wegen falscher Zeugenaussage verurteilt. Die Beamten haben während des Verfahrens ihren Dienst versehen und können das, selbst wenn sie zu einer Strafe von nicht mehr als einem Jahr verurteilt werden, auch weiterhin tun. Diese Routine ist auch dann schändlich, wenn sie nur ein paar Fälle betrifft. Natürlich kann man die Ursache benennen. Drogenhändler mißbrauchen das Asylrecht. Polizisten leiden unter schlechter Bezahlung und miesen Arbeitsbedingungen. Sie genießen zwar psychologische Betreuung, aber auch die Betreuung durch die FPÖ, die bei Personalvertretungswahlen über 30 Prozent erzielt. Und sie genießen das aufmunternde Coaching durch den Boulevard. Der Innenminister, der tüchtige und beliebte Karl Schlögl, von manchen als Kanzlerhoffnung der SPÖ betrachtet, stellt sich, wie man sagt, hinter seine Beamten. Er findet nicht zum klaren öffentlichen Wort, das da lautet: Die rechte Unterwanderung des Rechtsstaats und eine Komplizenschaft mit einer Justiz, die im Fall der Polizei bereit ist, das Recht zu beugen, stellen für den Rechtsstaat eine größere Gefahr dar als die korrekte Behandlung von Ausländern.

Einen traurigen Tiefpunkt markierte der Erstickungstod des nigerianischen Schubhäftlings Marcus Omofuma, der auf dem Abtransport nach Sofia im Flugzeug umkam, begleitet von drei österreichischen Beamten, die ihn gefesselt und seinen Mund mit Klebeband verklebt hatten. Natürlich wußte niemand von solchen Praktiken (außer Schlögls Amtsvorgänger Einem, der sich damit wenig beliebt machte, daß er öffentlich zugab, doch etwas gewußt zu haben), vor allem nicht die Spitzenbeamten im Innenministerium. Michael Sika, der Generaldirektor für die öffentliche Sicherheit, sprach im Fernsehen: »Ich sehe die Verantwortung darin, daß sie in der Zukunft liegt.« Dieser Satz führte in all seiner bürokratischen Unschuld, politischen Unfaßbarkeit und grammatikalischen Verschwurbelung zum sofortigen Hirnstillstand der Öffentlichkeit. Niemandem fiel er besonders auf, niemand bezog sich weiters auf ihn. Dabei müßte dieser Satz in Marmor gemeißelt über dem Eingang zum Innenministerium stehen, wenn nicht über dem Eingang zu allem, mindestens aber zur Zweiten Republik. »Laßt alle Hoffnung fahren, denn wir sehen die Verantwortung darin, daß sie in der Zukunft liegt.«

Ein Satz, der es verdiente, neben Oskar Helmers »Ich bin dafür, die Sache in die Länge zu ziehen« und Kaiser Franz Josephs »Ich habe alles reiflich erwogen« als dritter Hauptsatz der Austrodynamik in die Lehrbücher einzugehen.

Das sanfte Gesetz des Geflechts

In Menschenrechtsfragen findet die Wut von unten ein bequemes Ventil nicht auf die da oben, sondern auf die da draußen. Ein reicher Kleinstaat wie Österreich könnte sich ein modernes Staatsbürgerschaftsrecht ohne weiteres leisten. Dennoch bleibt Österreich hinter der Bundesrepublik Deutschland zurück. Der Gedanke, daß bei einer Doppelstaatsbürgerschaft das Recht jenes Staates zur Anwendung kommt, in dem sich der Betreffende aufhält, verfängt sowieso nicht. Alle im Land Befindlichen rechtlich gleichzustellen verstieße gegen das Gebot der Konfliktvermeidung. Menschenrechte sind eben ein sogenanntes Minderheitenthema, mit ihnen gewinnt man keine Mehrheiten, und ihretwegen riskiert man keine Auseinandersetzung mit dem Boulevard.

Während des Bosnienkonflikts nahm Österreich 90 000 Flüchtlinge auf, 60 000 blieben im Land und wurden integriert. Die Bevölkerung spendete im Verhältnis zu ihrer Größe enorme Summen. Dies nicht nur, um sich moralisch von anderen Hilfsleistungen freizukaufen, sondern ebenso aus einer zivilen Hilfsbereitschaft, die historisch mit der Neutralität zu tun hat. Und auch aus schlichter Caritas, aus christlicher Nächstenliebe, vorgelebt von Aktivisten, die Flüchtlinge bei sich aufnahmen.

Der Rechtsstaat Österreich hält nicht immer den Standard der österreichischen Zivilgesellschaft. Allzu oft wählt dieser Staat den billigen Weg: sei es, daß er einen Menschenrechtsbericht der Vereinten Nationen in der Schublade verstauben läßt, bis ihn eine Wochenzeitung ausgräbt; sei es, daß er die iranischen Mörder eines kurdischen Politikers entwischen läßt, obwohl ihre Identität wie auch ihr Aufenthaltsort bekannt sind und Haftbefehle existieren; sei es, daß der Prozeß gegen den Briefbombenterroristen Franz Fuchs so geführt wird, daß trotz des abschließenden Schuldspruchs viele Fragen offen bleiben.

Der UNO-Menschenrechtsbericht war nicht angenehm, und er enthielt den dezidierten Auftrag zur Veröffentlichung, gewiß. Warum sollte man das aber tun, solange niemand danach fragt? Die Kurdenmorde? Unangenehm! Für die Kurden auch; vor allem aber, weil dadurch die wirtschaftlichen Beziehungen zwischen Wien und Teheran belastet wurden. Der damalige Generalsekretär im Außenministerium ist heute Bundespräsident. Den Präsidenten vor einen parlamentarischen Ausschuß zerren? Unangenehm! Also untersuchte zuerst die Justiz und fand heraus, daß weder seitens des Außenamtes noch sonst eines Ministeriums interveniert worden war, was den Schluß nahelegt, daß die Staatspolizei aus eigener Laune die mordverdächtigen Iraner außer Landes gelangen ließ (passenderweise in einem Sargwagen). Das Verfahren wegen Amtsmißbrauchs war somit einzustellen.

Österreich ist ein Rechtsstaat. Die Inkonsequenz im Detail fällt jedoch auf. Da bequemt sich die Republik 53 Jahre nach Ende der Nazizeit zu einem Rückgabegesetz, zumindest was Kunstwerke betrifft. Mit bewundernswerter Gründlichkeit arbeitet der Journalist Hubertus Czernin einen Fall nach dem anderen auf. Zwischendurch zeigt sich, daß schon vor Jahren durch bürokratische Sorgfalt wesentliche Akten vernichtet wurden. Der Bankiersfamilie Thorsch wurden zwar die Kunstwerke zurückgegeben, das gesamte geraubte Vermögen wurde ihr aber vorenthalten. Immerhin läßt sich erstmals von gutem Willen sprechen.

»Mut und politische Klugheit« attestiert Czernin der Unterrichtsministerin Elisabeth Gehrer. Dann aber verweigert die Ministerin aufgrund eines Gutachtens der Finanzprokuratur die Rückgabe von fünf Klimt-Gemälden an deren Vorkriegsbesitzer, die Familie Bloch-Bauer. Czernin hält ihr entgegen, sie sei offensichtlich falsch informiert worden, und untermauert das mit Akten. Eine öffentliche Auseinandersetzung findet statt. Es stellt sich heraus, daß alle Voraussetzungen des Rückgabegesetzes erfüllt wären; allein, die Bilder gehören sozusagen zum Inventar der Republik. Dort, meint die Republik, sollen sie bleiben. Unsere Verantwortung liegt in der Zukunft.

Österreich ist ein Rechtsstaat. Eine gewisse Schwäche in der Durchführung läßt sich nicht übersehen. Andererseits läßt der Staat durchaus mit sich reden; außer man ist Ausländer mit laufendem Asylverfahren. Sogar für Jugendliche der zweiten Generation gibt es Möglichkeiten, »hinaufzugehen und es sich zu richten«. Das ist der wesentliche Punkt: Die Nähe und die Kleinheit des Ganzen nehmen von den Verantwortlichen den Reformdruck. Sie kümmern sich persönlich um alles mögliche und mildern Härten, wo sie ihnen bekannt werden. Schikanierer gibt es nur in Einzelfällen, sie werden bei Auffälligkeit an eine andere Dienststelle versetzt. Herzlos? Nein, wirklich nicht! Unsere Verantwortung liegt in der Zukunft.

Österreich ist kein ungemütliches Land. Unbehagen entsteht erst aus der Gemütlichkeit, der zähen Fortdauer des Alten. Es ist ein kleines Land. Man entkommt einander nicht. Alte Rechnungen werden immer wieder vor- und nachgerechnet. Eine funktionierende Öffentlichkeit böte Ausweichmöglichkeiten. Wenn's einem hier in seinem Rundfunk, in seiner Kohlefabrik, in seiner Universität, seiner Zeitung nicht gefällt, kann man nicht in die nächste Stadt ziehen, denn dort gibt es denselben Rundfunk und dieselbe Zeitung. Man muß ins Ausland.

Vor Dämonisierung wird gewarnt. Dieser österreichische Zustand besitzt fraglos auch positive Aspekte. Die Nachgiebigkeit des engen Geflechts hat durchaus humane Züge. Sogar auf seiner Ebene kennt der kleine Mann jemanden, der ihm schneller ein amtliches Dokument liefert, einen Vorteil verschafft, einen Rabatt besorgt. Darin besteht doch Lebensqualität. In der Möglichkeit, den ehernen Lauf der amtlichen Vorgänge aufzuweichen, liegt ein Stück Individualismus, das Österreicher nicht missen möchten. Europa mag kommen, das Trinkgeld wird es nicht abschaffen. Im Gegenteil: Wir werden ihm die Sozialpartnerschaft aufdrängen.

Die Verquickung von persönlichem Vorteil mit politischer Gesinnung stabilisierte die politischen Lager und verlieh ihnen eine Zähigkeit jenseits der Sprödigkeit westeuropäischen Materials. Die zugehörige Verlangsamung und Hemmung des ökonomischen Fortschritts hat uns nebenbei vor mancher Zerstörung bewahrt. In Ruhe wartet

Österreich ab, welche Fehler die anderen machen, und wenn es sein muß, wie im Fall der EU, springen wir schon noch auf den Zug. In Sachen Neoliberalismus hat eine gewisse Zögerlichkeit nicht geschadet. In Ländern, bei denen die Einkommensschere weniger weit auseinanderklafft, ist die Produktivität erwiesenermaßen höher. Und hätte Österreich nicht jene hohe Staatsquote, die das Geflecht stützt und von Neoliberalen so wortreich beklagt wird, es hätte die Krisen der siebziger und neunziger Jahre nicht so glimpflich überstanden.

Probleme ergaben sich, da die Mentalität des Geflechts zum Leitbild staatsmännischen Handelns geworden ist. Die Wut von unten und das Wohlwollen von oben, die Staatsraison, entsprechen, ja bedingen einander. Das Wohlwollen schließt auch das Wissen darum ein, was gut ist und wo es besser ist, nicht ganz so gut zu handeln – sozusagen Rechtsbeugung als eine sublime Interpretation von repräsentativer Demokratie. Die Grauzone erhält das System. Der Bundespräsident kommt vor keinen Untersuchungsausschuß, weil zu vermuten ist, daß nicht nur die Handelsbeziehungen zum Iran, sondern auch das Ansehen seines Amtes Schaden nähmen. Es gilt abzuwägen. Bei jeder demokratischen Aktivität ist stets die Gefahr von Destabilisierung zu beachten. Destabilisierung signalisiert Schwäche und spielt somit Jörg Haider in die Hände. Dies gilt es zu verhindern. Deshalb liegt unsere Verantwortung in der Zukunft.

Daß dieses sanfte Gesetz der Konfliktvermeidung den Wunsch nach einem Wechsel immer nur verstärkt, versteht sich. Die Dichte des Geflechts mag abnehmen, der Wunsch derer, die im Geflecht von Genossenschaften, Sozialpartnerschaft und Parteibuchwirtschaft zappeln, sich zu befreien, nicht. Die Politik mag nicht mehr alle Lebensbereiche durchdringen, statt dessen durchdringt sie jetzt alle symbolischen Bereiche. Die Minutenzähler vor dem TV- und Radiogerät, die Spindoctoren und die Politikvermarkter in den Parteizentralen sorgen dafür, daß Rot und Schwarz gleich oft präsent sind. Sogar die Zahl der Skandale hat abgenommen. Die Bereitschaft, denen da oben skandalöses Handeln nicht nur zuzutrauen, sondern auch zuzuschreiben, ist dennoch gewachsen. Wie sehr dies auf der Ebene des Vorurteils, des Ressentiments gegen die Regierenden passiert und wie wenig es mit dem Anlaßfall zu tun hat, zeigt, daß skandalöse Verstrickungen der FPÖ deren Führer nicht schaden – er wird als der Held geträumt, dessen Schwert das Geflecht zerstören soll.

Das Geflecht ist nicht nur die unsichtbare Existenzform der österreichischen Gesellschaft, es ist auch die ästhetische Form der Regierung. Man müßte das Bild der Laokoongruppe modifizieren. Zwei Ringer kämpfen miteinander gegen eine Schlange, aber sobald sie die Schlange angreifen, verwickeln sie sich so in ihr, daß sie auch gegeneinander kämpfen; von außen sieht man nur noch das Bild einer verbissen ringenden Gruppe. Genau betrachtet ist es ein Knäuel von Schlangen: Neutralität, Bildung, Heer, Wirtschaft, Außenpolitik ...

Daß unter dem Geflecht als Staatsform, der großen Koalition, der Proporz auf leisen Sohlen zurückkehrt, kann niemanden erstaunen. Neue Orientierungen fallen in diesem Zusammenhang unendlich schwer. Jeder Spitzenpolitiker wird nicht nur von der Bürde des Amts gedrückt, er befindet sich dazu noch in einem über fünfzig Jahre lang gewachsenen Geflecht. Quereinsteiger läßt das Geflecht zu, weil es sie zur Selbsterhaltung braucht. Die Journalisten, Moderatoren, Schauspieler, die Manager und Professoren bringen Aufmerksamkeit, Reichweite, Stimmen. Das Geflecht zeigt ihnen schon, wer sie geholt hat und wo sie zu Hause sind. Ist es dadurch durchlässiger geworden?

Es zeigt ihnen auch, daß der politische Entwurf Grenzen hat. Nur Kreisky durfte, kraft absoluter Mehrheit, den kleinen Flechtern diesen Traum vorträumen. Gründe gibt es viele, keine Politik zu machen! Österreich will als Nettogewinner der EU-Osterweiterung die Tatsachen nicht offenlegen, sonst kommt der Boulevard. Es darf zu Fragen europäischer Finanzpolitik nichts sagen, weil es so klein ist: Bisher an die Deutsche Bundesbank gekoppelt, hätte man zu einer Europäischen Zentralbank nichts zu sagen? Warum nützt ein Kleinstaat, der sich politisch ganz anders verhält, nicht seine Erfolgsgeschichte, um eine Alternative zum »dritten Weg« zu formulieren? Warum schließen sich die Sozialdemokraten vielmehr ohne Not und Überzeugung diesem Konzept an? Nur weil sich Tony Blair und Gerhard Schröder neben Kanzler Klima auf Plakaten gut machen, obwohl sie für verschiedene Dinge stehen? Warum beschwört die ÖVP stets die Zivilgesellschaft und die Verantwortlichkeit des einzelnen und ist im Flechten womöglich noch ausgepichter als die SPÖ?

Ein adäquates Beispiel für die Komplexität einer verflochtenen politischen Gefühlslage ist die österreichische Neutralität. Während andere liebgewonnene Besonderheiten Österreichs an Bedeutung zu verlieren scheinen, tritt die Neutralität mehr und mehr in den Mittelpunkt einer nationalen Auseinandersetzung. Wohlgemerkt nicht einer Debatte, die würde eine einigermaßen funktionierende Öffentlichkeit voraussetzen. Auseinandersetzung bedeutet, sie wird zum Objekt, an dem sich weniger die Haltungen der Kontrahenten als die Stimmungen des Publikums erweisen und mit dem jedenfalls andere Zwecke erreicht werden sollen als die offen ausgesprochenen.

Kleine Geschichte der Neutralität

Die österreichische Neutralität ist keine Erfindung der Zeit nach 1945. Schon nach dem Anschlußverbot von Saint-Germain hatten führende Politiker der Ersten Republik Österreichs außenpolitische Haltung als neutral bezeichnet, mit der fatalen Einschränkung, man stehe treu zum deutschen Brudervolk. Nach 1945, in einem Österreich ohne Anschlußstreben, ohne Großmacht-, selbst ohne Mitteleuropa-Ambitionen, lag der erste Teil dieses Gedankens wieder nahe.

Von Neutralität war plötzlich häufiger die Rede, als man vermuten würde, konstatiert der Historiker Gerald Stourzh, dessen Untersuchungen diese kursorische Beschreibung folgt. Eine Reihe von Privatleuten wandte sich an Julius Raab und Karl Renner, dieser selbst führte als erster das Beispiel Schweiz als Vorbild Österreichs an.

Auch Amerikaner, Engländer und der französische Hochkommissar in Wien befürworteten eine österreichische Neutralität. Die Mehrheit der österreichischen Politiker sah die Situation wie der Sozialist Adolf Schärf: Man müsse vorgeben, neutral zu sein, und dürfe sich vor den Russen den Willen zur Westbindung nicht anmerken lassen. Die Kommunisten im Parlament und die kommunistische Presse setzten ihrerseits auf ein neutrales Österreich, in der Hoffnung, genau diese Westbindung aufzubrechen. Die Lage verschärfte sich nach der kommunistischen Machtergreifung in der Tschechoslowakei, mit dem Ausbruch des Koreakriegs und dem kommunistischen Generalstreikversuch in Österreich 1950. Der Linzer Sozialist Ernst Koref stellte klar, daß seine Partei die Neutralität ablehne, wenn sie »so verstanden wird, daß wir uns gefügig und willenlos zum Willkürobjekt sowjetischer Machtpolitik erniedrigen lassen«.

Die Sowjets wiederum besaßen ein starkes Pfand: die Teilung Österreichs. Diese konnte nur durch einen Staatsvertrag vermieden werden. Rasch wurde den Beteiligten klar, daß ein solcher Vertrag nur um den Preis der Neutralität Österreichs zu haben sein würde. Alle hatten dabei Hintergedanken. Schärf schrieb an den französischen Sozialisten Léon Blum: »Österreich muß militärisch schwach bleiben (...) wir wissen, daß wir die Einordnung in ein größeres politisches und vermutlich auch militärisches System brauchen«, aber man könne bei aufrechter Russenbesetzung nicht offen aussprechen, man wolle der Nato beitreten. Die Bevölkerung spürte ohnehin, wie der englische Botschafter nach London berichtete, nur den »gedankenlosen Wunsch«, so zu werden wie die Schweiz.

Stalin hatte 1952 Deutschland die Einheit um den Preis seiner Neutralität vorgeschlagen. Einem neutralen Deutschland standen die Alliierten im Wege; mit der augenzwinkernden Westorientierung Österreichs konnten sie sich hingegen abfinden, solange die österreichische Neutralität den Russen keinen diplomatischen Erfolg bescherte. Die allgemeine Überzeugung lief darauf hinaus, daß nicht die Russen den Vorschlag machen sollten (um nicht umgekehrt vom Westen zurückgewiesen zu werden), sondern die österreichische Regierung selbst den Wunsch nach Neutralität äußern würde. Die ÖVP-Politiker Karl Gruber und Alfred Maleta taten dies mehrfach, der sozialistische Vizekanzler Schärf lehnte hingegen »eine sogenannte Neutralitätspolitik, ein Liebeswerben um Rußland ab«. Indessen versicherte Kanzler Raab dem sowjetischen Hochkommissar, »eine neutrale Politik Österreichs werde die entscheidende Voraussetzung für eine befriedigende Lösung der österreichischen Frage sein«.

Die Amerikaner waren zwar entschlossen, sich bei Verhandlungen mit den Sowjets gegen die Neutralität zu sperren, ließen aber einen Spielraum offen. Die Militärs wiederum warnten vor der strategischen Schwächung des Westens, aber »in the long run«, so Außenminister Dulles, liege die Entscheidung bei den Österreichern selbst. Die Pariser Verträge ermöglichten Deutschlands Beitritt zur Nato; sie schienen den Staatsvertrag in weite Ferne zu rücken. Schließlich entschied eine neue Machtkonstellation im Kreml das diplomatische Spiel. Chruschtschow akzeptierte die österreichische Neutralität nach Schweizer Vorbild. Der Staatsvertrag konnte abgeschlossen werden; die Österreicher willigten ein, nach dessen Erfüllung das Neutralitätsgesetz zu beschließen. Österreicher und Alliierte maßen der Frage, wer Österreichs Neutralität garantieren würde, große Bedeutung bei; daß dies nicht allein die Sowjetunion sein sollte, damit sie sich nicht zur Schutzmacht Österreichs ausrufen könne, stand außer Frage. Schließlich wurde die Neutralität durch die vier Mächte nicht garantiert, sondern lediglich anerkannt.

Wie die trinkfesten Österreicher in Moskau die notwendige Einigung für den Staatsvertrag zustande brachten, wie sie zäh die Zahlungen für die sowjetischen Betriebe aushandelten, die Rückkehr der österreichischen Kriegsgefangenen ermöglichten, die Nächte mit Abfassen, Übersetzen und Abstimmen von Protokolltexten verbrachten, ist ebenso Teil des symbolischen Gesamtbestands wie der Ruf Außenminister Figls auf dem Balkon des Belvedere: »Österreich ist frei!«

Keinen Eingang in die österreichische Mythologie fand hingegen die Formulierung der österreichischen Mitverantwortlichkeit »als integrierender Teil Hitler-Deutschlands«, wie sie in der »Moskauer Deklaration« gestanden war und nun auch in den Präambeln zum Staatsvertrag stehen sollte. In letzter Minute vor Abschluß der Verhandlungen bei der Wiener Außenministerkonferenz legte Außenminister Figl das Ansuchen vor, man möge doch nicht dem neuen Neutralen »mit seiner besonderen politischen Aufgabe und Verantwortung eines solchen Staates (...) bei seiner Geburt ein Schuldmal aufbrennen und so seine innere und äußere Entwicklung mit einer moralischen Hypothek belasten«. Die Außenminister stimmten zu.

Daß sie damit gerade jene moralische Hypothek befestigten, weil die schandmallose Stirn im Land nicht als verschont, sondern als unschuldig empfunden wurde, war ihnen nicht klar. Wie die provisorische Staatsregierung durch Rückgriff auf die Verfassung von 1920 den Prozeß einer Verfassunggebung ausschloß, so setzten Staatsvertrag und Neutralität den Neubeginn zugleich als Selbstausgrenzung der eigenen Geschichte. Neubeginn als Selbstblockade.

Österreich ist frei, das hieß auch: frei von den Lasten der Vergangenheit. Daß man sich von diesem Trauma auf diese Weise nicht befreien kann, brachten die Waldheim-Jahre ins Bewußtsein. Erst 1991 bekannte sich Franz Vranitzky in einer Parlamentsrede für die Republik erstmals offiziell zu den »Daten und Taten ihrer Geschichte«, und 1993 sagte Vranitzky beim Staatsbesuch in Israel: »Wir haben immer empfunden und empfinden noch immer, daß der Begriff ›Kollektivschuld‹ auf Österreich nicht anzuwenden ist. Aber wir anerkennen kollektive Verantwortung, Verantwortung für jeden von uns, sich zu erinnern und Gerechtigkeit zu suchen.«

Neutralität als Selbstbetrug? Sie darauf zu reduzieren, ist nicht unstatthaft, aber zu einfach. Robert Menasse hat sie als »Realfiktion« bezeichnet, um den unwirklichen Charakter aller österreichischen Wirklichkeiten hervorzuheben. Das stimmt wohl, aber trifft »Realfiktion« nicht das Wesen jeden Vertrages? Menasse selbst konstatiert: »Die Idee hat funktioniert.«

Neutralität bloß noch ein Trick, der funktioniert hat? Der Prozeß, der zu Staatsvertrag und Neutralität führte, verdient auch als Verhandlungskunstwerk Aufmerksamkeit, da zwischen Militär und Diplomat, zwei Figuren mit »zutiefst öffentlichen Funktionen«, die beide »den Staat repräsentieren«, die Angelegenheit zugunsten des Diplomaten ausging. Darauf verweist Gerald Stourzh. Im österreichischen Staatsvertrag liege ein klassischer Fall »friedlicher Interessensabklärung und friedlicher Konfliktregelung« vor, zustande gebracht durch Argument und Formulierung, die an der Balance der Interessen mitwirkten. Ein klassisches politisches Ereignis, in dem sich die öffentliche Sphäre noch einmal bewährt habe. Die Neutralität ist also ein Kompromiß, in ihren Voraussetzungen und in manchen Effekten zweifelhaft, aber sie ist auch ein Kunstwerk, ein Staatskunstwerk, und als solches nicht zu Unrecht stolzer Bestandteil der österreichischen Identität. Vermutlich sind manche Populisten auch deswegen gegen die Neutralität, weil sie grundsätzlich gegen Staatskunst sind.

Ihren Platz im emotionalen Staatshaushalt verdankt die Neutralität ihrem staatskünstlerischen Wert gewiß am wenigsten. Jeder weiß, daß sie dazu diente, die Russen und die Besatzer insgesamt aus Österreich wegzubringen. Die Hilfsbereitschaft bei der Flüchtlingswelle von Budapest 1956 und bei der Krise in Prag 1968 richtete sich als Mutbeweis des Staatsganzen direkt gegen die Sowjetunion. Sie untermauerte die Systemgrenze des Eisernen Vorhangs. Österreichs Hilfsbereitschaft unterstrich seinen Willen zur Westbindung. Neutralität, ein Trick, der funktioniert hat. Ein Trick, auf den man aus den verschiedensten Gründen stolz sein kann.

Geschick im Ungeschick

Jetzt, da Nationalstaatlichkeit neu definiert wird, da die Aufgabe von nationalstaatlicher Souveränität mehr gefühlt als realisiert wird, jetzt, da die internationalen Institutionen in der Krise sind und neu entwickelt werden müssen, jetzt, da die Bedingungen von Politik insgesamt in Frage stehen, kehrt die Neutralität in die Zeitgeschichte zurück – auf der Ebene des Tricks.

1994 schrieb der Politologe Anton Pelinka zum Thema innenpolitischer Motive der Annäherung Österreichs an die Europäische Gemeinschaft: »Außenpolitik hört auf, ein besonders vom elitären Konsens getragener Bereich politischer Gemeinsamkeit zu sein; Außenpolitik wird zunehmend politisch normal (...) damit verliert aber die politische Kultur der Zweiten Republik eine wichtige Stütze: die im 1955 formulierten, neutralitätspolitischen Grundkonsens festgeschriebene, gemeinsame Außenpolitik. Daß dabei eine von den beiden Großparteien gemeinsam getragene Entscheidung – das unter Abkehr von der bisherigen herrschenden Lehre formulierte Beitrittsansuchen – zu dieser Entwicklung wesentlich beiträgt, ist ein zusätzliches Paradoxon; es unterstreicht, daß die von den traditionellen Eliten getragene Neuauflage der großen Koalition die Grundlagen ebendieser Koalition tendenziell zu zerstören bereit ist.« Prophetische Worte!

Nun sind die Sozialdemokraten – historisch der Neutralität gegenüber skeptisch oder pragmatisch eingestellt – ihre glühenden Verteidiger. Die Christlichsozialen hingegen gehen frisch ans Werk der Abschaffung. Sie attackieren die Neutralität mit der Lust derer, die die Zukunft kennen und sich ihre Verdienste erwerben, indem sie der Zukunft dienen, ohne Rücksicht auf die Gefühlslage im Land zu nehmen. Problematisch daran ist nur, daß die Partei, die dem Volk die Wahrheit sagt, dies aus dem Zentrum des Geflechts heraus tut; und da sind die Wähler gewitzt genug, skeptisch zu bleiben.

Die SPÖ zieht es vor, in Europa ein anderes Bild von sich selbst zu geben als im eigenen Land. Sie nimmt damit in Kauf, daß einige ihrer Klügsten argumentativ ins Schleudern geraten. Also griff man in die Trickkiste und bot den politischen Konkurrenten an, die Neutralität nicht weiter zu thematisieren – es sei denn, »die anderen wollen es«. Mit dem Wahlkampfgetöse müsse jetzt Schluß sein, sagte Bundeskanzler Klima und läutete damit den Wahlkampf ein.

Die FPÖ, opportunistisch wie eh und je, war als erste für die Abschaffung der Neutralität. In Anbetracht der neutralitätsbejahenden Stimmungslage der Bevölkerung änderte sie jedoch sofort wieder ihre Linie. Die Grünen traten als einzige konsequent für die Beibehaltung ein. Das nützte ihnen freilich nicht viel, weil ohnehin niemand auf die Überlegungen des Johannes Voggenhuber achtet, wenn er erklärt, die Neutralität sei der Fuß in der Tür, um eine amerikanische Nato-Dominanz in einem europäischen Sicherheitssystem zu verhindern. Die Liberalen schließlich sind gegen die Neutralität, weil sie bei Themen wie diesen nichts zu verlieren haben und auf die Einsicht ihrer aufgeklärten Wähler rechnen, weshalb sie auch eine Wahl nach der anderen verlieren.

Keine Partei spricht dezidiert aus, daß eine aktive Neutralitätspolitik, die Österreich im Auftrag der UNO gleichsam als Rotkreuzstaat ausüben sollte, sehr kostspielig wäre und hohe humanitäre Leistungen verlangen würde. Keiner weist darauf hin, daß bei der Frage eines europäischen Sicherheitssystems, an dem sich Österreich beteiligen möchte, weitgehende Übereinstimmung zwischen den Regierungsparteien besteht. Sogar die Grünen wären zu einer Teilnahme daran bereit, vorausgesetzt, die USA übten keine Hegemonie innerhalb eines solchen Systems aus. Ein schwacher Hautgout von Antiamerikanismus zieht sich sowieso durch die Neutralitäts- und Nato-Debatte. Einwände von Verfassungsrechtlern und Journalisten, mit dem Vertrag von Amsterdam sei die Neutralität ohnehin aufgegeben, werden halb gehört und ganz vergessen. Der Eindruck, mit der Neutralität billig davonzukommen, ist als Motiv ihrer Befürworter nicht von der Hand zu weisen.

Schon rückt die nächste fingierte Debatte näher: Die SPÖ, stets Befürworterin eines Milizheeres, plädiert nun für ein Berufsheer, und die ÖVP, die seit langem ein Berufsheer favorisiert, will reflexartig am Freiwilligenheer festhalten. Der Bundespräsident meldet sich zu Wort und mahnt, die Heeresdebatte aus dem Wahlkampf herauszuhalten. Wann folgt der Appell, den Wahlkampf aus dem Wahlkampf herauszuhalten?

Der schwächliche Zustand der ÖVP, von Kreisky einst durch seine Strategie der Spaltung des bürgerlichen Lagers herbeigeführt, erweist sich alles andere denn als Segen für das Land. Selbst wer keinerlei Sympathie für konservatives Gedankengut hegt muß es bedauern, daß die Option eines Regierungswechsels aufgrund der jämmerlichen Verfassung dieser Partei nur unter der Beteiligung der FPÖ zu haben ist. Von der FPÖ wiederum bliebe ohne Haider nichts übrig, also kann die ÖVP es sich aussuchen, entweder ewiger Zweiter zu sein oder mit Haider zu koalieren. Bisher war ihr die Rolle des Zweiten erste Option. Und wenn die Nerven halten, kann das noch lange so bleiben.

Es ist allerdings ein gefährliches Spiel, denn die Strategie, auf die die ÖVP setzt, von Nato bis Familienbeihilfe den innerkoalitionären Konflikt zu suchen, verstört das harmoniesüchtige Publikum und kostet nicht den Kanzler, der begütigend Frieden stiftet, Stimmen, sondern seinen Vize, der verbal Bereitschaft zum Partnermord bekundet. Der intelligente und gebildete Wolfgang Schüssel, dessen Erscheinung hinter den Möglichkeiten der Person zurückbleibt, neigt dazu, seine Emotionen nicht unter Kontrolle zu halten. Politologen meinen, die Methode »koalitionsinterner Konflikt« bringe zwar beiden Parteien Stimmen, sie fragen aber auch, ob sich die beiden Partner dabei so entzweien, daß sie bei Koalitionsverhandlungen nicht mehr zueinander finden. Diese werden nach der Herbstwahl 1999 die ersten seit dem CA-Trauma sein. Der damals bereits besiegelte Pakt Schüssel – Haider ist noch in guter Erinnerung.

Die ÖVP ist der glücklose, in Bünde zerrissene Überbau der christlichsozialen Macht im Land. Die Interessenvertretungen von Wirtschafts- und Bauernbund sowie ÖAAB streben naturgemäß auseinander und müssen doch beisammen bleiben. Zudem stellt die ÖVP in sechs von neun Bundesländern den Landeshauptmann. Hinter einer schwachen Bundespartei befindet sich eine starke, aber zerrissene Machtbasis: so zerrissen, daß im Fall des Semmeringtunnels die steirische Landeshauptfrau mit dem roten Verkehrsminister gegen den schwarzen Landeshauptmann von Niederösterreich gemeinsame Sache macht.

Zwar betreibt die ÖVP in vielen ihrer Länder eine Klientelpolitik, gnadenloser, als jede rote Regierung sie zusammenbrächte. Andererseits ist die Politik mancher bürgerlich regierten Länder in einem Ausmaß ökologisch und kulturpolitisch modern, daß sie mit dem überlieferten Bild von Konservativismus nur mehr wenig zu tun hat. Es gelingt der Partei aber partout nicht, diese Modernität auf die Bundespartei zu übertragen.

Die Reste katholischen Bürgertums, die sich in dieser Partei sammeln, sind überdies so nazi-resistent wie sonst nur Kommunisten, und sie sind deutlich resistenter gegen jede Art von Totalitarismus als diese. Die vor Jahren geäußerte Meinung eines Konservativen, die Kirche sei der letzte Hort des Kommunismus, kann man als überzogen bewerten, aber soziales Gewissen ist heute stärker in Pfarrhöfen, Kirchen und Basisgemeinden wirksam als in irgendeiner anderen Institution. Die zu diesem Milieu passende Partei wäre nach wie vor die ÖVP.

Es gibt auch die andere ÖVP – die reaktionäre, stockkonservative. Für die der EU-Abgeordnete Karl Habsburg nicht eine populistische Schnapsidee, sondern eine innere Notwendigkeit darstellte. Wobei es ja nicht der Konservativismus ist, der ÖVP von SPÖ unterscheidet. So konservativ wie die Roten sind die Schwarzen noch lange nicht. Konservativismus bedeutet heute nichts anderes als den hilflosesten Versuch der Schadensvermeidung. Wer nichts Neues tut, unternimmt wenigstens nichts Schlimmeres als bisher. Im Gegenteil: Beim EU-Beitritt, beim Nato-Beitritt, leider auch in der Balkanpolitik war die ÖVP die treibende Kraft. Das Christlich-Soziale, entklerikalisiert, könnte in rauhen Zeiten der Globalisierung eine politische Devise sein. Diese hieße Solidarität, beriefe sich auf Kommunitarismus und Zivilgesellschaft und läge auch nicht im Widerspruch mit der Partei der Wirtschaft, solange es ihr tatsächlich um Klein- und Mittelbetriebe ginge. Die ÖVP schafft es aber nicht, ihrem Parteivolk mit Politik zu entsprechen, sozusagen eine Parteivolkspartei zu sein. Statt dessen verheddert sie sich dauernd beim Versuch, einander widersprechende Interessen zu vertreten. Immerhin ist sie nicht die Partei des reaktionären Bischofs Kurt Krenn. Immerhin hatte sie auf ihrer Kandidatenliste für das Europäische Parlament einen Protagonisten des Kirchenvolksbegehrens. Ihr Schicksal scheint es jedoch zu sein, gerade politisch interessante Köpfe wie Erhard Busek nicht zu ertragen.

Parteiobmann Wolfgang Schüssel ist gewiß der erfahrenste und ausgepichteste aller Regierungspolitiker, er kontrolliert mit Hilfe des loyalen und artikuliert konservativen Andreas Khol den Parteiapparat, produziert jedoch ein merkwürdig unernstes Bild von sich. Daß er seit Jahrzehnten Mascherl trägt, gut Klavier und Fußball spielt, ordentlich Schi fährt und flott zeichnet, mag sehr sympathisch sein, es qualifiziert ihn aber in Österreich eher zum Jungscharführer als zum Kanzler.

Redet man über die ÖVP, kommt man am Begriff des Ungeschicks nicht vorbei. Der Schriftsteller Michael Rutschky hat in seinem Buch »Reise durch das Ungeschick« dieses als das Fehlen der »notwendigen Selbstverständlichkeit des angemessenen Verhaltens« bestimmt. Fehlt etwa die selbstverständliche Fähigkeit, ein Land zu regieren oder zu repräsentieren, tut der Betreffende eben einfach so, als könne er es. Aus der Differenz zwischen Nichtkönnen und dessen Überspielen entsteht das Ungeschick, entstehen Forcierungen, Übertreibungen, Maßlosigkeiten. Der Parteiobmann und Außenminister Schüssel hat nie gesagt, der deutsche Bundesbankpräsident Tietmeyer sei »eine richtige Sau«. Er hat auch nie ein Pressefrühstück in Amsterdam gegeben, also kann er das Wort Sau dort gar nicht gesagt haben. Er hat auch mit österreichischen Journalisten »kein Problem«, wie er gegenüber dem ORF sagte. Natürlich hat er irgendwo gefrühstückt und dabei mit Journalisten geredet, drei von ihnen erinnern sich sogar mittels eidesstattlicher Erklärungen an die »Sau«. Das war in jenem Milieu des Gegengeschäfts geäußert, wo die Worte nicht auf der Goldwaage liegen, dachte Schüssel. Einer schrieb dann doch darüber.

Legendär sind die kurzen Hosen des ehemaligen Außenministers Alois Mock beim Staatsbesuch in Jordanien. Oder die Aussage des ehemaligen Parteisekretärs Michael Graff, ehe nicht erwiesen sei, Waldheim habe »eigenhändig sechs Juden erwürgt«, habe man ihn als unschuldig zu betrachten. Oder die Aufforderung des Abgeordneten Burgstaller an seine Kollegin Stojsits, fest am Mikrophon zu lutschen. Oder der Mißbrauch von Geldern einer Spendenorganisation durch den EU-Parlamentarier Habsburg für seinen Wahlkampf. Ungeschick, wohin man schaut.

Die ÖVP hat dieses Ungeschick nicht gepachtet. Es fällt bei ihr nur besonders auf. Der einstigen Staatspartei sieht man ihr dilettantisches Verhalten noch immer nicht nach. Die ÖVP mißt man an ihrer Vergangenheit, ein bedeutend strengerer Maßstab als die Gegenwart. Seit Kreisky nimmt die SPÖ die Rolle der Staatspartei ein, ihre Skandale – von Udo Proksch bis Gerhard Praschak – haben das Format einer Haupt- und Staatsaktion. Ihr Ungeschick und ihr Unvermögen, die staatstragende Rolle auszufüllen, werden noch immer damit entschuldigt, daß ihre Spitzenpolitiker eben nicht in solche Ämter hineingeboren werden. Die ÖVP ist die geborene, die SPÖ die gewordene Staatspartei.

Bei der FPÖ ergibt sich das Ungeschick zwanglos daraus, daß die Leider-Nicht-Staatspartei zu viele Ämter für zu wenige Amtsträger hat, so daß die Gier und das Risiko, ungeeignetes Personal zu verwenden, wie von selbst für Pannen und Skandale am laufenden Band sorgen. Die Grünen wiederum unterminieren geschickt die Basis ihrer eigenen Arbeit. Die einen posieren für die *Kronenzeitung* mit Tierschutz- und Anti-AKW-Aktivitäten, während die anderen im gleichen Blatt als Kryptokommunisten verteufelt werden. Durch überzogenes Agitieren haben sie in Wien die persönliche Basis für eine rot-grüne Koalition zerstört. Das Schielen auf die Basis verleitet ihre Exponenten zu schrillen Tönen, mit denen sie potentielle Wähler vergrämen. Das Liberale Forum beweist sehenden Auges und aufrechten Ganges, wieviel Interesse es in Österreich an einer wirtschaftsliberalen Partei gibt, die sich noch dazu für Menschenrechte einsetzt: gerade genug, um jede Wahl zum Kampf ums Überleben zu gestalten. Und der Baumeister Lugner, mit 9,9 Prozent bei den Präsidentschaftswahlen 1998 erfolgreich, zieht zwar geschickt die Clownsmaske des Prominenten über das Gesicht des erfolgreichen Geschäftsmannes und des rechten Politikers, die von ihm gegründete Partei DU ist jedoch nicht ernstzunehmen.

Die konsenstrunkenen Sozialdemokraten haben nicht einmal ansatzweise die Option einer Ampelkoalition aufgebaut. In Österreich gibt es zwar traditionellerweise keine Mehrheit links der Mitte, aber was ist heute noch links? Rechnerisch hätte 1995 die Ampel 48,3 Prozent der Stimmen und 90 Mandate gehabt (gegen 50,2 Prozent und 93 Mandate für Schwarz und Blau). Steigerungen sind bei Rot und Grün denkbar; wenn das LIF nicht an der Vier-Prozent-Hürde scheitert, wäre eine Mehrheit rechnerisch nicht außer Reichweite. Es gibt allerdings nicht einmal zarteste Hinweise, daß dieses Bündnis von einem der prospektiven Teilnehmer gewünscht wird. Der Kanzler sagte zwar am Abend der EU-Wahl, er freue sich, daß auch die Grünen mit dem Neutralitätsthema gewonnen hätten, aber dem wurde weiter keine Bedeutung zugemessen. Vielleicht denken alle daran, und keiner redet davon. Man darf die Stammwähler ja nicht vor den Kopf stoßen, also stößt man lieber mögliche Partner von sich. Politik schließt in Österreich bis auf weiteres Partnerwechsel aus.

Die ganz normale Republik: reich, respektiert, vom Währungsfonds gelobt, von der OECD gepriesen, das Wirtschaftswachstum höher als im Durchschnitt der EU, Inflationsrate und Arbeitslosigkeit niedriger, die Staatsquote höher, gewiß. Aber es herrscht sozialer Friede. Der Strukturwandel schreitet gemessen voran. Die Nachkriegszeit geht zu Ende, erkennbar daran, daß die Neutralität zur Disposition steht. Insgesamt eine wirtschaftliche Idylle bei idealer Katastrophe. Wie immer ich die politische Lage zu beschreiben versuche, ich komme vom Problem der Öffentlichkeit nicht los. Die spezifische Verflochtenheit und Nichtoffenheit Nachkriegsösterreichs, seine Harmoniesucht und seine Konfliktangst wirken sich fatal aus. Öffentliches Diskutieren, der Kern der Demokratie, mißlingt fast immer. Die Tradition des Machtwechsels exisitiert nicht. Professionelle Politik setzt die Agenda, wie sie es gelernt hat. Aber sie interessiert sich nicht für die Themen, nur für den Sieg im Kampf der Interessen, in Meinungsumfragen und Wahlen. Natürlich ist das der Zweck der Sache. Nur, mit jedem erreichten Zweck rückt so verstandene Politik ein Stück von einem anderen Zweck der Sache ab: dem Erhalt, also dem fortgesetzten Prozeß der Demokratie.

Die katastrophale Mediensituation ist dabei keine Hilfe. Einwürfe der Intelligenz werden, wenn sie denn erfolgen, zur wütenden Polemik. Die polarisierende, die politische Rede ängstigt sowieso, auch wenn sie nicht polemisch geführt wird. Damit kann Politik nicht umgehen. Indem sie sich der politischen Rede entzieht und auf die Ebene des Meinungsmachens retiriert, gibt sie ihre eigene Öffentlichkeit auf und flüchtet sich in Kooperationen mit jenen Medien, die ihr letztlich die Grundlage entziehen.

Dissens muß vermieden werden, sagt das Erbe der Zweiten Republik. Ebenso wie die öffentliche Wechselrede ist der Wechsel selbst furchterregend. Im Zweifelsfall wählt auch der kritische Mensch das Verläßliche: das Geflecht.

Am Sand: Wo bleibt das achtzehnte Kamel?

Es war nicht lange im Dorf herumgestanden, da entbrannte ein Streit unter den Dorfbewohnern. Nachdem sich die Jugend beruhigt hatte und der Präsident unter dem Eindruck seiner Rückkehr nicht mehr angetreten war, plante man zuerst ein Kameljubeljahr und dann eine Art Kamel-

museum. Beides war nach ausführlichen Vorbereitungen im Sand verlaufen. Davon gab es ja genug. Dann war dem ältesten Bruder, dem neuen Scheich, dem Chef der Roten, und seinem Ratgeber eine Idee gekommen. Mit dem Kamel, erklärten sie den staunenden Dorfbewohnern, würde das Dorf immer unverwechselbar und einzigartig bleiben. Niemand würde es überfallen, und seine Bewohner würden von Kriegen verschont bleiben.

Die Bewohner glaubten daran und verehrten fortan das Kamel. Nur dem mittleren Bruder des Scheichs war das Kamel ein Ärgernis. Dieser, Chef des Stammes der Schwarzen, war von Natur ein wenig neidisch. Sein Stamm, seit ewigen Zeiten verbündet mit den Roten, blieb immer etwas kleiner als dieser. Die Brüder, so darf man sagen, mißtrauten einander, gerade weil sie verbündet waren. Wer braucht das Kamel noch, fragte der mittlere Bruder die Dorfbewohner, es frißt unsere Datteln und tut nichts. Aber die meisten Dörfler wollten nichts davon hören. Der jüngste Bruder, erfolgreicher Führer der Blauen, schwankte wie immer hin und her. Zuerst hatte er gerufen: Weg mit dem Kamel! Aber als er merkte, daß die Dorfbewohner an dem Tier hingen, war er immer schon der gute Kamelhirte gewesen.

Der Scheich und sein Berater, der Kamelführer, brachten mittlerweile dem Kamel Kunststücke bei. Jedesmal, wenn es den mittleren Bruder sah, blökte es zum Beispiel laut um Hilfe. Und wenn die Dorfbewohner herbeieilten, tat es, als wolle es flüchten. »Gebt ihm eure Stimme, damit es bleibt!«, rief der Kamelführer dann, und sobald es den Chor der Dörfler hörte, blieb das Kamel stehen und beruhigte sich. Als Zugabe brüllte der Kamelführer im Chor mit den Dorfbewohnern die drei Grundsätze: »Kein Krieg, keine Truppen, keine Bündnisse!« Dem Ratgeber des Scheichs machte dieser Teil besondere Freude. Das Kamel wiegte sich behaglich im Rhythmus der skandierten Parolen, klopfte dreimal mit den Hufen in den Sand und rieb die Höcker an einem Palmstamm. Man sah, wie gut es ihm ging.

Irgendwann wurde es dem Kamel doch zu blöd. Es fühlte sich unterfordert, riß sich los und trabte davon in die Wüste. Frustriert kehrten die Suchtrupps zurück. Keine Spur vom achtzehnten Kamel. Den Scheich sah man an mondhellen Nächten auf dem Dorfplatz hocken und eine Zigarette nach der anderen rauchen, wobei er sich ab und zu umblickte, ob keine Paparazzi in Sicht wären. Er dachte über die Gefahren nach, die dem edlen Tier da draußen drohten: Räuber, feindliche Beduinen ... Sie konnten es fangen, satteln und umerziehen. Nicht auszudenken, es fiele dem mittleren Bruder in die Hände. Der würde es glatt schlachten, verwursten und anschließend unschuldig behaupten, er habe es für eine richtige Sau gehalten. Und dann noch bestreiten, so etwas je gesagt zu haben. Dem kleinen Bruder war sogar zuzutrauen, daß er das Kamel ausstopfen und im Dorf aufstellen lassen würde. Und wenn beide gemeinsame Sache machten ...

Unheilvoll funkelten die Nachrichtensatelliten zwischen den Sternen. Die Camels rauchten sich ausgesprochen zügig in solchen Nächten. Der Scheich war froh, daß die Fotografen schliefen. Vielleicht kommt es ja wieder, dachte er. Bis zu den nächsten Wahlen ist noch etwas Zeit.

V

Guten Rutsch in den Putsch

Mutmaßungen über Jörg Haider

> *Bist derselbe und bist's nicht.*
> Franz Grillparzer,
> »Der Traum, ein Leben«

Es war der Kellner aus unserem Stammlokal, kein Zweifel. Er stand in der Menge und wartete. Ein feiner Kerl, stets freundlich auch zu Gestalten, die ihm sonderbar vorkommen mußten, mit ihrem späten Essen und unmäßigen Trinken, stets im Kampf gegen die Sperrstunde, also gegen ihn. Trotzdem war er ihnen gleichmütig und freundlich begegnet, den Künstlern, den Denkern und den Wichtigtuern. Ohne ihn näher zu beachten, hatten sie ihn fast als einen der ihren angesehen. Nun stand er in der ersten Reihe und wartete. Irgendein Funktionär vertrieb die Zeit mit einer langweiligen Rede. Mehr und mehr Menschen strömten herbei. Dann hatten sie das Wirtshaus zugesperrt, und der Kellner verlor seine Arbeit; im Schmerz der Stammgäste war das die geringste Sorge. Um ehrlich zu sein, sie dachten nicht weiter an ihn. Nun stand er da, ganz vorne in der Menge. Nicht wiederzuerkennen war er, der verständnisvolle Herr Heinz, als unter amerikanischer Beleuchtung und triumphal einsetzender Lautsprechermusik sein Idol die Bühne betrat und zu reden begann. Wutverzerrten Gesichts brüllte er seinen Haß gegen die Ausländer heraus, denen alles geschenkt wird, begeistert schrie er sich heiser gegen die da oben, die lügen und die anständigen und fleißigen kleinen Leute betrügen. Man sollte dabei gewesen sein. Man sollte einmal gesehen habe, was der Demagoge Jörg Haider in den Unauffälligen zum Vorschein bringt, was er aus den Normalen und Gleichmütigen in den Beiseln und Geschäften, den Ämtern, Fabriken und Büros herausholt. Man sollte die Verzweiflung gesehen haben, mit der sie ihre Hoffnung auf ihn setzen. Man sollte dort gewesen sein, um diesen fürchterlichen Landeshauptmann des Feschismus, der neuerdings wieder Kreide gefressen hat, richtig einzuschätzen.

Jörg Haider hat Erfolg. Er gewinnt Wahlen in Serie, streckt sich zu Spagaten, ohne daß es ihn zerreißt, wandelt sich vom Rumpelstilzchen zum Familienvater, vom Sexidol zum Katholiken, vom Kumpel zum Unternehmer und notfalls auch zurück. Er ist einer der wenigen österreichischen Politiker, deren Namen keine erklärenden Zusätze brauchen, wenn man sie in ausländischen Medien erwähnt. Die Deutschen sind froh, daß sie ihn nicht im Land haben, und fügen ein wohlig-masochistisches »noch« hinzu. Einer wie Schröder als Republikaner, und sie hätten 20 Prozent Sorgen mehr. Le Pen mit Haiders feschem Schwiegersohn-Appeal, und Frankreich sähe möglicherweise anders aus.

Haider sitzt bei allen politischen Gesprächen in Österreich als stummer Gast am Tisch, seine Partei erhält bei Jungwählern den höchsten Zuspruch. Intelléktuelle geraten in Hitze, ob es sich bei Haider um einen Rechtsextremen, einen Austrofaschisten, einen Neofaschisten oder einen rechten Postfaschisten neuer Art handelt, während sich kaum jemand bemüht, die Vorsitzenden der Regierungsparteien auch nur ansatzweise politisch einzuordnen.

Mehrfach hat Haider im Lauf seiner politischen Karriere seine Wählerschaft ausgetauscht; seine Klientel hat er in etwas mehr als zehn Jahren verfünffacht. Sein Ziel, zum Bundeskanzler der Republik Österreich zu avancieren, wird unverändert ernstgenommen, in Frage steht nur noch der Termin. Er selbst hat kürzlich die Frist bis zu seiner Machtübernahme bis zum Jahr 2003 erstreckt.

Wer also ist Jörg Haider? Von außen gesehen könnte man sagen: ein eiskalter Demagoge, ein gefährlicher Rechtspopulist wie Schönhuber und Le Pen, nur erfolgreicher, ein bedrohlicher Geselle, ein rechtsextremer Hetzer, ein Faschist mit Massenzulauf, eine Gefahr für die Demokratie. Kurz: das politisch Böse. Und ausgerechnet in der beschaulichen Alpenrepublik hebt es sein gelfrisiertes und solariumgebräuntes Haupt.

Diese Einschätzung könnte auch von einem Mitglied der hiesigen kritischen Intelligenz stammen. Dort kursieren verschiedene Einschätzungen Haiders. Es ist mittlerweile nicht einmal sicher, ob der alarmistische Ton bei diesen Einschätzungen vorherrscht. Mindestens aber prägte er lange Zeit die Öffentlichkeit, und die Fraktion der besorgten Haider-Warner ist demgemäß heftigst von Haider, seiner Partei und dem ihn stützenden Boulevard attackiert worden. »Lieben Sie Scholten, Jelinek, Häupl, Peymann, Pasterk ... oder Kunst und Kultur?« lautete eine Frage, 1995 von Haiders FPÖ flächendeckend auf Plakaten in Wien affichiert. Rudolf Scholten war Kunstminister, Michael Häupl Wiener Bürgermeister, Ursula Pasterk war Kulturstadträtin. Nur die Schriftstellerin Elfriede Jelinek und der Regisseur Claus Peymann sind Künstler.

Die Botschaft bedurfte keiner Interpretation. Unliebsame und vermeintlich unbeliebte Künstler werden als Produzenten von Regierungsideologie denunziert, die Politik nicht nur als Auftraggeberin, sondern auch als Komplizin dieser Produktion hingestellt. Ein Milieu sollte damit in Verruf gebracht werden. Ohnmächtig ballt der Steuerzahler die Faust in der Tasche, nicht wissend, daß er höchstens den Direktor des Burgtheaters finanziert, keineswegs die erfolgreiche Schriftstellerin Jelinek. Schlimmer. Es entstand in der Öffentlichkeit der Eindruck, die besorgt auf Haider Reagierenden würde ihn verfolgen. Weil er sie ihrer Reaktionen wegen seinerseits verfolgt, sahen sie plötzlich aus wie Akteure. »Jagdgesellschaft« nennen Haider und seine publizistischen Sympathisanten alle, die sich von ihnen bedroht fühlen. Karl Kraus hatte dafür das Wort von der »verfolgenden Unschuld«.

Für Haider-Alarm gab und gibt es gute Gründe. Besorgte Geister würden den bisher genannten Urteilen über Haider noch die Bezeichnung »unverbesserlicher Ewiggestriger« hinzufügen. Mit Recht kann man Haider einen »Ziehvater des rechtsextremen Terrors« nennen, einen »Rechtsextremen« und vieles mehr. Einschlägige Gerichtsurteile existieren. Führende Politiker werden nicht müde zu betonen, mit Haider würden sie niemals zusammenarbeiten, weil er demokratisch unzuverlässig sei, ja »außerhalb des Verfassungsbogens« stehe. Bei jedem Obmannwechsel in SPÖ oder ÖVP stellt die Öffentlichkeit zuerst die Frage, wie die neue Spitzenkraft es mit Haider halte.

In mehr oder weniger schöner Regelmäßigkeit ertönen Aufschreie der Empörung, wenn ihm wieder einmal einer seiner sogenannten Ausrutscher unterläuft, bei denen der Demokrat Haider das Publikum in vordemokratische Abgründe blicken läßt. Besser gesagt, wenn er wieder einmal auszurutschen beliebt, denn sein Rutschen hat System. Auch die Zahl seiner Anhänger scheint sich erdrutschartig zu vermehren. Bücher besorgter und kritischer Menschen erklären uns den rechtsextremen Jörg und belegen ihr Urteil mit einer Lawine von Zitaten. Gewiß, diese Belege geben Anlaß zur Sorge und bieten mehr als hinreichende Gründe, Haider abzulehnen. Nur erklären sie noch nicht viel. Noch einmal also: Wer ist Jörg Haider, und warum ist er so erfolgreich?

Haider-Alarm: Es schrillt

Beginnen wir beim zweiten Teil der Frage. Eine einfache Antwort wäre: Haider verkörpert als politischer Flügel des Volksressentiments lupenrein das Prinzip Opportunismus. Er sagt nur das, was ankommt. Wenn er merkt, daß es nicht ankommt, sagt er es nicht mehr. Als vifer Demagoge lebt er von den Fehlern seiner regierenden Gegner und vom Unbehagen der Bevölkerung am immerwährenden rot-schwarzen Proporz. Beides sichert ihm ewiges politisches Leben, zumindest bis zu jener Machtergreifung, die er auf allen Ebenen und mit beinahe allen Mitteln anstrebt.

Machtergreifung? Immerhin ist Haider mittlerweile wieder Landeshauptmann in Kärnten, wurde dort im März 1999 mit 42 Prozent der Stimmen gewählt, ist von den politischen Konkurrenten als dort nicht mehr verhinderbar akzeptiert. Sein anvisiertes Ziel, im Jahr 1998 österreichischer Bundeskanzler zu sein, hat er zwar nicht erreicht. Aber er hat erreicht, daß dieses Ziel trotz seiner Partei, trotz seiner Mitarbeiter, trotz seiner politischen Sprüche und Vorschläge, ja trotz seiner Person heute weniger absurd oder denkunmöglich erscheint als je zuvor. Ins »Niemals« selbst der eingeschworensten Haider-Gegner mischt sich ein zartes »Noch nicht«.

Haiders Aufstieg vollzieht sich kontinuierlich, aber in Konjunkturen. Eine wankelmütige Öffentlichkeit, ebenso schwankend in ihrem Urteil wie sensationssüchtig, singt ihm nach jeder Panne, nach jeder Niederlage, nach jedem Zwischentief das Abschiedslied. Mit wohligem Schauer nimmt sie seine Triumphe zur Kenntnis, die fallweise den Charakter von Naturschauspielen annehmen, von Lawinen oder Erdrutschen. So triumphal sie Haider zwischendurch verabschiedet, so tief fällt sie nach einem Haider-Sieg in Angst und Verzweiflung. Und wieder beginnt das große Zittern: Kommt er doch noch an die Macht im Staat?

Politik, Medien und die meisten Intellektuellen unterscheiden sich dabei kaum voneinander. Ausgenommen vom Wechselbad der Haidergefühle ist nur der zynische Boulevard, der am stärksten Haiders Propagandageschäft verrichtet. Die Furcht vor der Machtergreifung ist schon der erste Teil der Machtergreifung, mag Haider denken. Hauptsache, die Leute greifen nach uns, denkt der Boulevard.

Machtergreifung: Haider hat als Landeshauptmann die Macht bereits ergriffen, also ist das Wort vorübergehend aus dem Haider-Sprachgebrauch verschwunden. Lieber redet man von Regierungsbeteiligung, von Koalitionsvarianten, vielleicht von einer FPÖ ohne Haider (abgesehen davon, daß so ein Gebilde nur in marginalisierter Form existieren würde). Mit Haider hat die FPÖ, ehemals liberaler Juniorpartner einer sozialdemokratisch geführten Koalitionsregierung, von knapp fünf Prozent (1983) auf über 22,5 Prozent zugelegt. Bei der Wahl zum EU-Parlament waren es bereits 27,5 Prozent, und nun, bei den Kärntner Landtagswahlen im März 1999, eben jene 42 Prozent. Ist Haider tatsächlich unaufhaltsam?

Nicht nur Haider-Hysteriker stellen diese Frage. Nicht nur sie empfinden sich im Dilemma jener Demokraten, denen ein Fundamentalist zumutet, ihn mit dem Programm, die Demokratie zu beseitigen, an den Wahlen teilnehmen zu lassen. Doch hat dieses Argument, auf Haider bezogen, einen Haken. Haider sagt nicht, daß er die Demokratie abschaffen will, verbessern will er sie. In die Verbesserungsvorschläge mischen sich halt undemokratische Elemente. Wüßte man, daß er sie abschaffen wollte, dürfte man ihm dann das passive Wahlrecht lassen?

Anders als in übereinandergeblendeten, mehrfachbelichteten Bildern ist Haider nicht zu fassen. Das Bild des radikalen Demokraten verwackelt zu dem des Autokraten, unter dem Bild des machtgierigen Demagogen leuchtet das des Mannes hervor, der die Macht wieder loslassen mußte, und der sie losließ, weil er die Selbstbeherrschung verlor. Damals, 1991, als Kärntner Landeshauptmann, hatte sich Haider im Landtag durch einen Zwischenruf zur Bemerkung hinreißen lassen: »Na, das hat's im Dritten Reich nicht gegeben, weil im Dritten Reich haben sie ordentliche Beschäftigungspolitik gemacht, was nicht einmal ihre Regierung in Wien zusammenbringt. Das muß man auch einmal sagen.«

Der Chor der österreichischen Öffentlichkeit schrillte wie selten zuvor. Haider wurde abgesetzt und begeistert totgesagt. Bei den nächsten Kärntner Landtagswahlen (1994) gewann die FPÖ 33,3 Prozent (gegenüber 29,0 im Jahr 1989 und 16,0 fünf Jahre zuvor). Sie hatte bereits mit der unterlegenen ÖVP (23,8 Prozent) eine Koalitionsvereinbarung abgeschlossen, die den ÖVP-Mann Zernatto zum Landeshauptmann machte. Noch ehe dieses Abkommen in Kraft getreten war, gerierten sich FPÖ-Funktionäre in Kärnten, als wären sie einem Machtrausch verfallen: Sie demütigten den neuen Regierungspartner, versuchten sich mit rüpelhaften Methoden Eintritt in ein TV-Studio des ORF zu verschaffen, requirierten brachial Büros in der Landesregierung und führten sich auf, wie man es von ihnen befürchtet, aber nicht zu glauben gewagt hatte. Erschreckt flüchtete Zernatto in die Arme der SPÖ, die ihn, obwohl mit 37,4 Prozent stärkste Fraktion, notgedrungen und zähneknirschend zum Landeshauptmann wählte.

Fünf Jahre später präsentierten die Kärntner Wähler ihre Quittung – dafür, daß man ihnen ihren Haider genommen hatte, für das jämmerliche politische Schauspiel, das ihnen die untereinander und in sich zerstrittenen Kärntner Koalitionsparteien ÖVP und SPÖ geboten hatten, für wenig glaubhafte Kandidaten und für eine Bundespolitik, die es vorzog, in Erwartung einer sicheren Niederlage die Wahl aus sicherer Wiener Distanz zu beobachten. Plausible Erklärungen, gewiß, aber sie reichten nicht aus. Der Schock saß tief.

Wie konnte es so weit kommen? Haider stößt ab und zieht an. Je nachdem, wie die Demoskopen die Frage stellen, fällt die Antwort aus. Vor seiner Wahl zum Landeshauptmann waren bundesweit nur 36 Prozent für einen Landeshauptmann Haider. Nach der Wahl waren es 58 Prozent. Vor der Wahl hatten sich weit mehr Wählerinnen und Wähler für Haiders Konkurrenten ausgesprochen als für ihn selbst.

Der Stimmungsschwenk zum triumphalen Sieg brauchte nicht einmal vier Wochen. Dabei ist zu berücksichtigen, daß gewitzte Demoskopen bereits den »Petrus«-Faktor in ihre Interpretationen einbeziehen. Haider-Wähler pflegen sich für ihren Messias leise zu genieren. 1994 veröffentlichte die FPÖ Inserate mit Haiders Konterfei und folgendem Text: »... ehe der Hahn das zweite Mal krähte, wirst du mich dreimal verleugnen (Markus Evangelium, 14, 26–31). ›Bevor überhaupt ein Hahn krähen konnte, hat Zernatto mich verraten.‹ Rot und Schwarz sollten sich nicht zu früh freuen, ich komme wieder.« 1996 lockte der politische Jesus seine Jünger mit den plakatierten Worten »Sie sind gegen ihn, weil er für euch ist« zur Urne.

Der gerade Jörgl als Opportunist

Das Bekenntnis der Wähler zu Haider wäre zudem ein Eingeständnis des Verrats. Schließlich werden sie nun ihrer angestammten Partei abtrünnig. Zumindest beim ersten Mal, das bekanntlich immer eigenen Gesetzen folgt. Wenngleich in Kärnten, wo bösartige Kritiker ja schon vom »faschistischen Grundmandat« sprachen, keine Rede mehr davon sein kann, daß sich jemand für sein Bekenntnis zu Haider schämt.

Zustimmung und Ablehnung reflektieren nur die opportunistische Zerrissenheit Haiders selbst. Die Geschichte zeigt ihn als Wendehals, der es versteht, den geraden Michel zu markieren. Vom Liberalen entwickelte er sich zum Rechten und zurück zum Staatsmann, vom Radikaloppositionellen zum Landesvater, und zugleich bleibt er alles in einem. Der Ur- und Oberkärntner ist geborener Oberösterreicher, der sich erst seine Kärntner Mundartfärbung erwerben mußte. Wenn das kein Zeichen für Anpassungsfähigkeit ist, was dann? Haiders Geschmeidigkeit wird von allen bestätigt, die ihn seit Studententagen kennen. Er sei durchaus umgänglich, wenn sich kein Mikrophon in der Nähe befinde, berichtet der Wiener Bürgermeister Michael Häupl, ein Sozialdemokrat. Journalisten zeigen sich immer wieder fasziniert von Haiders Charme und Intelligenz.

Seiner sozialen Gewandtheit und seinem politischen Opportunismus entspricht sein persönlicher Narzißmus. Haider will von allen geliebt sein. Immer wieder bemühte er sich auch um die Anerkennung jener »gewissen Kreise« an der amerikanischen Ostküste, die er und seine Parteifreunde durch Reverenz an die sogenannte Kriegsgeneration fortwährend brüskieren. Er antichambrierte bei jüdischen Organisationen in Amerika und besuchte das Holocaust-Museum, wo er statt Zuwendung die verletzende Zurücksetzung erfuhr, sein eigenes Bild als Beispiel für populistischen Rechtsextremismus zu finden. Mit Wirtschaftsdenkern pflegt er Umgang, sie unterstützen dafür seine Kampagnen mit Hubschraubern und lassen sich als »parteilose Experten« von Haider in Aufsichtsräte setzen. Er tut alles, um salonfähig zu werden. Im buchstäblichen

Sinn übrigens: In Wien inszenierte ein rechtskonservativer Adeliger und ehemaliger Korrespondent eines Weltblatts Soireen, bei denen er den Wahlkärntner in die gute Gesellschaft einführte.

Es ist anzunehmen, daß Haider tatsächlich darunter leidet, wenn man ihn für jenen Ewiggestrigen hält, der er nicht sein will. Gleichzeitig hielt er 1995 eine Rede vor der Zusammenkunft der Kameradschaft IV der Waffen SS, die traditionellerweise am Vorabend des Kärntner Ulrichsbergtreffens stattfindet, und nannte die Teilnehmer »anständige Menschen«, die auch »bei größtem Gegenwind zu ihren Überzeugungen stehen«. Leute, die seiner Meinung nach für das heutige freie Europa gekämpft haben. Unter ihnen: Haiders Vater.

Am Ulrichsberg treffen sich, von Kameradschaftsbund und Kärntner Heimatdienst organisiert, Kriegsveteranen aus ganz Europa. Es handelt sich um ein mehr oder weniger getarntes Treffen von SS-Veteranen. Die Kameraden pflegen mit schwarzen Fahnen und Armbinden mit der Aufschrift RFSS (Reichsführer SS) aufzutreten, Rechtsextreme, Staatspolizisten und Journalisten bilden den Aufputz. Prominente Politiker aller maßgebenden Parteien versäumen nicht, sich dort zu zeigen, um, wie sie beteuern »Haider nicht das Feld zu überlassen«. Dieses Feld aber, das erweist sich jahraus, jahrein, gehört weder Rot noch Schwarz. Der frenetische Jubel der Teilnehmer gilt Haider. Nicht von ungefähr lautet der Wahlspruch der SS: »Unsere Ehre heißt Treue«.

Die Auslandspresse kreuzt dort stets mit Trossen von Korrespondenten auf und lauert auf sogenannte Ausrutscher. Sie bekommt ein Österreichbild präsentiert, das gewiß einer der vorhandenen Realitäten im Land entspricht, jedoch nicht der einzigen. Angelockt werden die Berichterstatter aber nicht durch eine folkoristisch-nostalgische Nazizeremonie. Angelockt hat sie und die politischen Konkurrenten Jörg Haider. Der Narziß, der dort im Beifall der Unverbesserlichen badet, fährt anschließend im Porsche in die Disco oder zur Vernissage und wundert sich womöglich wirklich, daß ihn die Israelitische Kultusgemeinde nicht ebenso liebt wie die alten Kameraden am Berg.

Nach seinem Kärntner Wahlsieg, 1999, gab sich Haider großmütig wie ein gereifter Staatsmann. Gleichzeitig sagte er am Wahlabend und später noch einmal, es sei »das erste Mal seit 1945, daß die FPÖ in einem Bundesland die Mehrheit errungen habe«. Die FPÖ als Partei gibt es aber erst seit 1955. In der desensibilisierten österreichischen Öffentlichkeit erregte dieser Ausspruch, der die FPÖ gleichsam als Nachfolgeorganisation einer vor 1945 tätigen Partei hinstellt, kaum Aufmerksamkeit. Um ihn als Ausrutscher zu werten war weder der Zeitpunkt günstig noch war anscheinend der Provokationskoeffizient des Ausrutschers hoch genug.

Für jedes Haider-Zitat läßt sich ein Gegenzitat finden. Österreichs EU-Beitritt nannte er beispielsweise eine »unabdingbare Notwendigkeit«, aber auch »voreilig und nicht zielführend«. Von der EU-Osterweiterung meinte er, es gebe »keine Gründe, sie auszuschließen«. Wenig später behauptete er, sie sei »eine Kampfansage an Österreich«. Ob Bauern, Banken oder Deutschtümelei – innerhalb weniger Jahre dreht sich Haider zum Anti-Haider oder, besser gesagt, zeigt sich ein neues Haider-Bild im alten. Es ist also nur eine Frage der Zeit, bis der Rebell im Staatsmann wieder durchscheint, bis der Narziß in ihm eine neue Gestalt annimmt.

Franz Vranitzky ließ keinen Zweifel darüber aufkommen, daß Haider für ihn kein Koalitionspartner sei. Seine Regierungsperiode leitete er mit dem Aufkündigen der

Koalition mit der FPÖ ein, als diese Haider zum Obmann wählte. Seinen größten Erfolg gegen Haider feierte er anläßlich der Nationalratswahlen von 1995, als er eine Er- oder-Ich-Situation herbeiführen konnte. Vranitzkys bürgerlicher Koalitionspartner Schüssel hatte, günstige Meinungsumfragen vor Augen, nach nur einem Jahr Neuwahlen provoziert. Eine kleine Koalition zwischen Schwarz und Blau schien möglich. In einer ausländerfeindlichen, aufgehetzten Stimmung lautete die Frage nicht mehr »Rot oder Schwarz«, sondern nur noch »Vranitzky oder Haider«. Die Österreicher entschieden sich für das Bewährte und fügten Haider eine erste kleine Niederlage zu. Er verlor ein Prozent der Wählerstimmern, der von ihm als »Austrofaschist im Nadelstreif« beschimpfte Vranitzky, der seine Abgrenzungspolitik aus einem diskreten, aber festen Antifaschismus speiste, blieb im Amt.

1996, bei den Wahlen zum Europaparlament, gewann die FPÖ 27,5 Prozent. Drei Jahre später war Haider wieder Kärntner Landeshauptmann. Und jene Kommentatoren, die ihn schon ins amerikanische Exil verabschiedet hatten, diskutierten auf Illustriertenniveau, ob Haider an die Macht dürfe oder nicht. Natürlich, meinten die meisten, man könnte sonst die Kärntner Wähler verärgern. Obwohl die FPÖ dort zwar 42 Prozent, aber keine Mehrheit im Landtag erhielt. Und obwohl dort fast schon traditionellerweise die stärkste Partei nicht den Landeshauptmann stellt. Beim Thema Haider füllen sich die Hosen sowohl bei den Sozialdemokraten als auch bei den Bürgerlichen: Wählen wir ihn nicht, hat er Zeit, uns zu ärgern und kriegt dazu aus Jetzt-erst-recht-Reflexen noch mehr Sympathien. Wählen wir ihn, ist er beschäftigt, hat jedoch den Regierungsbonus und Möglichkeiten, sich zu profilieren.

Sie wählten ihn. Dies ungeachtet dessen, daß sowohl ÖVP als auch SPÖ ihrer Wählerschaft versprochen hatten,

Haider zu verhindern. Niemand hätte sie daran gehindert, Haider nicht zu wählen. In Panik wegen des unvermutet hohen Sieges entschieden sich beide Parteien dafür, Haider in Kärnten »eine Chance zu geben«.

Haider bekommt andauernd eine Chance von seinen politischen Gegnern. Insgeheim hoffen sie, daß er daran scheitert oder sich unter dem Druck der Verhältnisse der Realität anpaßt, umgänglicher wird, endlich mit den Attacken gegen das System aufhört. Sie verstehen nicht, daß hier einer Teil des Systems ist und doch dieses System angreift, weil er es umkrempeln will. Sie verstehen noch weniger, daß darin seine Attraktivität für das Publikum liegt. Und sie vergessen, daß der ehrgeizige Haider bereits als Landesrat für Straßenbau und als Landeshauptmann in Kärnten keine schlechte Figur gemacht hat. Sollte jemand darauf spekulieren, daß jeder Kärntner Landeshauptmann von zentralen Wiener Geldflüssen abhängt, unterschätzt er Haiders Fähigkeit, solche Blockaden in eine rebellische, antizentralistische Geste umzumünzen. Haider wird versuchen, zu handeln wie ein Franz Josef Strauß des österreichischen Südens – als machtkritischer Machthaber, der permanent das Zentrum bedroht. Und an der Donau fehlt die unbestrittene Verfassungssicherheit der Bonner Republik.

Der vierfache Jörg –
Sportler, Robin Hood, Kumpel und Sohn

Kärnten ist überhaupt ein Sonderfall. Die wirtschaftlichen Daten sind schlecht, die Struktur ist rückständig, das Bedrohungsgefühl historisch. In einem mythisierten Abwehrkampf und einer Volksabstimmung setzten sich die Kärntner nach dem Ersten Weltkrieg erfolgreich gegen die drohende Slowenisierung zur Wehr. Noch in den Siebzigern vereitelte ein offener Aufstand den Versuch des Kanzlers Kreisky, in den gemischtsprachigen Gebieten zweisprachige Ortstafeln aufzustellen. Diese wurden vom Mob sofort herausgerissen und zerstört. An Drohungen fehlt es Kärnten auch heute nicht: »Umvolkung«, ökonomischer Abstieg, europäische Fremdbestimmung setzen dem Gemüt zu, das sich so herzergreifend im Volkslied artikuliert. Und gleich hinter der Grenze lauert der slawische Feind.

Gern lassen sich die derart verängstigten Kärntner von ihrem Jörg mit Gaben von Zuversicht und Ressentiment laben. Der in Klagenfurt lehrende Psychiater Klaus Ottomeyer beobachtet Haider seit Jahren. Die Kärntner Angst, ökonomisch marginalisiert zu werden, setzt er in direkte Beziehung zum von Haider evozierten Körpergefühl. Dem Bild des herabgekommenen, schlaffen Körpers des in der Gosse liegenden Deklassierten werde von Haider der Kult des gestählten Körpers entgegengesetzt. Haiders durchtrainierter Körper, eine politische Körpermaschine, dient als soziale Metapher, die »Buberlpartie« als Bild aufsteigerischer Tüchtigkeit. Buberlpartie lautet die Bezeichnung für jene Jungmänner im Alter von Mitte Zwanzig bis Mitte Dreißig, die – ohne die geringste politische Erfahrung – von Haider in Spitzenfunktionen der FPÖ gebracht wurden. Sie sind modisch gekleidet, sehen gut aus und besitzen einen Charme lachender Unverfrorenheit, der von bewußter Provokation schwer zu unterscheiden ist. Während Haider selbst noch aus den traditionellen Milieus der schlagenden Studentenverbindung (»Sylvania Wien«) und des Turnerbunds stammt, folgt die Rekrutierung der Buberlpartie anderen Gesetzen: »Wir lernen bei diversen Veranstaltungen Leute kennen«, sagt der FPÖ-Generalsekretär Westenthaler, der selbst auf diese Weise zu Haider kam.

Es liegt im Wesen von Buberln, fit zu wirken. Fitneß dient aber im Zeitalter der umfassenden Juvenilität auch als Jugendersatz. Selbst die Bundesregierung strapazierte Fitneß als Leitphrase ihrer EU-Präsidentschaft (»Wir machen Europa fit«). Der Vizekanzler, ein begeisterter Hobbysportler, verschenkte Turnschuhe an europäische Regierungschefs.

Fitneß als politisches Programm – das kann Haider besser. In der letzten Wochen vor der Kärntner Wahl wandte sich Haider in täglichen Rundfunkspots als Fitneßtrainer an die Bevölkerung. Schließlich gehört es seit Jahren zu seinem Repertoire, politische Gegner ihres Körpers wegen zu verunglimpfen. Franz Vranitzky (als ehemaliger Basketball-Nationalspieler sporthierarchisch dem Hobbysportler Haider deutlich überlegen) »müßte wirklich was für seine Fitneß tun. Er kriegt ja bald die Hosen nicht mehr zu«, sagte er 1991. 1999 mußte die Kärntner FPÖ Inserate zurückziehen, in denen sie behauptet hatte, »nur in einem gesunden Körper wohnt ein gesunder Geist.«

Ottomeyer unterscheidet drei Figuren, in denen sich Haider dem Wahlvolk präsentierte: den männlichen Sportler, den Robin Hood und den Arbeiterkumpel. Robin Hood übe Rache für die Demütigung und Ausbeutung, die der kleine Mann täglich am Arbeitsplatz, auf dem Amt oder als Mieter erfährt. Seine Befriedigung sei umso tiefer, je heftiger Haider angebliche »Privilegienritter« und »Bonzen« persönlich herabsetzt und beleidigt. Keiner von diesen kleinen Leuten findet etwas dabei, wenn der Großgrundbesitzer Haider von Umverteilung spricht.

Die Rolle des Arbeiterkumpels spielt Haider nicht weniger überzeugend. Auch hier stören weder Porsche noch weitläufige Güter, wenn Jörg sich plastikbehelmt neben anderen Plastikbehelmten postiert, was sich gut fotografiert und bestens für Plakatflächen eignet. Haider gab beim

Wahlkampf auch den Marathonläufer und den Eishockeyspieler. Die letzte Phase des Kärntner Wahlkampfs wurde überhaupt als »Powerplay« bezeichnet, im Eishockey jener Spielabschnitt, in dem sich eine Mannschaft in der Überzahl befindet. Eishockey ist in Kärnten die populärste Sportart. Haider gab auch noch die Figur eines Antibürokraten, der sich hauptsächlich in Anti-EU-Propaganda gefiel. Weitere Rollen, die zu seinem Repertoire gehören: der Staatsmann und der Rebell, der Discotänzer und der Familienvater, der studierte Völkerrechtler und der Demagoge, der Trendboy und der Trachtenträger.

Die auffällig-unauffälligste Gestalt blieb jedoch auch in diesem Wahlkampf diskret. Hinter all den vordergründigen Haider-Rollen steckt »eine andere zentrale Figur, die von den meisten Wählern übersehen wird: nämlich der identifizierte Rechtsextreme. Ausdrücklich und bewußt haben sich vielleicht nur 15 bis 20 Prozent der 42 Prozent FPÖ-Wähler auf ihn bezogen.« Die Loyalitäten Haiders, so Ottomeyer, gingen »in bezug auf Eltern, Kriegsgeneration, Waffen-SS nahtlos ineinander über«. Hinter Haider steht immer der Nazi-Vater aus dem Salzkammergut, eines der ersten illegalen NSDAP-Mitglieder in Österreich, beteiligt am illegalen Nazi-Putsch 1934, später Gaujugendwalter von Oberdonau (heute Oberösterreich). Haider fühlt sich ihm und seiner Generation verpflichtet. Die Loyalität zu dieser Vätergeneration bricht immer wieder in ihm durch.

Das Ausmaß des Haiderschen Rassismus ist beträchtlich und variiert je nach Anlaß. Was woanders längst für mehrere Rücktritte gereicht hätte, wird hierzulande, vermutlich aufgrund der starken Unterstützung der Boulevardpresse für Haider, vornehm übergangen. Nach seiner Abwahl 1991 sprach er beispielsweise von »roten und schwarzen Filzläusen, die mit Blausäure bekämpft werden sollten«. Blausäure ist nichts anderes als das in den Todeslagern verwendete Gas Zyklon B. Und der Mann, der gern Fotos von sich publiziert sieht, die ihn in Harvard neben dunkelhäutigen Studenten zeigen, entblödete sich nicht, am 9. Oktober 1998 in einer öffentlichen Diskussion »ausländische Ärzte, die in Österreich praktizieren wollen, als ›Buschneger‹, die demnächst in Österreich ›ihre Kollegen behandeln‹ wollen« zu bezeichnen. Ottomeyer kommentiert bitter: »Allerdings hatte auch die große Koalition kein Interesse an irgendeiner antirassistischen Konsequenz. Haider gehörte, wie ein etwas temperamentvoller Onkel, mittlerweile zur österreichischen Familie. Er wurde sogar gebraucht, um vom strukturellen Rassismus abzulenken und um Äußerungen des Innenministers harmlos erscheinen zu lassen, welche die Verluste seiner Partei (bei Kommunalwahlen, Anm.) in Graz auf die Sichtbarkeit von einigen Afrikanern im Stadtbild zurückgeführt hatten.«

Haiders Sprüche folgen einem ebenso einfachen wie wirksamen Muster. Seine Anspielungen an die Nazi-Terminologie werden zwar von der Kerngemeinde und der älteren Generation verstanden. Sie dienen aber vor allem der Provokation von Medien und Intellektuellen. Man kann behaupten, ihr Hauptzweck liege darin, eine Distanzierung hervorzurufen, so daß eine zwischen Empörung über den Spruch und erfolgter Distanzierung oszillierende Stimmung entsteht, die tatsächlich nur einem nützt: dem Sprüchemacher, der fortwährend im Mittelpunkt steht. Haider hat sich von seinem Spruch über die »ordentliche Beschäftigungspolitik« augenblicklich distanziert. Für einmal hatte er die politischen Konsequenzen jedoch falsch eingeschätzt.

Anspielungen haben den Effekt der Selbstvergewisserung für alle, die verstehen, was gemeint ist. Für die anderen besorgen Medien und besorgte Kommentatoren diese

Arbeit. Distanzierungen immunisieren normalerweise gegen die Folgen dieser Anspielungen. Der Sprachwissenschaftler Franz Januschek hat dieses Zusammenwirken von Anspielung und Distanzierung am Fall Haider gründlich analysiert. Sein Fazit: Unter den Bedingungen fragmentierter politischer Kommunikation kontrolliert den Diskurs nicht der, welcher mit politischen Slogans arbeitet, sondern der, welcher ihn mit Anspielungen belebt und antreibt.

Um Anspielungen zu streuen, muß man in einem Milieu stark genug verankert sein. Um mit dem Material spielerisch zu agieren, muß man es zumindest in sich aufgesogen haben, sodaß man es aus sich herausbrechen lassen kann. Den leidenschaftslosen, halb routiniert und halb überfordert wirkenden Berufspolitikern von heute steht dieser Hintergrund meist nicht zur Verfügung.

Ein Kampf um Kunst

Der Kampf um die Kultur, in Österreich Kulturkampf geheißen, geht weder um Kultur noch um Kunst. Er folgt ebenfalls dem oszillierenden Muster. Es handelt sich um eine politische Auseinandersetzung, die Jörg Haider und seine Streitgenossen vom Zaun gebrochen haben. Diese Auseinandersetzung dient dem einen – politisch akzeptablen – Zweck, die Macht zu erringen. Sie wird allerdings, wie im Fall der erwähnten Plakate, mit unakzeptablen Mitteln geführt. Auch die neue Rechte hat ihren Gramsci gelesen und weiß, daß gesellschaftliche Machtübernahme nur dort möglich ist, wo zuvor die symbolischen Felder bestellt und besetzt wurden. Von langer Hand vorbereitet, versucht sie, den Backlash gegen die dominierende Kulturpolitik der Sozialdemokratie einzuleiten.

Haiders ehemaliger Grundsatzreferent Andreas Mölzer, in Österreich bekannt als »Umvolker«, weil er die Österreicher durch genetische Unterwanderung aus Süd und Ost von »Umvolkung« bedroht sah, hatte sich von Haider, so schien es, etwas abgesetzt: Er gibt nun die rechts- und deutschnationale Wochenzeitung *Zur Zeit* heraus, in der er sich über die Modernismen und Amerikanismen Haiders bisweilen lustig macht. Die Arbeitsteilung hat sich für beide gelohnt: Haider war in der Phase vor den Kärntner Wahlen den nationalen Ideologen los (um die altmodischen Zielgruppe der Traditionsnazis braucht er sich, wie gezeigt, nicht zu kümmern, die verstehen schon, was er meint). Mölzer, scheinbar parteiunabhängig, erhielt in der christlich-konservativen Tageszeitung *Die Presse* eine Kolumne und in den mächtigsten Medien des Landes, in *Kronenzeitung* und ORF, Möglichkeiten, aufzutreten, wobei er oft Wehklage darüber führt, er sei eine kleine, von der Antifa-Jagdgesellschaft unterdrückte Meinungsminderheit. Nebenbei machte er auch als Verfasser eines schwülen Romans und von politischer Lyrik (»Ideologischen Zuhältern / Und Speichelleckern / Gleich welcher Couleur / Allen wird werden / ein Ende / der Hurerei«) auf sich aufmerksam. Mittlerweile ist Mölzer Berater des Kärntner Kulturreferenten. Dessen Name: Jörg Haider.

Das Geistesleben der FPÖ beschränkt sich trotz aller Hegemonie-Bemühungen von Techno-Szene bis Tafelbild, von Disco bis Volkstanz auf rechte, sektiererische Zirkel. Überall streben Freiheitliche nach Meinungsführerschaft, kommen aber nicht zum Zug. Lediglich ihre »Lufthoheit unter den Stammtischen«, so der Schriftsteller und Kritiker Franz Schuh, bleibt gesichert. Haider steht künstlerlos da wie zuvor. Wie sich die Künstler ihm gegenüber verhalten, wenn er bundesweit an die Macht käme, bleibt abzuwarten. In Wiener Szenelokalen konnte man schon zynische Vermutungen über die Zahl der Umfaller hören. In Kärnten ist davon einstweilen nichts zu sehen.

Haider wirbt um die Kunst und wütet gegen die Kunst. Es geht gegen Kulturinitiativen und gegen sogenannte Staatskünstler. Seine Attacken setzt er wie stets systematisch und mit manischer Lust an der Wiederholung längst widerlegter Anschuldigungen fort. Unter Staatskünstlern versteht er klarerweise Leute, die finanziell vom Staat abhängig sind. Vor allem meint er aber solche, die im hegemonialen Sinn den Staat gesellschaftlich repräsentieren. Sein plakatierter Werbeslogan »Die Zukunft Österreichs ist unsere Kunst« hat eine doppelte Bedeutung: Der Jörg, der kann's. Und er will die Hegemonie erringen. Dann erst entfaltet er seine Kunst, nämlich die Idee der Volksgemeinschaft. An die Stelle der repräsentativen Demokratie setzt er einen autoritären, plebiszitären Staat, an die Stelle eines starken Parlaments sich selbst als mächtigen Kanzler-Präsidenten, und niemand soll sagen, der Staatskünstler Haider habe nicht rechtzeitig kundgetan, welches Kunstwerk er plane.

Ehe es soweit ist, bleiben Staatskünstler für Haider Angriffsziele. Haider kann, indem er repräsentative Künstler angreift, gleichzeitig den Staat angreifen und die antiautoritären Instinkte seines Publikums ansprechen, dem die Wut auf die Kunst und die Wut auf die da oben sowieso eins sind und das sich unter einem Staatskünstler lieber einen Renaissancefürsten vorstellt als einen knapp an der Armutsgrenze lebenden Nebenerwerbsdichter.

Außerdem steckt, wie auch nicht, ein Körnchen Wahres in den meisten Angriffen Haiders. Seine Behauptung, politische Funktionäre bestellten sich eine ihnen genehme Kunst, ist zwar absurd, der demokratische Staat hat aber, zumal in Österreich, seine Schwierigkeiten, sich zu repräsentieren und schwankt oft hilflos zwischen Ideologie, guter Gesinnung und Laissez-faire. Viele Künstler und Kulturfunktionäre sind unzufrieden mit der Übermacht der Finanzierung von Kunst durch öffentliche Stellen und suchen nach Möglichkeiten, die Subventionsvergabe zu objektivieren, sei es in Beiräten oder durch Kuratoren. Nicht von ungefähr richtete sich der Satz des skandalösen Haider-Wahlplakats gegen Künstler und Politiker zugleich. Nicht zufällig sind die sozialdemokratischen Kulturpolitiker Scholten und Pasterk mittlerweile aus Bundes- und Stadtregierung verschwunden.

Der Sozialdemokratie schien es nicht mehr möglich, dem doppelten Druck von Haider und dem Boulevard standzuhalten. Still und leise und aus Notwendigkeiten der jeweiligen Koalitionsverhandlungen wurden jene Politiker ausgewechselt, die sich für »engagierte Kunst« engagiert und also gegen Haider exponiert hatten – und sei es nur, indem er sie zwecks Volksverhetzung auf Plakaten exponierte.

Die Differenz zwischen der Schwäche des demokratischen Staates, der nicht imstande ist, sich adäquat ästhetisch auszudrücken, und der Entschlossenheit, mit der er durch ständig steigende Kuluretats die Rolle des Mäzens übernimmt, nützte Haider mit der Kaltblütigkeit des Demagogen aus. Seine Alternative war auch hier, wie fast alle seine Alternativen, ein Schwindel: Die radikale Kürzung der Kultursubventionen und die Begünstigung privaten Kunstsponsorings würden die für Kunst aufgewendete Summe mindestens um die Hälfte reduzieren und damit den Kulturbetrieb demontieren. Der sachlichen Diskussion mit einem seiner Aggressionsopfer, dem Kulturminister Scholten, zeigte sich Haider nicht gewachsen. Sein Ressentiment verlor deswegen nichts an Impetus.

Viele Künstler fühlen sich von diesen Angriffen persönlich bedroht. Wer in einer F-Kampagne mit seinem Namen aufschien, mußte sich vorkommen, als wäre er auf einer Proskriptionsliste angeschlagen. Daß es dabei schwerfällt, kühlen Kopf zu bewahren, versteht sich. Auch weil in der desaströsen, von Boulevardmedien dominierten Medienlandschaft ausreichende Gegengewichte fehlen. Haider-Propaganda funktioniert dort simpel. Wenn nicht gerade der Kolumnist »Staberl« Haider-Pressetexte in volkskomödiantische Prosa verwandelt, springen andere Ressorts ein. Wenn's sein muß, sogar die Außenpolitik: »Kunst und Kultur blühen in den USA und sind zu wirtschaftlichem Gebaren angehalten«, heißt es beispielsweise. In »Österreich, wo einschlägige Kreise ein angeblich beispielloses ›kulturfeindliches Klima‹ und einen ›Kampf gegen die Kunst‹ hinausposaunen«, dürfe es keinen wundern, »daß eine Kunstszene aufgepäppelt worden ist, die als politische Trommler ihrer Brötchengeber den Ton angibt; Lobpreisungen für Scholten und Vranitzky, Dämonisierung ihrer politischen Gegner (...) Der Zeit ihre Kunst, der Kunst ihre Freiheit, aber wer aus dem Faulbett üppiger Subventionen heraus den Steuerzahler politisch beschimpft, darf sich nicht wehleidig auf ›künstlerische Freiheit‹ berufen.«

Das ist redaktionelles Original, könnte aber genausogut von Haider sein. Gespeist ist es aus jener Wut von unten, jener nur historisch zu erklärenden Staatsfeindlichkeit der Österreicher, die ihr Land lieben, aber ihren Staat verachten. Mit solchem Flankenschutz fallen Haiders Angriffe so wahllos und unqualifiziert aus, daß selbst genaue Beobachter sich nicht mehr auskennen. Der Aktionist Hermann Nitsch wird abwechselnd beschimpft, dann aber wieder für großartig erklärt. Der Dichter H.C. Artmann wurde aufgrund einer internen Uneinigkeit zwischen Finanzamt und Kunstministerium zur nachträglichen Versteuerung von Stipendien gezwungen. Die Summe hätte die Möglichkeiten Artmanns überstiegen, das Kunstministerium, dessen

Rechtsansicht jener der Finanz unterlegen war, erledigte die Schuld für Artmann. Haider, ein Steuervermeidungskünstler von Graden, scheute sich nicht, trotz eindeutigem Sachverhalt Artmann einen »Staatskünstler« zu nennen, »der sein Geld beim Branntweiner gelassen hat«. Künstlerbeschimpfer Haider darf sich auf seine parlamentarische Immunität berufen.

Gleichzeitig erzeugen Haiders Attacken den unerwünschten Nebeneffekt einer Zwangssolidarität unter Haider-Gegnern. Hinter dieser unwillkürlichen Solidarität verschwänden ästhetische und politische Unterschiede, kritisiert Robert Menasse: »Seit 1989 ist es den Intellektuellen unmöglich, für Utopien einzustehen. Ihnen bleibt für ihr Selbstverständnis nur der Antifaschismus. Also müssen sie jetzt überall den Faschismus wittern, damit sie als Antifaschisten gebraucht werden.«

Damit waren Gerhard Roth, Peter Turrini und Claus Peymann, wohl auch Elfriede Jelinek gemeint. Jelinek empörte sich vor allem über die schwache Reaktion auf Haiders Plakat. Obwohl es in ganz Österreich Proteste dagegen gab und die Sozialdemokraten Gegeninserate schalteten, war ein einhelliger, spontaner öffentlicher Aufschrei ausgeblieben. Die Möglichkeit der Künstler, gemeinsam vernünftigen Protest einzulegen, sei in Schwäche abgeglitten, sagte Franz Schuh. Man habe kein realistisches Bild mehr von den eigenen Kräften. Möglicherweise war die müde Reaktion vieler Haider-Gegner auf das Plakat mit dem Vorsatz zu erklären, nicht auf jede Provokation hereinzufallen. Diese fortgesetzte Müdigkeit korrespondierte mit Haiders Versuch, das Bild des Rüpels durch das des Staatsmannes zu überdecken. In den letzten Jahren ist also eine gewisse Entspannung eingetreten, wenngleich es zwischendurch nicht an Attacken fehlte.

Im Brennpunkt des Kärntner Wahlkampfs 1998/99 stand

zeitweise der Künstler Cornelius Kolig. Sein Großvater Anton Kolig, einer der »Hauptmeister der österreichischen Moderne« (Peter Gorsen), hatte im Klagenfurter Landtag ein Fresko gestaltet, das die Nazis für »entartet« erklärten und 1939 abschlagen ließen, weil es im Büro des berüchtigten Gauleiters Rainer gestört hätte. Der Kärntner Kulturreferent Michael Ausserwinkler, Landeshauptmannkandidat der SPÖ, hatte die Idee, als »Akt später Wiedergutmachung« den Enkel mit der Neugestaltung des nunmehr Kolig-Saal benannten Raums zu beauftragen.

Cornelius Kolig arbeitet mit Kot, Menstruationsblut und setzt sich in seinen Plastiken offen mit normalerweise verdrängter Sexualpathologie auseinander. Boulevard, FPÖ und ÖVP zögerten nicht lange und entfesselten einen Sturm gegen den »Fäkalkünstler«, sodaß selbst die eigene Partei Ausserwinkler im Stich ließ und in der Landesregierung eine öffentliche Ausschreibung der Gestaltung beschloß. Die Fachjury wählte Kolig. Auch die FPÖ mußte im Landtag murrend der Auftragserteilung zustimmen. Keine zwei Wochen später startete Haider eine Unterschriftenaktion mit dem Ziel, eine Volksbefragung zu initiieren. Im Wettbewerb sei es nicht korrekt zugegangen. Die FPÖ beuge sich nicht der »dominanten linken Kulturschickeria«, sondern höre »ins Volk hinein«. Dieses würde durch »Schweinereien« wie jene Koligs in seinen »religiösen Gefühlen verletzt«. Haider rief erneut den »Kulturkampf« aus und nannte auch Hermann Nitschs gerade anlaufendes Mysterienspiel im fernen Niederösterreich eine »Schande für Österreich«. Die FPÖ plakatierte, während sie gegen Kolig hetzte, das Foto eines lolitaartig hergerichteten, etwa zehnjährigen Mädchens mit dem Aufruf, gegen den Mißbrauch von Kindern zu unterschreiben.

»Die unterschwellige Stimulierung des männlichen Betrachters konnte in bewährter Saubermann-Manier in den

Haß auf einen politischen Feind umgelenkt werden.« So interpretiert es der Psychologe Ottomeyer. Kärntner Psychotherapeuten sprachen von einem »Mißbrauch des Mißbrauchs« durch die FPÖ. Kinderschänder Muehl, Tierquäler Nitsch, Fäkalkünstler Kolig – diese Trias stellte Haider gemeinsam mit der *Kronenzeitung* vor dem Volk aus. Subtext: Über diese Monstren breitet die Regierung den schützenden Mantel der Kunstfreiheit. Schlägt man den Mantel auf, wird der Kinderschänder sichtbar. Daß nebenbei der Künstler Kolig auf juristisch unangreifbare Weise als Kinderpornograph dargestellt und persönlich diffamiert wurde, nahmen die hetzenden Personen gern in Kauf.

Mit Koligs Konzept hatte all das nichts zu tun. Kolig brachte Teile des vom Großvater gemalten Freskos schwarzweiß an die Wand. Daneben blickt der alte Kolig auf die Werke des Enkels, während auf einem Monitor Informationen über die Untaten der Nazis und ihren Umgang mit Kunst ablaufen.

Schließlich brach die Affäre zusammen. Die FPÖ erhielt nicht viel mehr als zehntausend Unterschriften. Zu allem Überdruß ließ sich Jörg Haider vom Künstler selbst das fertiggestellte Werk zeigen. Seine Reaktion, geschildert in Koligs Worten: »Er hat zugehört und geschwiegen. Was hätte er auch sagen sollen? Da ist ja nichts zu sehen von alledem, was angeblich menschenverachtend ist oder die religiösen Gefühle verletzt. Kein überdimensionales männlichen Geschlechtsorgan, kein geschändeter Frauenkörper, wie er den Menschen vorgeflunkert hat. Offenbar hat mich Haider nur als Munition für seinen Wahlkampf mißbraucht.«

Hysterisch oder humoristisch – die falsche Frage

Was Künstler und manche linken Haider-Gegner in ein Dilemma bringt: *Diesen* Staat wollen auch sie nicht. Die Republik und ihre Institutionen sind nichts, an dem sie teilhaben. Und sie sind ihnen, selbst wenn sie daran teilhaben, ein bloßes Ärgernis. Republik-Verteidigung mit Verve entspricht nicht dem österreichischen Hausbrauch. Dazu erscheint den potentiellen Verteidigern die Staatssache zu verrottet. Das wiederum macht ihre Anti-Haider-Gesten matt. Wenn Haider in alter linker Tradition die Sozialpartnerschaft kritisiere, begännen die Linken, sich sogar mit der Sozialpartnerschaft zu solidarisieren, nur um nicht mit Haider übereinzustimmen, bemerkt Robert Menasse. Wenn die bestehende Republik nicht wert ist, verteidigt zu werden, und es keine Alternativen gibt, wieso sollte man dann gegen Haider sein? Aus moralischem Bestemm das kleinere Übel wählen? Nach der Kärntner Wahl setzte sich also eine gewisse Hilflosigkeit im Umgang mit Haider fort. Zwei Künstler verkündeten, nicht mehr in Kärnten auftreten zu wollen, andere setzen ein »Jetzt erst recht« dagegen. Elfriede Jelinek veröffentlichte in der *Zeit* einen Text, der wütende »Da-habt-ihr-den-Salat«-Rhetorik und Verachtung für die faschistisch wählenden, blutig-dummen Alpentrottel vereinte.

Ist Haider zu verhindern? Selbst seine schärfsten Kritiker sind nicht mehr so sicher. Mit Recht läßt sich behaupten: Die Frage selbst ist Teil des Problems. Mit bloßem Verhindern allein ist kein Staat zu machen. Kein Staat zu machen sei mit Haider, diese doppelsinnige Formel setzte der ehemalige Vizekanzler und ÖVP-Chef Erhard Busek dem Bärentaler entgegen. Die Formel griff nicht. Denn Staat, das spüren die Protestwähler, ist mit ihm sehr wohl einer zu machen, wenngleich ein anderer als der jetzige (der ohnehin als diskreditiert gilt). Die Meinung des Auslands, auf die Busek anspielte, ist ihnen völlig gleichgültig.

Den ineinander und in die Regierungsmacht verkrallten Koalitionsparteien bleibt keine andere Wahl: Eine neue, attraktivere Politik können sie nicht machen, das würde Machtverzicht bedeuten. Also müssen sie versuchen, Haider zu behindern und zu verhindern. Indem sie das tun, werfen sie einen konstruktiven Abglanz noch auf den größten Unsinn, den Haider macht. Gleichzeitig haben die Koalitionsparteien Angst vor der eigenen Courage bekommen. Haider nimmt kein Jota von seinen politischen Grundeinstellungen zurück, allenfalls wechselt er die Tonart des Liedes. Sie dagegen redeten nach der Kärntner Wahl plötzlich von der Chance, die er bekommen solle, in der Hoffnung, er würde sich blamieren. Als ob es plötzlich keine Gründe mehr gäbe, Haider fundamental zu mißtrauen. Frappierend, wie die Öffentlichkeit wieder und wieder auf Haider hereinfällt. Ihre Besserungsrhetorik Haider gegenüber mutet manchmal an wie Koketterie, meistens aber wie die Selbsttröstungsversuche eines hoffnungslos Kranken.

Haider selbst gibt sich gereift und geläutert. 1992 veröffentlichte er eine »Wiener Erklärung« dieses Sinnes, auf die prompt verschärfte Ausländerhetze folgte. Dann nominierte er den als linksliberal geltenden jüdischen Autor Peter Sichrovsky als Kandidaten für das Europaparlament. Zudem versuchte er sich als Erbe Bruno Kreiskys auszugeben, weil er kurz vor dessen Tod noch ein Gespräch mit ihm geführt habe. Nach der Kärntner Landtagswahl 1999 mimte er den großmütigen Sieger und vermied die Fehler von 1994. Zugleich holte er aber Andreas Mölzer zurück, den er 1993 als Ideologen abgesetzt hatte, um den Geruch des Rechtsextremismus loszuwerden.

Die Gegner sind verwirrt. Nach dem Rücktritt von Franz

Vranitzky als Bundeskanzler hatte die SPÖ die Taktik geändert: Statt sich von Haider und der Haider-FPÖ (eine andere gibt es nicht) strikt abzugrenzen, ging die SPÖ-Spitze dazu über, sich auf Haider nicht einzulassen. Man ignorierte ihn und bot ihm scheinbar keine Angriffsflächen. Die Popularitätswerte Viktor Klimas stiegen, doch versäumte man, Haider in Kärnten rechtzeitig einen ernstzunehmenden Kandidaten entgegenzustellen. In Verkennung der Lage konzentrierte man sich auf die Bundesländer Tirol und vor allem Salzburg, wo gleichzeitig gewählt wurde und wo sich die SPÖ bessere Chancen ausrechnete.

Mit Recht, wie sich zeigte. Was die SPÖ aber hätte wissen müssen: Ein Haider-Erdrutsch in Kärnten stand bevor, und am Abend des Wahltags war es viel zu spät, um mit dem Abgrenzen wieder anzufangen. Der Auftakt eines Superwahljahres geriet zum Super-GAU. Die Spitzen der Koalitionsparteien gingen in die Knie, indem sie zwar darauf hinwiesen, daß Haider nicht die absolute Mehrheit erreicht habe, sie überließen jedoch ostentativ die Entscheidung ihren Kärntner Parteifreunden. Damit ließen sie, ihren Wahlversprechen zum Hohn, Haider doch an die Macht. Möglicherweise, um ihn von der Bundespolitik fernzuhalten. Eine schwere Fehlspekulation, denn kurze Zeit später wurden im ganzen Land die ersten Plakate für den EU-Wahlkampf affichiert, auf denen zu lesen stand: »Jörg Haider kommt.« Die eigentliche Spitzenkandidatin wurde nicht einmal namentlich erwähnt.

Sich politisch Haider gegenüber richtig zu verhalten ist schwer. Die Rhetorik des »Geben wir ihm doch eine Chance, zu beweisen, was er kann« übersieht, daß mit ihr die Praxis der Abgrenzung ad acta gelegt ist. Wenn man ihm eine Chance als Landeshauptmann gibt, warum dann nicht als Bundeskanzler? Und warum denn eigentlich nicht?

Weil ein unzuverlässiger, unberechenbarer politischer Charakter an die Macht kommt, den nichts interessiert als diese Macht. Haider ist, der Psychologe Ottomeyer weist darauf hin, ein begabter Hypnotiseur. »Er arbeitet mit der Technik des blitzschnellen Wechselbades zwischen angedrohtem öffentlichem Abschuß und Begnadigung. Ohne daß es bewußt wird, werden die Begnadigten dem mächtigen Herrn dankbar und für eine ›Identifizierung mit dem Angreifer‹ anfällig.« Diese Fähigkeit der blitzschnellen Exekution hat Haider mehrfach an seinen engsten Weggenossen demonstriert; auf öffentliche Erniedrigungen folgten Begnadigungen, manchmal allerdings auch gnadenlose Hinrichtungen. Das Wechselbad von Anspielung und Distanzierung folgt demselben Gesetz und übt dieselbe faszinierende Wirkung aus. Aufgrund der Unberechenbarkeit Haiders kann jeder Glaube an die gelobte Besserung nur lächerlich wirken. In der Hoffnung, Haider werde sich wandeln, steckt das kleinmütige Eingeständnis der eigenen Unfähigkeit.

Haider hat die Eckpunkte seines Systems genau benannt: Eine komplette Verfassungsreform ist angekündigt. Der Kanzlerpräsident wird vom Volk gewählt, Innen- und Verteidigungsministerium werden zusammengelegt. Die Sozialpolitik basiert auf der Haider-Formel: »Mehr arbeiten, mehr Kinder und weniger ausländische Zuwanderer oder weniger arbeiten, weniger eigene Kinder und mehr Einwanderer.« Die Inländergeburtenrate muß steigen, mit dem Kärntner Wahlversprechen eines Kinderschecks ist der Anfang gemacht. Als Steuermodell dient die »flat tax«, wirtschaftspolitisch bietet Haider nach dem Urteil von Fachleuten wie dem Wirtschaftsforscher Stefan Schulmeister »nur Hausnummern« und krause Annahmen, etwa die, daß Steuersenkungen für Unternehmen und die Einführung von Saisonniers statt Gastarbeitern den Arbeitsmarkt für Inländer verbessern würden. Für die Pressefreiheit ist ebenfalls Interessantes zu erwarten: Wenn er etwas zu sagen habe, meinte Haider in Zusammenhang mit dem mißglückten Antiausländervolksbegehren, werde er dafür sorgen, daß in den Redaktionen »in Zukunft weniger gelogen« werde. Auch die Menschenrechtskonvention wird Federn lassen müssen: »Wenn Österreich durch die europäische Menschenrechtskonvention beim Familiennachzug für Ausländer in die Pflicht genommen wird, solle man diese Bestimmung aufgeben.« Das Recht der Inländer auf Heimat sei stärker als das der Ausländer auf Familie, setzte er bei anderer Gelegenheit hinzu. Der Historiker Ernst Hanisch attestierte in einem Gerichtsgutachten dem damaligen Landeshauptmann Haider, er forciere eine »amtliche Geschichtsauffassung, die normalerweise nur in totalitären Regimen üblich ist«. Was die Kunst betrifft, hat der niederösterreichische FPÖ-Politiker Hans-Jörg Schimanek anläßlich von Hermann Nitschs Mysterienspiel das Programm seiner Partei auf den Punkt gebracht: »Wir wollen das, äh, weg.«

Es ist die Qualität von Haiders Entourage, keine Qualität zu besitzen. Oder vielmehr eine einzige: bedingungslose Loyalität dem Herrn gegenüber. Haider rekrutiert und säubert seine Gefolgschaft scheinbar wahllos nach einem Prinzip: dem der autoritären Führerpartei. In der zweiten Reihe hinter innerem Kreis und Buberlpartie warten körpergestählte Kurzhaarfrisierte mit dem virtuellen Baseballschläger in der Hand. Sie waren es, die 1994 in Kärnten für den Eklat sorgten, der Zernatto dazu bewog, den bereits unterschriebenen Pakt mit Haider aufzukündigen. Es gibt sie noch immer, und lässig hängen sie in den Vorzimmern und auf den Gängen der Parteizentralen herum. Der heutige Klubobmann der Kärntner ÖVP berichtete 1994: »Das ist eine für den Tag X abgerichtete Truppe mit blindem Gehorsam gegenüber Haider.« Der Kommentator Hans Rauscher prägte das Wort von »Haiders Leibstandarte«.

Haiders Angewohnheit, Personalentscheidungen öffentlich bekanntzugeben, fand ihren Höhepunkt in der Salzburger FPÖ-Affäre. Als dort der interne Streit zu eskalieren drohte, gab Haider via Handy aus dem Montblanc-Massiv die Anweisung, sämtliche 700 Funktionäre der Salzburger FPÖ zu suspendieren. Als »kommissarische Leiter« setzte er Kräfte aus seiner engsten Umgebung ein. Karl Schnell, der Obmann der Salzburger FP und selbst Mitglied der Buben-Generation, wurde zum Rücktritt gezwungen. In einem seltenen Anfall von Mut gegenüber dem Parteiführer sprach er von »Königskobras« und »Rittern der seidenen Schnur«, die ihm die Aufforderung zum Rücktritt überbracht hätten. Der Mut verging ihm jedoch, als er Haider gegenübersaß. Anschließend sprach der gnadenhalber wiedereingesetzte Schnell: »Den Fehler hab' sicher ich g'macht, daß ich zuwenig den Kontakt mit Jörg Haider gesucht habe.« Und: »Unser Bundesobmann hat uns die Chance gegeben, in Salzburg noch einmal vernünftig zu werden.« Die öffentlich gedemütigten Kinder waren von Dankbarkeit erfüllt. Der sadistische Papa hatte sie mit dem Wechselbad ausgeschüttet und die braven unter ihnen wieder zu sich hochgehoben. Wie es sich für diese Rolle gehört, war Haider selbst am schwersten beleidigt: »Ich bin nicht bereit, persönliche Eitelkeiten von Funktionären zu akzeptieren, dafür habe ich in den letzten zwölf Jahren zuviel investiert. Ich glaube, daß ich das nicht verdiene.«

Gegen den sadistischen Narzißmus des Führers verblassen die Skandale seiner Partei. Selbst bei den Landtagswahlen in Niederösterreich, wo ein Wohnbauskandal die Spitzenkandidaten der FPÖ diskreditiert und die Partei selbst an den Rand des Ruins gebracht hatte, vermochte sie 1998 leicht zuzulegen.

Was ist es, das bei fast allen Beteiligten eine Teilamnesie auslöst, sobald sie auf Haider starren? Gewiß, vieles an seiner Kritik ist richtig, und es ist falsch, sich von dieser Kritik oder gar vom Gestus der Kritik zu distanzieren, nur weil Haider etwas kritisiert oder die Regierung kritisiert. Der Reflex, ihm die Kritik zu überlassen, hat dazu geführt, daß zu seinem Monopol auf Kritik scheinbar auch jenes auf eine Opposition mit Machtanspruch tritt.

Was ist es, das seine politischen Gegner derart inbrünstig an eine Läuterung glauben läßt? Was, außer dem Schielen auf Auflage, veranlaßt die Herausgeber hiesiger Zeitungen, ihr besseres Wissen beiseite zu lassen und das Geschäft Haiders mit zu besorgen? Was macht die politischen Konkurrenten unfähig zu brauchbaren Gegenstrategien, was hat sie dazu verführt, die Abgrenzung, das einzig erfolgversprechende Mittel, ad acta zu legen? Was hypnotisiert sie an Haiders Erfolg?

Sie spüren die Faszination, verstehen sie aber nicht. Erst das Wissen um das dämonische Oszillieren zwischen Gut und Böse – die Phase Gut wird von der desensibilisierten Öffentlichkeit als Besserung mißverstanden, als sei das Böse nun verschwunden – macht die Faszination Haiders aus. Er hält die Spannung aufrecht. Welcher Politiker kann das von sich behaupten?

In Zeiten langweiliger politischer Inszenierungen bietet er uns einen authentischen Krimi. Mit Suspense, mit bösem Personal, mit gefährlichen, unberechenbaren Typen, mit politischer Leidenschaft. Auch das unterscheidet Haider von seinen Mitbewerbern: Er ist keiner. Er wirbt nicht mit. Er will die Macht, und dabei duldet er keinen internen Widerspruch; um demokratische Kinkerlitzchen kümmert er sich nur, soweit er muß.

Mehr als ein Nazi: der Sex-Appeal des Mínimo Líder

Das traumatische Element der österreichischen Politik und Öffentlichkeit, ihre nationalsozialistische Grundierung, ist bei Haider in besonders grober Form vorhanden. Wenn man ihn aber als Nazi bezeichnet, greift man um vieles zu kurz. Haider artikuliert das sogenannte gesunde Volksempfinden. Aber er artikuliert eben auch das Unbehagen an der österreichischen Konkordanzdemokratie. Er artikuliert es mit einer politischen Leidenschaft, die sich mit den routinierten Gesten gelangweilter Quereinsteiger nicht vergleichen läßt. Sie nehmen die Macht als Last auf sich, während Haider Lust auf Macht hat. Sie spielen Rollen und stellen dar, Haider ist. Er ist im Volk. Er redet mit den Leuten. Ob aus Menschenliebe oder aus Machtinstinkt, egal. Politische Besessenheit treibt ihn dazu. Er kennt Wünsche und Probleme der Wählerschaft aus eigener Anschauung. Welcher Politiker kann das noch von sich behaupten? Die Disco ist nicht nur zum Rekrutieren da, das Feuerwehrzelt nicht nur zum Agitieren. Haider saugt Emotionen und Beschwerden auf. Er spürt. Und er macht sich spürbar.

Haider sieht anders aus als andere Politiker. Flexibler. Härter. Glatt wirken die anderen, mit ihrer koalitions- und konsensgestählten Rhetorik, ihren stereotypen Phrasen gegen den ausufernden polemischen Gusto des Angreifers.

Ein boshaftes Wort von Robert Menasse bezeichnete in diesem Sinn Ex-Bundeskanzler Franz Vranitzky als »Fels in der Brandung des Steinernen Meeres«. Haider dagegen wäre mit dem Steinernen Meer höchstens als Bergsteiger in Verbindung zu bringen. Illustriertenfotos zeigen ihn mit Helm und leichter Kletterbekleidung, die Finger voll Magnesia, um nicht abzurutschen, von unten in die Kamera grinsend. Und selbst das Grinsen kann sich mittlerweile sehen lassen. Das Problem der unelegant verschobenen

Eckzähne wurde von seinem Zahnarzt, der dem Wahlkärntner nicht nur als Dentist dient, sondern mit ihm auch das Matterhorn und andere Gipfel der Alpen besteigt, korrigiert. Das wurde uns von einer umfassend interessierten Haider-Publizistik berichtet, die fleißig an der Ikonographie ihres liebsten Objektes mitarbeitet. Haider in Burt-Reynolds-berühmter *Cosmopolitan*-Pose – nackt auf einem Bärenfell, die Hand vor dem Geschlecht; Haider mit entblößtem Oberkörper am Wörthersee, den rechten Arm erhoben; Haider beim Tennisspielen, ebenfalls halbnackt; Haider beim Bungee-Jump und Haider beim Rollerskaten; Haider in Harvard, in Shorts und T-Shirt unter einer ausladenden Platane; Haider mit afrikanischen Kommilitonen im Classroom. Der öffentlich-rechtliche ORF zeigte Haider im neuen schwarzen Porsche, der mittlerweile längst gegen ein anderes Modell eingetauscht wurde. Haider im Trachtenjanker und Haider im Designeranzug. Stets der Mode einen Schritt voraus, aber bei Bedarf unbekümmert traditionell. Die Frisur – vorn ein Entenschwänzchen, seitlich Koteletten – mit Gel in den neuesten Trend hineingedreht, und nächsten Monat schon wieder anders. Der Hemdkragen knapp von Mao oder sanft bis ans Schulterblatt ausladend; Krawatte nur, wenn sie sich nicht vermeiden läßt; ein Vermögen an Kleidung, zur Schau gestellt vom »Anwalt der kleinen Leute«. Ein einfaches FPÖ-Parteimitglied könnte diesen Aufwand bei dem ihm von Haider vorgeschriebenen Höchst-Nettobezug von 60 000 Schilling nicht einmal drei Tage lange durchhalten.

Das Publikum findet dieses eitle Posieren keineswegs lächerlich oder gar unmännlich. Es merkt, hier wird vielschichtig erzählt. Zwar hat es im Zweifelsfall immer das Verhaltene, Verstockte, Beharrende gewählt, aber es versteht die Wunschbilder, die Haider und sein Team halb bewußt, halb aus Lust erzeugen, wenn nicht zu deuten, so doch zu decodieren. Und es läßt sich von ihnen faszinieren.

Die Loyalität des Haider umgebenden Teams bezieht sich nur auf den Führer, nicht auf die Partei. Umgekehrt dulde Haider keinen Widerspruch, berichten ehemalige FPÖ Mitglieder. Auch erzählen sie von öffentlichen und internen Erniedrigungsritualen nach Art der bekannten Wechselbäder, denen sich dieser innere Kreis aussetzen muß. Zu nennen ist der Sekretär Peter Westenthaler, der seinen slawischen Namen Hojac ändern ließ und dadurch aufgefallen ist, daß er als Exponent der Recht-und-Ordnung-Partei Polizisten aufs rüdeste zu beschimpfen pflegt, die ihn wegen Verkehrsdelikten anzuhalten wagen. Von seiner Bestellung zum Parteisekretär informierte Haider die Delegierten des FPÖ-Parteitags übrigens per Live-Übertragung einer Diskussion aus dem Fernsehstudio. Weiters Susanne Riess-Passer, die Geschäftsführerin, kühl, effizient und leicht verbissen. Einst gab es Walter Meischberger, den strahlenden Tankenstellenbesitzer aus Tirol; eine Steueraffäre wurde ihm zum Verhängnis. Da ist der sachlich wirkende Wehrsprecher Herbert Scheibner, der Haiders sogenannten Dobermann Ewald Stadler als Klubobmann im Parlament ablöste, um staatsmännische Regierungsfähigkeit darzustellen. Der christlich-fundamentalistisch orientierte Stadler, der als Scharfmacher nicht in die beginnende Kreidefresserzeit paßt, wurde Chef der niederösterreichischen Partei, wo er seine Kontakte zum ultrakonservativen Bischof Krenn ausspielen kann. Und da ist Gernot Rumpold. Der heute 41jährige begann vor sechzehn Jahren als Jausenholer des Chefs und hat sich zum freiheitlichen Bundesgeschäftsführer emporgearbeitet. Er macht die Schmutzarbeit und ist bekannt als »Haiders Mann fürs Grobe«. Stets trägt er eine Waffe (weil er sich bedroht fühlt); er wurde in erster Instanz verurteilt, weil er einen Mann in einer Bar in die Hoden gezwickt hatte (dieser hatte sich beschwert, weil Rumpold Sekt über dessen Frau geschüttet hatte). Rumpold organisiert Haiders Wahlkämpfe und leitet die parteieigene Werbeagentur, über die sämtliche Wahlkämpfe und die Umsätze aller Werbeaufwendungen laufen.

Haider weiß: Auf Inszenierung kommt es an. Als in den achtziger Jahren Franz Vranitzky im Zenit seiner Popularität stand, versuchte sich eine Illustrierte vor Weihnachten an einem Kanzlerporträt. Im Advent, dachte der Chefredakteur, können wir den Reigen spärlich bekleideter Titelmädchen unterbrechen und machen zudem dem Herausgeber, einem Freund des Kanzlers, eine Freude. Die Auflage sackte schlagartig um 60 Prozent ab. Umgekehrt freuen sich Magazine und Illustrierte mit Haider-Coverstorys über Verkaufsrekorde. Anfangs vermuteten die Verantwortlichen, ihre kritischen Geschichten über Haider, die sich hinter flotten Aufmachungen verbargen, hätten die FPÖ zu einer konzertierten Kaufaktion angestiftet; FPÖ-Mitglieder hätten die Kioske leergekauft, um zu verhindern, daß die Bevölkerung die Wahrheit über Haider erführe. Schließlich aber merkten sie: Ein Haider-Cover verkauft sich wie nackte Mädchen. Zusätzlicher Bonus: Das Blatt sieht jugendfrei aus.

Haider spielt mit seinem Cover-Sexappeal. Er genießt narzißtisch die Aufmerksamkeit der Medien, gleichzeitig sucht er die offene Auseinandersetzung mit ihnen. Er stellt sich den Medien als Quotenbringer zur Verfügung und gewinnt umgekehrt an Popularität und Prominenz. Ein gutes Geschäft für beide Seiten. Es wird überliefert, Haider habe mit Befriedigung festgestellt, daß »sein Buch« mehr Exemplare verkauft habe als ein gleichzeitig erschienener Gesprächsband mit Franz Vranitzky. Bei »seinem Buch«, das er angeblich auch signierte, handelte es sich um das haiderkritische Werk »Haiders Clan« von Hans-Henning Scharsach.

Wenn's nicht wahr ist, ist es gut gesehen. Denn die vermeintlich oder tatsächlich kritischen Geschichten, die sich hinter Jörg, dem Coverboy, verbergen, tun wenig zur Sache. Das Cover verkauft Blatt wie Boy. Die Bildgeschichte legt sich über die Textgeschichte und drängt diese in den Hintergrund. Haider versteht es als eine der wenigen öffentlichen Figuren, nicht im Kalkül der Medien umzukommen. Vielmehr schafft er es, seine Prominenz mit Ressentiment aufzuladen, sodaß die vermeintlichen Kritiker sein propagandistisches Geschäft für ihn verrichten. Das funktioniert natürlich nur, weil er eine geeignete Projektionsfigur für Volkes Zorn und Unmut darstellt und weil er meist die richtigen Ressentiments artikuliert.

Haiders Ikonographie ist also von Haiders politischer Geschichte nicht zu trennen. Als einer der ersten österreichischen Politiker hat er von amerikanischen Kampagnen gelernt. Er scheute sich nicht, seinen »Vertrag für Österreich« direkt beim republikanischen Führer Newt Gingrich abzukupfern; sein »Flat-tax«-Steuermodell ist ebenso amerikanisch inspiriert wie diverse Kinderbetreuungsschecks und Steuerzuckerln. »Down with the taxes« ist der erste Satz jedes amerikanischen Politikberaters, egal welche Partei er gerade berät. Mit seinem Trick, symptomatische Fälle von persönlicher Bereicherung auf Kosten der Steuerzahler mittels eines überraschend bei TV-Diskussionen hochgehaltenen Täfelchens anzuprangern, schrieb Haider nationale Mediengeschichte. Wer sich vom Yamamoto-gestylten, gelfrisierten und völkerrechtlich versierten Demokraten, der sich souverän durch eine TV-Pressestunde plaudert, blenden hat lassen und meint, Haider sei ja doch »besserungsfähig«, tut gut daran, eine jener erwähnten Volksveranstaltungen zu besuchen, bei denen er – oft genug anhand von Beispielen, die sich im nachhinein als falsch erweisen – zeigt, wie Ausländer auf Kosten der braven Inländer parasitieren. Nicht nur die Inländer lassen sich hinreißen. Ein Serbe muslimischen Glaubens, aus Bosnien flüchtig und ohne Papiere in Österreich zu Gast, sich mühsam mit Schwarzarbeit durchfrettend, ein Haider-Opfer par excellence also, sollte man meinen, sagte mir einst in gebrochenem Deutsch: »Jörg chat recht.«

Berge und Täler, 1986 und die Folgen

Österreich ist Alpenland. Männer mit Rucksäcken, Pickeln, Schneebrillen bevölkern es, sie trotzen Lawinen und Muren. Den Berg besiegen heißt, sich über den Alltag zu erheben, das Leben, ja das Land zu bezwingen. »Land der Berge« so hebt die Bundeshymne an. Wer bergfit ist, ist landfit. Wer sich den Berg hinaufgreift, dem traut man auch zu, das Land in den Griff zu bekommen. Während das Publikum sonst gewohnt ist, stolze Regierungspolitiker in wattierten Anoraks abgelichtet zu bekommen, die den Großglockner erklettert haben, angeseilt, umgeben von Bergführern und Alpingendarmen, die sie, man ahnt es, halb hinaufgetragen haben, klettert Haider allein, wagemutiger, leichter bekleidet, tollkühner. Der Jörg, der sich was traut, der schafft's aus eigener Kraft.

Festgehalten wird er von zwei unsichtbaren Seilen. Erstens vom Unbehagen der österreichischen Bevölkerung. Dieses wächst auf dem realen Grund eines wieder wachsenden Proporzes und auf dem irrealen Boden von Ausländerfeindlichkeit, Rassismus und Ressentiment. Solange sich hier nichts ändert, braucht man sich von Haider nicht zu verabschieden. Vielleicht ist es so: Haider macht sich durch seine undemokratischen Ausrutscher zur Projektionsfläche des Volkszorns, zum starken Mann. Dabei kann er sich auf seine Herolde wider Willen, auf seine Gegner, die in unentwirrbarer Gegnerschaft und Partnerschaft mit ihm verbunden sind, auf die kritischen Medien also, unbedingt verlassen. Sie sind das zweite Seil, das ihn vor Abstürzen bewahrt. Es ist eine Art Parodie auf die große Koalition: Medien und Haider hassen einander politisch und gehen doch eine Partnerschaft miteinander ein. Er gewinnt Publizität, sie gewinnen Auflage.

Das Milieu, in dem Haider aufwuchs, war jenes mehrfach traumatische der ehemals unterdrückten und vertriebenen Protestanten, die den Nährboden für illegale Nationalsozialisten bildeten, jenes »dritte Lager«, das in Österreich neben dem katholischen und dem sozialdemokratischen existiert. Nach 1945 erneut durch die Entnazifizierung unterdrückt, aber nicht wirklich umerzogen, fühlten sich seine Angehörigen ungerecht behandelt und vermittelten ihren Kindern zwar ihre Ressentiments gegen das demokratische Österreich, nicht aber das Wissen um die Zeit des Nationalsozialismus. Oberösterreich und das durch Konflikte mit Jugoslawien und den Slowenen im Land extrem chauvinistisch infizierte Kärnten waren Kernländer solcher Milieus.

Haiders politische Karriere begann mit dem Gewinn eines Redewettbewerbs des Österreichischen Turnerbundes. Unter dem Titel »Österreich bleibt deutsch« druckte die *National- und Soldaten Zeitung* Haiders Rede ab. Er fiel dem damaligen FPÖ Obmann Friedrich Peter auf, wurde Bundesobmann der Freiheitlichen Jugend und entschloß sich, nach Jusstudium und kurzer Assistententätigkeit am Institut für Staats- und Verwaltungsrecht in Wien, Berufspolitiker zu werden.

1976 machte ihn sein Förderer Mario Ferrari-Brunnenfeld zum Parteisekretär in Kärnten. 1983 lobte er diesen, damals Kärntner FPÖ-Obmann, als Staatssekretär nach Wien in die kleine Koalition zwischen SPÖ und FPÖ.

Anschließend setzte er die Unvereinbarkeit von Regierungsamt und Parteiobmannschaft durch. Schon war Ferrari von seinem Schützling ausgetrickst, Haider beerbte ihn als Obmann. Ferrari war nicht der letzte, der beiseite geräumt wurde. Mit der extrem rechten Kärntner Partei im Rücken entmachtete Haider 1986 auf dem Innsbrucker Parteitag putschartig den liberalen Parteiobmann Norbert Steger, was eine Austrittswelle seitens der hohen Parteifunktionäre zur Folge hatte.

»Auf diesem Parteitag«, schreiben die Haider-Chronisten Brigitte Bailer-Galanda und Wolfgang Neugebauer, »ging zweifellos weit mehr als ein Personenwechsel über die Bühne – die Partei vollzog die Rückkehr zu ihren ideologischen Wurzeln; gerade die Umstände signalisierten eine grundlegende Richtungsänderung: Unter an faschistische Kundgebungen erinnerndem Gejohle wurde ein neuer Parteiführer erkoren, während der unterlegene Repräsentant des Liberalismus als ›Jud‹ mit Erschießen und Vergasen bedroht wurde. Offen wurde nazistische Gesinnung zur Schau gestellt.«

Mit Innsbruck begann der Aufstieg der Führerpartei FPÖ. Unter dem Leitsatz: »Wer meine Linie nicht vertritt, kann sich eine andere Partei suchen.« Mit den Jahren verlor Haider tatsächlich seine treuesten Gefolgsleute. 1992 zog sich Norbert Gugerbauer zurück, 1993 verließen die ehemalige FPÖ-Präsidentschaftskandidatin Heide Schmidt und Friedhelm Frischenschlager die FPÖ und gründeten das Liberale Forum. Dutzende andere zogen die Konsequenzen oder wurden gefeuert. An der Spitze machte sich die Buberlpartie breit; dahinter aber sickerten »Rechtsextremisten und Neonazis in solchem Ausmaß in die FPÖ ein, daß man fast schon von einer Integration des traditionellen Rechstextremismus in die FPÖ sprechen muß; nur mehr der militante Flügel steht außerhalb der FPÖ, und selbst hier werden die Trennlinien unscharf« (Bailer/Neugebauer). Warum lassen sich die Funktionäre das alles gefallen? Weil sie wissen, daß Haider sie in Macht und Brot setzt. Ohne ihn wären sie eine Splitterpartei. So profitieren sie von Posten und dem reichlich fließenden Strom der Parteienförderung, selbstverständlich aus öffentlichen Geldern des mit allen Mitteln bekämpften Systems.

Um es nochmals zu verdeutlichen: Bei den Nationalratswahlen 1986 stieg die FPÖ um 4,83 Prozent auf 9,73 Prozent. 1990 und 1994 legte sie jeweils rund sechs Prozent zu, erst 1995 verlor sie erstmals unwesentlich (0,42 Prozent) und hält derzeit bei 22,08 Prozent. In den Ländern wuchs sie weniger spektakulär, legte aber überall substantiell zu. Bei den Wahlen zum EU-Parlament 1996 erreichte sie 27,53 Prozent. 1999 fiel sie auf 23,5 Prozent zurück. Manche hoffen, der Aufstieg habe seine obere Grenze erreicht; andere betrachten es nur als Atempause vor den Nationalratswahlen.

Ist Haider nicht aufzuhalten? Es ist ihm gelungen, diesen Eindruck zu erwecken. Nicht nur der Parteitag von Innsbruck änderte das politische Leben des Jörg Haider. 1986 erhielt er ein Geschenk, dessen Bedeutung gern unterschätzt wird. Ein Südtiroler Wahlonkel vermachte Haider ein ganzes Tal, das Bärental. Haider avancierte zum fünftgrößten Grundbesitzer Kärntens. Sofort stellte er seine soziale Gesinnung unter Beweis, indem er den seit 25 Jahren im Amt befindlichen Gutsverwalter ohne Rücksicht auf dessen fünfköpfige Familie feuerte und seine Frau als Verwalterin einsetzte. Seine Steuerleistung betrug vierzehn Schilling. Und da er nicht einsieht, wieso man über die Kriegsgeneration nicht nur Freundliches zu berichten weiß, spielt es auch keine Rolle, daß das Tal einer italienischen Jüdin gehört hatte, die 1939 »abwanderte« und »dem

Verkauf zustimmte«. Über den Kaufpreis konnte sie damals nicht verfügen; nach 1945 einigte sie sich aber mit Wilhelm Webhofer, Haiders Wahlonkel. Haider wird selten vorgehalten, daß es sich um »arisiertes« Gut handelt. Es wurde eben viel »arisiert« in Österreich. Abgesehen davon, lautet bei italienischen Staatsbürgern der Terminus nicht »Arisierung«. Die Nazis nannten das »Entjudung«. Haider jedenfalls überläßt seinem Onkel lebenslang den Fruchtgenuß dieses Tals (1,8 Millionen Schilling im Jahr), er selbst aber wird Multimillionär (Wert des Tals 1986: zwischen 150 und 300 Millionen Schilling), was ihm ein Maß an materieller Freiheit ermöglicht, wie sie kaum ein Berufspolitiker in Österreich kennt.

Populismus gegen Nicht-Politik

Es zählt zu den Allgemeinplätzen der politischen Analyse, daß der Zustand des herkömmlichen Parteiensystems Typen wie Haider begünstigt. Gleich, ob die Postenverteilung im Proporzsystem nach Parteibuch oder nach objektiver Bewertung geschieht, sie geschieht zuerst unter jenem politischen Gesetz, das besagt, daß die Macht von denen benützt wird, die sie besitzen. Dagegen protestiert jede Opposition mit Recht, und ihr Erfolg wird von der Legitimität der Kriterien abhängen, nach denen die Machthaber ihre Ämter verteilen (daß es jeder Opposition naturgemäß ebenfalls darum geht, an die Machtschaltstellen zu gelangen, ändert daran nichts). Die Legitimität des rot-schwarzen Proporzes ist jedenfalls nicht mehr hoch und trägt zur Erosion des politischen Systems bei.

Die Diagnose von der Erosion der ehemaligen politischen Großparteien, die nicht mehr voneinander gewinnen, sondern gemeinsam verlieren, weil sie verwechselbar geworden sind, erfaßt jedoch nicht den ganzen Tatbestand. Sie können sich weder wandeln noch voneinander abgrenzen. Das würde bedeuten, sie müßten den Proporz aufgeben, also freiwillig auf Macht verzichten. Der paradoxe Ausweg heißt Wandel im Beharren. Gemeint ist eine »Nichtpolitik«, geradezu eine »Politik der Nichtpolitik«, wie das der Soziologe Ulrich Beck nennt, wobei die althergebrachten Institutionen hinter ihren Fassaden unter Ausschluß der Öffentlichkeit ihre Aufgaben und Funktionen gleichsam umwidmen und neuen Gegebenheiten anpassen, wie es in Österreich seit Jahren ohne großes Aufsehen beispielsweise Bundesheer, ORF und Nationalbank, aber auch Parteien, Kammern, Institutionen tun.

Bei diesem Strukturwandel sehen die alten Institutionen noch älter aus. Nicht nur in Anspielung auf Nazi-Terminologie nennt Haider die Regierungsparteien »Altparteien« und kann sicher sein, verstanden zu werden. Bei der Bevölkerung, der dieser Wandel nicht entgeht, obwohl sie an ihm nicht direkt teilnimmt, entstehen Gefühle der Verdrossenheit, weil sie einerseits Untätigkeit und Stagnation wahrnimmt, hinter der sie aber andererseits zu Recht undurchsichtige Geschäftigkeit vermutet. Gleichzeitig entsteht Unsicherheit über diese clandestinen Vorgänge hinter den gleichbleibenden Fassaden. Zugleich wird diese »Entkernung« (Beck) des Politischen auch dadurch begleitet und beschleunigt, daß der konventionellen Politik gegenüber eine Subpolitik von Bewegungen, Bürgerinitiativen und Gruppen entstanden ist, die jede Menge kleiner politischer Machtzentren außerhalb gewohnter politischer Bahnen bildet. Zudem stellt die apokalyptisch als Sündenbock umraunte Globalisierung den polit-ökonomischen Block vor neue Bedingungen, auf die das Publikum nicht nur mit Besorgnis, sondern mit Angst reagiert.

Mit seinen Ansprüchen profitiert Haider von allen

genannten Bedingungen. Indem er seine Partei zur Bewegung ernennt, stellt er sie außerhalb des politischen Bezugsrahmens. Gleichzeitig bleibt er innerhalb des Rahmens und fordert seine Gegner dauernd zum Machtverzicht auf. Das letzte, was von Regierenden irgendwo auf der Welt zu erwarten ist, dürfte freiwilliger Machtverzicht sein. Warum sollten Österreichs Koalitionsparteien hier eine Ausnahme bilden? In Haiders Forderung schwingt stets ein demonstratives »Seht her, ich kann ja berechtigt fordern, was ich will, die da oben rühren sich keinen Millimeter!« mit. Und tatsächlich, wegen dieser Regungslosigkeit kann er Skandale verursachen, Posten verschachern, Gesetze übertreten; kurz: Er kann sich verhalten wie ein Altparteipolitiker, ohne als solcher zu erscheinen.

Haider ist der einzige Oppositionspolitiker, der dezidiert den Machtanspruch stellt und damit den Systemwechsel verspricht. Er zieht die Projektionen all jener auf sich, die mit dem mehr als fünfzig Jahre alten System des rot-schwarzen Proporzes brechen wollen. Solange die FPÖ nur Gemeinden und Länder mitregiert, kassiert ihr Führer noch immer symbolisch den Bonus des Oppositionellen. Selbst unter dem Bild des Landeshauptmanns schimmert noch das des Rebellen durch. Seine innerparteilichen Gegner bekämpft Haider dort am schärfsten, wo sie den Grundsatz der Fundamentalopposition aufgeben wollen, nur weil sie einer Regierung angehören. Er weiß, er ist nur stark, solange er den Kampf gegen die Großkoalition verkörpert, die ihrerseits mit allen Fehlern des Proporzes und der von ihr mitproduzierten Nichtöffentlichkeit identifiziert wird. Die große Koalition ist der Berg, er der Bergsteiger, der Bergbezwinger. Seine Seilschaft hat er an der Buberlpartie. Und am ganzen Volk, sofern es fit genug ist.

Die ohnmächtige Wut aller jemals in diesem System Zurückgesetzten, die Vielzahl der individuellen Erfahrungen, kann durch den kollektiven Appell, es gehe allen so gut wie nie zuvor, nicht aufgewogen werden. Die große Koalition hat ihren symbolischen Kredit verspielt, neue Zeiten bedürfen einer modernen politischen Öffentlichkeit, und solange die Regierung nichts dergleichen tut, wird sie unfreiwillig das symbolische Kapital des kleinen Führers mehren und mehren, Stufe um Stufe für seinen Aufstieg und ihren Abstieg meißeln.

Auf Haider konzentrieren sich die Hoffnungen fast aller, die einen Systemwechsel wollen. Die linken Haider-Gegner, einst ebensolche Kritiker des Systems, stellen sich hingegen hinter das System, um es gegen ihn zu verteidigen. Diese formierende Kraft verdankt Haider nicht nur seiner Persönlichkeit, sondern den politischen Umständen. Und die Medien? Wo bleibt sein Spiel mit ihnen, ihr Spiel mit ihm, wie fügt es sich ins Bild dieses wenn nicht aufhaltsamen, so doch äußerst unterhaltsamen Aufstiegs?

Bildnis des Pophelden als toller Hecht

Nicht nur Politik, auch Öffentlichkeit hat sich gewandelt. Analog zur Entwicklung im politischen Bereich spielt sich hinter scheinbar immergleichen oder nur leicht renovierten Medienfassaden eine Art »Entkernung des Öffentlichen« ab. Medien waren seit jeher gemischte Unternehmen, in denen einander publizistische und kommerzielle Zwecke überlagerten.

Mittlerweile sehen die Medien zwar noch aus wie Medien, haben sich aber in Geschäftsunternehmen verwandelt, die es sich nicht mehr leisten können, ihr Publikum vor den Kopf zu stoßen. Struktureller Opportunismus ist logischerweise die Grundhaltung ihrer Macher. Je genauer man sein Publikum kennt, desto weniger wird man ihm zu widersprechen wünschen, desto mehr wird man ihm geben, was es wünscht. Medialer Erfolg besteht nicht mehr im guten Argument oder im klugen Wort zur rechten Zeit, in der besseren Information oder der überraschenden Interpretation. Medialer Erfolg besteht einzig im Abgreifen einer Zielgruppe.

Das Publikum wünscht Personen, Prominenz, Sensationen, Klatsch, Abenteuer, Glamour? Es bekommt sie, in immer stärkerer Dosierung. An diesem Punkt zumindest berühren sich die Entwicklungen von Politik und Medien. Die Auswahlkriterien für Politiker haben sich verändert, das Wort von der medialen Verkaufbarkeit einzelner Personen oder auch von Sachthemen bezeichnet den Tatbestand durchaus korrekt. Haider verkauft, und er läßt sich gut verkaufen.

Nicht Sex, nicht einmal Skandale ergeben im Fall Haider den Trick. Seine politische Attraktivität setzt sich aus vielen Bildern zusammen. Sie oszillieren zwischen Bedrohung und Hoffnung. Seine mediale Attraktivität bezieht Haider nicht nur aus Reflexen von Gänsehaut oder geballter Faust im Hosensack, die er beim Publikum auslöst. Gewiß, Haider ist ein Phänomen, Haider bringt Auflage, Haider macht Quote.

Man sähe das Verhältnis der Medien zu seiner Politik jedoch zu schlicht, begriffe man nicht die Medien selbst als politische Akteure. Sie verfolgen ihre Interessen als Wirtschaftskörper (die Copyright-Industrien sind bekanntlich längst weltweit stärkster Wirtschaftszweig) und brauchen weder mühsam eine PR-Agentur in Anspruch zu nehmen noch sich mit Lobbying zu quälen, um ihre Interessen durchzusetzen. Sie sind ja selbst ihre besten Lobbyisten.

Die Mehrzahl der Medien, nicht nur in Österreich, betreiben nicht nur öffentliche Angelegenheiten, sondern zugleich auch ihre eigene Sache. Man tut also gut daran, nicht nur Text und Bild zur Kenntnis zu nehmen, sondern auch die Subtexte zu studieren. Falls die Ansprechpartner dieser Subtexte, die jeweils Regierenden, sich weigern, passende Marktbedingungen zu schaffen, zögern die Medien nicht, unverhohlen mit der Aufwertung von Oppositionspolitikern zu drohen. Keiner eignet sich für eine solche Drohung besser als Jörg Haider. So begann ein Artikel, in dem sich *TV-Media*, ein Blatt der Fellner-Gruppe, über einen dieser Gruppe nicht genehmen Zusammenschluß von Konkurrenten beschwerte, ostentativ – und akzentfrei – mit der Feststellung »Jörg Haider hat recht«.

Die *Kronenzeitung* fingert ständig an der Karte Haider herum und scheint entschlossen, die Propaganda des von ihr stets »Dr. Haider« Genannten zu betreiben. Im entscheidenden Moment spielt sie diese Karte nicht aus, weil sie ohnehin bekommt, was sie will. Die Rolle des Hechts im Karpfenteich ist es, die sie dem Doktorhaider öffentlich immer wieder zudenkt. Was könnte das bedeuten, wenn sich der fetteste Medienkarpfen im Lande seinen Lieblingshecht selber aussucht? Nur die dümmsten Karpfen wählen ihre Hechte selber? Kaum. Der Karpfen ist viel zu groß, um geschluckt zu werden. Und solange sich mit einem Hecht drohen läßt, bekommt man von der Regierung die Marktordnung, die man braucht ...

Die Motive der Haidermacher sind also unterschiedlich. Folgen wir der Unterscheidung zwischen »ikonographischer Öffentlichkeit« (Seyla Benhabib) und diskursiver, rational argumentierender Öffentlichkeit, und nehmen wir die ikonographische Variante als die modernere, haidergemäßere an, die personalisiert, verflacht und alles auf Unterhaltung zuspitzt, so liegt in den Fellner-Medien und teilweise auch im ORF diese Spielart des Umgangs mit Haider vor. Die *Kronenzeitungs*-Variante wäre die plumpere. Zwar demagogisch und ressentimentgeladen und nicht weniger unsympathisch, aber sie zeichnet sich durch einen gewissen liebenswert sachorientierten Atavismus aus, der Haider nicht als Ikone vermarktet, sondern mit ihm als politischem Zaunpfahl winkt.

Das tun die Fellner-Medien ebenfalls, aber sie kosten den Appeal Haiders voll aus, was insgesamt besser in ihr ikonographisches Konzept der Prominenzvermarktung paßt als die Linie des Nachrichtenmagazins *Profil*, das nichts destotrotz, was Haider betrifft, eine ähnliche Coverpolitik verfolgte. Es gehört ja da wie dort zum Repertoire der jeweiligen Herausgeber, sich auf die Abwehr der Gefahr Haider einzuschwören und dann den Abwehrkampf in Form von Haider-Vermarktung zu führen.

Der ORF nimmt eine seltsame Mittelposition ein. Politisch oft auf der Linie des »hilflosen Antifaschismus«, besorgt er mit seiner Kameraführung und seinen Berichten, die genüßlich Haiders Porsche darstellen oder in einer kriecherischen Optik die über die Parlamentsstufen herabschwebende Mannschaft zeigen, die Inszenierung Haiders und schlägt sich meist unwillkürlich und jedenfalls unwissentlich auf die Seite der ikonographischen Haider-Verehrer.

Ich habe eine Zeitlang in meinem Medium, der Wiener Stadtzeitung *Falter*, die ironische Gegenposition vertreten und Jörg Haider mit einem Bilderverbot belegt. Interessanterweise fühlten sich zwar Kollegen ertappt oder reagierten mit Unverständnis; Haider selbst jedoch sprach davon, er werde in seinen demokratischen Rechten beschnitten. Als gäbe es ein Recht auf adäquate Vermarktung.

Es fällt auf, daß in der Haider-Literatur die Medien eine sehr bescheidene Rolle einnehmen. »Abgesehen von der *Kronenzeitung*, meistgelesene Tageszeitung Österreichs, die Haiders Politik in wichtigen Punkten unterstützt und daher seinen Stellenwert steigert, haben mittlerweile die meisten Medien gegen Haider Stellung bezogen«, schreiben Brigitte Bailer-Galanda und Wolfgang Neugebauer in ihrem verdienstvollen Buch »Haider und die ›Freiheitlichen‹ in Österreich«. Und in ähnlicher Verkennung der Tatsachen kommentierte Peter Michael Lingens im *Standard*: »Erstmals seit alten *Kurier*-Zeiten scheint Österreich mit einem echten Massenmedium Glück zu haben: Die Zeitschrift der Brüder Fellner (gemeint ist *News*, Anm.) hat *Kronenzeitung*-Dimensionen und beweist (dennoch) politischen Anstand.« An diesem Satz stimmt so gut wie nichts – die *Kronenzeitung* ist mehr als doppelt so groß und erscheint siebenmal öfter als *News* –, aber die Verkennung der Lage ist typisch für die Selbsteinschätzung der Branche.

Man kann im Gegenteil durchaus davon ausgehen, daß *News* und andere ikonographische Medien neue Kommunikationsverhältnisse schaffen. Sie befördern die »Tyrannei der Intimität« (Richard Sennett) und leben von dieser Beförderung. Sie brauchen und verschärfen die Personalisierung der Politik, damit strukturieren sie deren Selektionsmechanismen und Funktionsweisen. Wie Subpolitik die Politik unterwandert, so haben längst Medien mit ihrer submedialen Strategie die Politik unter Kontrolle. Das unauflösliche Dilemma der Politik: Moderne Politik kommt ohne den Medienbetrieb nicht aus, wobei sie sich oft nur im Reagieren auf die Bedürfnisse dieses Betriebs erschöpft.

Warum kann ausgerechnet Haider diese Mechanik nutzen? Gewiß, die Haidersche PR-Maschine bedient und reizt die Medien professionell. Die politischen Voraussetzungen stimmen. Die Gruppe der Besorgten scheint unerschöpflich reizbar. Haider setzt kalkulierte und unkalkulierte Provokationen in einem instinktiv-berechneten Mix, der ihn zumindest bei seinen Gegnern unwiderstehlich zu machen scheint. Die zeigen sich oft als Propagandisten einem altmodischen Kolumnisten wie Staberl in der

Kronenzeitung überlegen, der teilweise die Rolle eines Pressedienstes übernimmt. Wären die vorgebrachten Ressentiments nicht von entsprechender Grauslichkeit, könnte man, wie gesagt, von liebenswert altmodischem Bemühen sprechen.

Die Erklärung trifft und trifft auch nicht. In Wahrheit funktioniert Jörg Haider wie ein trivialer Popheld. Was in Amerika der Pioniermythos ist, auf dessen Tiefenstrom die Popfans alle irgendwie schwimmen, durch ein paar simple Akkordfolgen verbunden mit Landstraße und Baumwollfeld noch in den glitzerndsten Absurditäten des Show-Busineß, das ist bei uns – es steht zu befürchten – der Nazi-Mythos der besiegten Väter und Großväter. Untergründig an ihn anzuknüpfen, hat nach 1945 in Österreich kein Politiker des etablierten Parteienspektrums gewagt, außer eben Haider. Für die Einsicht in diese Wirkung ist es egal, ob seine Anspielungen an NS-Jargon Ausrutscher, cleveres Kalkül oder Rückfälle in Tiefen einer kindlichen Psyche sind.

Nüchterner Umgang mit Pophelden ist schwierig. Zu ihrem Glanz gehört eine gewisse Gefährlichkeit und Unberechenbarkeit. Pophelden lassen sich für nichts und von niemandem vereinnahmen. An den historischen Tiefenstrom, an Diktion und Habitus von NS-Größen auf gefährliche Weise anzuspielen, darum geht es vor allem: um Faszination statt um ein Angebot, für das man sich kühlen Kopfes entscheiden oder das man ebenso ablehnen kann. Haider fasziniert Rechte und Linke.

Ein unspektakulärer Umgang mit Haider scheint jedenfalls angebracht; wie weit die Medien diesen Umgang überhaupt zulassen, bleibt fraglich. Die Frage, ob die Medien Haider gemacht haben, bleibt also offen. Fest steht, daß sie seine Faszination verstärken, weil sie davon leben. Den naiveren Medien wird man zugestehen, daß sie über keinerlei

Bewußtsein ihres eigenen Instrumentariums verfügen. Unkenntnis des Mediengesetzes schützt nicht vor Mediengerechtigkeit. Darum geht es bei Haider vermutlich. Er ist nur eine Chiffre für die Abschaffung der alten Form von Öffentlichkeit. Er fasziniert und wird faszinierend gemacht. Faszination zu erzeugen gehört für ikonographische Medien zum Geschäft. Wenn sie Haider schon nicht gemacht haben, sind sie doch Teil jenes umfassenden Prozesses, der Typen wie Haider als zukünftige Träger von Politik und Öffentlichkeit erscheinen läßt. Uns daran gewöhnt zu haben ist kein geringer Vorwurf.

VI

Schöpfung der Krone

Ein Land als Seifenoper seiner mächtigsten Zeitung

Ich bin selbst das Zeitungsblatt,
Schwarz gekommen schon zur Erden,
darf's nicht erst durch Lügen werden.
Franz Grillparzer,
»Der Traum, ein Leben«

Landschaft, falsche Idylle

Sonntags ist das Land geschmückt. In regelmäßigem Abstand, wenige Meter voneinander entfernt, hängen mit buntbedruckten Kartons aufgeputzte Plastiktaschen an den Blechstangen von Verkehrszeichen, Laternen, Ampelmasten. Munter flattern die Beutel im Wind, den Bauch voller Zeitungen. Es sieht aus, als wäre Österreich am Tag des Herrn beflaggt mit Wimpeln der Pressevielfalt.

»Danke für Ihre ehrlichen 10 Schilling!« Nur knapp ein Viertel aller Leute, die sich dort bedienen, halten sich an den aufgedruckten Slogan und werfen Kleingeld in die mit Bügelschlössern gesicherten kleinen Kassen. Kaum je werden diese Kassen aufgebrochen. Es scheint, als wüßten die Diebe, daß sie meistens leer sind. Die Leute bezahlen nicht, weil sie ahnen, daß sie ihren Beitrag auch dann leisten, wenn sie die Zeitung nur nehmen. Es gibt kaum Trostloseres als einen Plastikbeutel voller ungelesener Zeitungen am späten Sonntagnachmittag, der schmutzig und schlaff an einem Einbahnschild baumelt. Aber das Publikum leert die Säcke nicht aus Mitgefühl mit den Verlegern. Es spürt vielmehr, daß in der verschärften Konkurrenzsituation am österreichischen Zeitungsmarkt kaum mehr Vertriebserlöse, sondern nur noch Marktanteile und Reichweite eine Rolle spielen. Daß nicht mehr sein Geld im Mittelpunkt des Wettbewerbs steht, sondern seine Aufmerksamkeit.

Dem sonntäglichen Zeitungsnehmer entgeht nicht das Symbol des Auges im Dreieck, das ihn mahnend über dem Satz mit der Zahlungsaufforderung anschaut. Das Auge stellt die »Sichtbarkeitsverhältnisse« (Thomas Macho) klar. Wir Zeitungsunternehmer sehen alles, sagt es dem Zeitungsnehmer. Wir entscheiden darüber, wer hier gesehen wird und wer unsichtbar bleibt. Wir, die Herren über Prominenz oder Schattenexistenz, dulden sogar euren Zeitungsdiebstahl, weil er den Bekanntheitsgrad unserer Zeitung erhöht. Denn je bekannter die ist, desto mächtiger ist sie, desto mehr kann sie für euch sehen!

Die Idylle der bunten Beutel trügt. Es ist der harte ökonomische Konkurrenzkampf, der absurde Blüten treibt. Eine davon ist die Entstehung einer Art Medienprominenz der hiesigen Mini-Tycoons. Das Land ist klein, jeder Zeitungsnehmer kennt seinen Zeitungsunternehmer. Die Herausgeber und Protagonisten der diversen Marktschlachten haben den Status von Wirtschaftshelden erlangt, was heißt erlangt, sie haben ihn sich zugeschanzt und sind somit selbst zu Stars geworden. Eine bunte, aber besonders giftige Blüte dieses Konkurrenzkampfs sind die österreichischen Boulevardmedien, deren unheilvolle Wirkung sich grundlegend von denen anderswo unterscheidet. Hier wird die Idylle zur Misere.

Medien sind das gedruckte Selbstbewußtsein eines Landes, einer Nation. In ihren Medien bestätigt die Nation sich selbst, widerspricht sich, versucht mit vielen Stimmen, sich zu verstehen, zu bestätigen und zu korrigieren. In ihren Medien sieht sie sich selbst ins Gesicht. In Österreich sieht sie in eine dämonische Fratze. In jedem zivilisierten Land existieren Auswüchse, Sumpfblüten, Absurditäten. In keinem Land aber existiert ein Phänomen wie die *Kronenzeitung*, die angeblich dem Volk gibt, was das Volk will – und heraus kommt ein familiengerechtes Hetzblatt, das der Regierung den Ton angibt. In jedem zivilisierten Land hätte die groteske Großmäuligkeit eines Illustriertenherausgebers Hohn und Nichtbeachtung zur Folge. In Österreich zollen maßgebliche Zirkel dem Erfolg der Gebrüder Fellner ein respektvolles Kopfnicken. In kaum einem zivilisierten Land ist das Interesse an ziviler Gesellschaft und an deren publizistischer Selbstdarstellung oder gar Selbstreflexion so schwach ausgeprägt wie hier. Kaum irgendwo gibt es regionale Verlagsoligopole von vergleichbar erdrückendem Gewicht, kaum irgendwo hat die Presse derart geringe Bedeutung. Für Qualität sorgt das öffentlich-rechtliche audiovisuelle Unternehmen, um den Preis politischer Kontrolle. Privatfernsehen ist bis dato verboten.

Die Taten der Österreicher unterscheiden sich kaum von denen der Bewohner anderer Länder, aber sie verzerren sich ins Dämonische, Fratzenhafte durch die Darstellung in den maßgeblichen Medien. Und auf die Taten, nicht auf die Worte kommt es schließlich an! Andererseits sind Taten nicht zu lösen von Worten und Bildern; manche Taten werden durch Worte und Bilder ermutigt und dadurch erst möglich. Die Schriftstellerin Elfriede Jelinek präsentiert auf ihrer Homepage als Dokument ein Gedicht des Reimers Wolf Martin, eine Art Bruce Willis der Poesie, dessen Gedichte täglich in der *Kronenzeitung* erscheinen:

Wenn Peymann nächstes Jahr, gottlob,
die »Burg« verläßt, sein Biotop
das er erfüllt mit Sumpfes Fäule,
dann braucht es wohl noch eine Weile
bis daß die Bretter wieder blank
und sich verzogen der Gestank
des wahrlich penetranten Drecks
der Mühls, Turrinis, Jelineks.
(15.2.1998)

Die Vorstellung, daß ein Blatt, das solche Zeilen auch nur ausnahmsweise druckt, tatsächlich die Macht in Österreich ausübt, ist unerträglich. Derartige Gedichte, hetzerische Kolumnen, Leserbriefe mit schwer eruierbaren Absendern, Untergriffe und Anschüttungen aller Arten erscheinen dort täglich. Unfaßbar: Kein gesellschaftlicher Konsens ist darüber herzustellen, daß so etwas nicht geht. Es geht zu gut, als daß man sagen könnte: so nicht! Erstaunlich wirkt die anmutige Gleichgültigkeit, mit der betroffene Politiker öffentlich den Tatbestand leugnen, daß geschieht, was die *Kronenzeitung* anschafft, und die Unschuldsmiene, mit der sie sich selbst darüber beschwindeln, daß ohne die Duldung dieses Ressentimentblatts nichts läuft. Umso greller kontrastiert ihre vorgebliche Unbeschwertheit mit der Betroffenheit, die sie hinter vorgehaltener Hand und bei ausgeschaltetem Aufnahmegerät zeigen.

Vermutlich rührt der zum Teil maßlose Alarmismus mancher Intellektueller von der Dominanz dieser Zeitung her, deren Sprache, Haltung und Wirkung selbst so jenseits allen Maßhaltens sind, daß sie bei ihren Kritikern mühelos die Maßstäbe außer Kraft setzt. Was die Wirkung betrifft, konstatiert der nüchterne Zeitgeschichtler Helmut Konrad, daß gegen die *Kronenzeitung* und ihren Chefkommentator seit 1966 in Österreich »keine Wahlen zu gewinnen« waren. Er fügt hinzu: »Manche Besonderheit der österreichischen Innenpolitik ist in ihren Widersprüchen (Wahlsiege Kreisky und Waldheim) oder erstaunlichen Erfolgen von Minderheiten (Rettung der Hainburger Au) nur durch die Parteinahme Staberls und der *Kronenzeitung* erklärbar.«

Der Herausgeber und Hälfteeigentümer der *Kronenzeitung*, Hans Dichand, ist in Hamburg an einer kleinformatigen Boulevardpostille beteiligt. Ein Erfolg wie jener der *Kronenzeitung* in Österreich ist ihr nicht beschieden. Zwei Schlüsse sind demnach erlaubt. Ein harmloser: Ohne Dichand als Herausgeber funktioniert es nicht so gut. Und ein weniger harmloser: So etwas wie die *Kronenzeitung* ist tatsächlich nur in Österreich möglich. Wohin man immer schaut im Lande, man stößt auf ihre Spuren: die Spitzenpolitiker – ausgewählt nach *Kronenzeitungs*-Kompatibilität; die Innenpolitik – von ihr durchformt. Kein Mediengeschäft, das ohne sie gelaufen wäre. Denkmäler und Museen entstehen nur mit ihrer Billigung. Ganze Landstriche hat sie erhalten. Selbst die lustigen Sonntagsbeutel hat einst Kurt Falk erfunden, der einstige Geschäftsführer der *Kronenzeitung* und langjährige Partner, besser Widerpartner Hans Dichands.

Gern spricht man von einer Medienlandschaft, einer Zeitungslandschaft. Österreich, im Vollbesitz seines Landschaftsstolzes, hat mit seiner Medienlandschaft eine traumatische Szenerie geschaffen, eine zerklüftete Landschaft voller Wunden.

Im Fall *Kronenzeitung* formt sich die Landschaft zur Kulisse für einen Wildererfilm. Zwei Männer besorgen sich unter bis heute nicht ganz geklärten Umständen eine Zeitung und verfeinden sich dabei. Aus dem Trauma dieser Feindschaft entspringt alles Übel – zumindest eine völlige Umgestaltung dieser Landschaft. Nicht daß sie zuvor ein

Paradies gewesen wäre, bei Gott nicht. Aber man kann sie nie mehr betrachten, ohne sich an diese Vorfälle zu erinnern.

Das Danaergeschenk

Wie im Fall Jörg Haider die seltsame Schenkung des »arisierten« Bärentals die Wende in einer politischen Karriere darstellt, stand auch am Anfang der *Kronenzeitung* eine merkwürdige »Schenkung«. Hans Dichand, zuvor erfolgreicher Chefredakteur einiger Tageszeitungen, hatte Ende der fünfziger Jahre – er war damals Chefredakteur der Tageszeitung *Kurier* – die Rechte am Titel *Kronenzeitung* erworben und das 1944 eingestellte Traditionsblatt mit dem Segen und der Finanzierung des mächtigen Gewerkschaftschefs Franz Olah 1959 neu gegründet.

Olah sagte später, er habe eine unabhängige Zeitung auf den Weg bringen wollen. Der rechtspopulistische, gleichzeitig sozialdemokratische Gewerkschafter sah den Niedergang der Parteipresse voraus. Die Finanzierung dieser Gründung verlief so undurchsichtig, daß bei den prompt folgenden Gerichtsverfahren weder Falk noch Dichand wissen wollten, daß die Kredite ihrer Firma mit Sparbüchern der Bau- und Holzgewerkschaft besichert gewesen waren. Vor allem wußte man in der Gewerkschaft selbst wenig davon. Olah, der stets erklärte, der rechtmäßige Mehrheitseigentümer der *Kronenzeitung* zu sein, wurde aus der SPÖ ausgeschlossen. Nun erst behauptete der Gewerkschaftsbund, der nichts von der Finanzierung gewußt hatte, selbst Eigentümer der *Kronenzeitung* zu sein, und führte mehrere Prozesse, die 1966 in einer gerichtlich angeordneten Besetzung und kommissarischen Leitung der *Kronenzeitung* gipfelten. Dieser Versuch des

ÖGB, Dichand und Falk die Zeitung wegzunehmen, erregte internationales Aufsehen und wurde sowohl in Österreich als auch außerhalb als Anschlag auf die Pressefreiheit gesehen. Er währte nur kurz. Triumphal kehrten Dichand und Falk zurück.

Olah konnte seine Eigentümerschaft an der *Kronenzeitung* nie beweisen, obwohl es starke Indizien dafür gab. Im Gegenteil: Wegen ähnlich undurchsichtiger finanzieller Machenschaften wie der Verpfändung der Gewerkschaftssparbücher wurde er schuldig gesprochen, kam ins Gefängnis und verzichtete, um weitere strafrechtliche Folgen zu vermeiden, später darauf, seine Ansprüche als Eigentümer an der *Kronenzeitung* geltend zu machen.

Strohmänner, Haie und Interessenten aller Art tummelten sich in jenen Jahren um die *Kronenzeitung*. Nicht nur der ÖGB holte sich eine blutige Nase, als er versuchte, Dichand und Falk mit juristischen Mitteln die Zeitung wegzunehmen. Die SPÖ verlor – eine unvergeßliche Machtdemonstration der *Kronenzeitung* – anschließend die Nationalratswahlen 1966. Erstmals nach 1945 erhielt Österreich eine bürgerliche Alleinregierung. Sicher bleibt bei all den straf- und wirtschaftsrechtlichen Verwirrspielen in den Worten des Zeithistorikers Konrad zuletzt nur eines: »Daß Hans Dichand mit 17 000 Schilling an Eigenmitteln und Kurt Falk praktisch ohne eigene direkte Investition, sondern nur über einen vollständig durch Dritte besicherten Kredit, in ein Unternehmen einstiegen, dessen Wert heute in Milliarden gerechnet wird und das die beiden in den zwei Jahrzehnten vor ihrer ›Scheidung‹ tatsächlich als ihr Eigentum betrachten konnten.« Hinzu kämen noch jene 170 000 Schilling, die Dichand laut eigenem Bericht für die Rechte am Titel *Kronenzeitung* bezahlt hatte.

Der Journalist Peter Michael Lingens resümierte 1974 schärfer: »Österreichs Justiz (…) gibt all jenen Recht, die schon immer der Meinung waren, man müsse nur genügend hoch betrügen, um statt eines vorbestraften Ganoven ein geachteter Millionär zu sein. Sie erweist sich – im allergünstigsten Fall – als vollkommen unfähig. Gegenstand des Verbrechens ist eine Zeitung: Österreich akzeptiert, daß das mächtigste Meinungsmedium des Landes nach dem ORF von Männern regiert wird, von denen der Verdacht schwerer Verbrechen nicht durch ein öffentliches Verfahren, sondern durch staatsanwaltliche Kabinettjustiz genommen wurde. Nutznießer dieses Zustands ist eine Partei: Österreichs Sozialisten nehmen in Kauf, von einer Zeitung unterstützt zu werden, deren Existenz in der gegenwärtigen Form nur dank eines – im günstigsten Falle: groben rechtlichen Irrtums – des sozialistischen Justizministers möglich ist.«

1987 legte Dichand seinem Hälfte-Teilhaber Falk 2,2 Milliarden Schilling auf den Tisch, um ihn zum Ex-Kompagnon zu machen. Von der Westdeutschen Allgemeinen Zeitung (WAZ) erhielt er für 45 Prozent an der *Kronenzeitung* 1,6 Milliarden, die Differenz von 600 Millionen brachte er selbst auf. Solche Zahlen zeigen nicht nur den Erfolg einer Zeitung. Das Ausmaß dieses Erfolgs verleiht den zeitgeschichtlichen Versionen Dichands die Aura der Fraglosigkeit, ja es läßt die Frage nach anderen Versionen gar nicht mehr aufkommen. Und es entmutigt alle Fragesteller, sich mit dieser undurchsichtigen, für die Republik Österreich in den Jahren ihrer Normalisierung entscheidenden Frage auseinanderzusetzen. Schon gar nicht aber ermutigt es allfällige Zweifel, ob eine der größten Agglomerationen von Macht und Geld in der Zweiten Republik korrekte Ursprünge hat. Andererseits: Welche Agglomeration von Geld und Macht hat das schon?

Ist es nicht zutiefst österreichisch, wenn zwischen Schenkung und Ansichnahme eine Grauzone herrscht, in der keiner mehr zwischen Recht und Unrecht, Betrug und Besitz so richtig unterscheiden kann? Eine Grauzone, die nicht zu Fragen reizt, sondern den Grauschleier der Fraglosigkeit darüber legt? In der primären Akkumulation des Kapitals, den Kindertagen des Kapitalismus, stand Raub auf der Tagesordnung. Im österreichischen Nachkriegskapitalismus ging es um Übergangsformen. Im Allkonsens des Wiederaufbaus verschwanden die Unterschiede, traditionelle Rollen verwischten sich. Alte Nazis wohnten weiterhin in »arisierten« Wohnungen, Sozialdemokraten als Staatskapitalisten vergaben in der Manier feudaler Herrscher Geschenke, um die kapitalistische Modernisierung voranzutreiben.

Die *Kronenzeitung* als Trauma der SPÖ

Franz Olah war nach heutigen Begriffen ein moderner Politiker. Er verlangte, anders als seine politischen Gegner innerhalb der österreichischen Sozialdemokraten, eine populistische Politik. Das bedeutete die Versöhnung mit dem sogenannten nationalen Lager, das verhinderte eine scharfe Verurteilung des Antisemitismus. Dichand selbst zitiert in seiner bisher letzten Autobiographie zustimmend die Erklärung von Lingens, der Dichand und Olah vergleicht: »Der gleiche Hang zur kleinbürgerlichen Idylle: Apfelstrudel im Kirschgarten seiner Frau war die größte Gunst, die Olah seinen Freunden erweisen konnte. Die gleiche Treue zu den alten Kampfgefährten – statt Dichands Matrosenfreundschaften die KZ-Freundschaften Olahs. Die gleiche Sympathie für Nationale und der gleiche Haß gegen die Kommunisten.« Dichand setzt trocken hinzu, die Sache sei viel einfacher. Olah habe nur den Niedergang der Parteipresse konstatiert und gewußt, daß die *Kronenzeitung,* »um

Erfolg zu haben, unabhängig sein mußte«. Die Zeitung wäre dann, sagte Olah selbst in einem seiner raren Interviews, zwar in seinem Eigentum, nicht aber in seiner Hand gewesen und ihm »etwas sympathischer gegenübergestanden«. »Die Grundsympathie«, ergänzt Helmut Konrad »hätte sich eher aus der Übereinstimmung der politischen Wertvorstellungen« als aus Dankbarkeit ergeben. Immerhin konzediert Dichand in seiner Autobiographie, er sei Olah in der Tat zu Dank verpflichtet.

Olah verpflichtete sich nicht nur Dichand zu Dank. Er sicherte der SPÖ auch die Gunst der damals finanzschwachen FPÖ, und zwar durch Zahlungen in beträchtlicher Höhe. So schuf Olah die Grundlage für eine spätere kleine Koalition. Zuerst wurde 1970 die Tolerierung der ersten Minderheitsregierung Kreisky durch die FPÖ draus. Haider servierte die gezähmten FPÖ-Liberalen 1986 ab; die Grundsympathie zwischen Dichand und Haider kann als nicht ganz unlogische Spätfolge der Olahschen Gründung betrachtet werden.

Apropos Sympathie: Dichand teilte, als Olah aus der SPÖ ausgeschlossen wurde, einem hohen Funktionär dieser Partei persönlich mit, er sei zwar kein Mitglied, stehe ihr aber nahe. Allerdings lege er großen Wert darauf, daß diese Mitteilung nicht an die Öffentlichkeit dringe, »um die Parteiunabhängigkeit der *Kronenzeitung* nicht zu gefährden«. Präziser gesagt, wohl um den Eindruck der Parteiunabhängigkeit nicht aufs Spiel zu setzen.

Olah stürzte, die *Kronenzeitung* stieg unaufhaltsam auf. Am Tag von Olahs Fall schrieb ihm Dichand unter seinem Lieblingspseudonym »Cato« einen Nachruf: »Ihm schwebt ein praktischer Sozialismus vor, wie er in nordeuropäischen Staaten zu innerem Frieden und zu einem beispielhaft hohen Lebensstandard führte. Die Voraussetzung für einen gemäßigten Sozialismus in Österreich, für die Schaffung einer breiteren SPÖ-Basis, war die Kampfansage an die marxistische Ideologie und die Versöhnung der sozialistischen Bewegung mit der Kirche.« Auch heute, da diese Ziele längst erreicht sind, hält Dichand seine Kritiker allesamt für Kommunisten, Bolschewiken oder – wie in meinem Fall – für »Ultralinke«.

Bruno Kreisky wußte, wer die Macht in Österreich innehatte, und er sprach es, Jahrzehnte später, auch aus: »Der Bacher (damals Generalintendant des ORF, Anm.) und der Dichand.« Seit Kreisky ist jedem Regierungschef, wie vorsichtig er dies auch ausdrückt, klar, daß das Land nicht gegen die *Kronenzeitung* zu regieren ist. »Unklug wäre, wer versuchen würde, gegen die *Kronenzeitung* zu handeln«, bemerkte dazu Franz Vranitzky, freilich in dieser Offenheit klugerweise erst als Alt-Kanzler. Was dabei schweigend und unwidersprochen in Kauf genommen wird, kann man nur als Schande Österreichs bezeichnen. Wer einem Machthaber Antisemitismus, Ausländerfeindlichkeit und Wut auf Kunst zubilligt, ohne zu widersprechen, der darf sich nicht wundern, wenn diese Ressentiments gesellschaftliche Wirkungskraft behaupten, der darf sich nicht darüber beklagen, daß das große österreichische Defizit mit zunehmender Akzeptanz dieses Mannes immer weiter wächst: das Defizit an Öffentlichkeit.

Gern wird übersehen, daß der Modernisierung des Landes in den siebziger Jahren mit seinem Abschied von traditionellen verknöcherten Strukturen in Justiz, Politik und Staat auch eine Wendung zum Populismus (Kreisky hätte gesagt: Zentrismus) entspricht, dessen dunkle Seite das Defizit an Öffentlichkeit darstellt. Kreisky nahm dadurch, daß er seinen politischen Einfluß auf den ORF verstärkte, um ein mediales Gegengewicht gegen die *Kronenzeitung* zu haben, in Kauf, daß die nach 1945 versäumte Rekonstruktion einer Öffentlichkeit auch jetzt nicht stattfand.

Demokratische Modernisierung ist aber ohne funktionierende Öffentlichkeit nicht denkbar. Der Erfolg der *Kronenzeitung* ist also die Schattenseite des Kreiskyschen Erfolges.

Man darf nicht vergessen, daß es gerade dem charismatischen Kreisky gelang, die Stimmen des sogenannten nationalen Lagers (zu deutsch: die alten Nazis) zu gewinnen; daß er es war, der als erster mit Medien Politik zu machen wußte; daß er als Jude Israel kritisieren konnte und, selbst immunisiert, dem Antisemitismus derart ein befreiendes Forum bot; daß er, ohne mit der Wimper zu zucken, ehemalige SS-Männer in die Regierung aufnahm und daß er es war, der mit seiner Strategie der Spaltung des bürgerlichen Lagers die ÖVP schwächte und das sogenannte dritte, das »nationale« Lager integrierte und regierungsfähig machte. Auch daß er es war, der regelmäßig Sonntagsspaziergänge mit einem Mann unternahm, den Passanten in den Weinbergen für den zuständigen Staatspolizisten hielten: Hans Dichand.

Die *Kronenzeitung* und der ORF stifteten die Bilder und Vorstellungswelten jener Jahre. Auf den ORF nahm Kreisky direkten politischen Einfluß; mit der *Kronenzeitung* meinte er sich arrangieren zu müssen. *Die Presse* als einzige Qualitätszeitung war im Besitz der Witschaftskammer, also des politischen Gegners, der *Kurier* gehörte der österreichischen Wirtschaft und die *Kleine Zeitung* der Kirche. Die Parteizeitungen hatten abgewirtschaftet, die *Arbeiterzeitung* hatte die SPÖ längst aufgegeben, ehe man sie einstellte, obwohl Kreisky vage von einer Qualitätszeitung träumte, die er aus ihr machen wollte. Mit der *Kronenzeitung* aber gewann man Wahlen. Blieb einem eine Wahl?

Nach dem *Kronenzeitung*-Skandal von 1966 versuchten die Sozialisten, nicht mehr selbst als Eigentümer von

Medien zu fungieren, sondern Einfluß auf die handelnden Personen zu gewinnen. Zudem mußten sie den ORF unter Kontrolle halten, was bedeutete, dessen konservativen Langzeitintendanten Gerd Bacher legistisch zu zähmen. Zwischen Spitzenpositionen in Medien und Parteien wechselte das Personal ab jetzt munter hin und her. In den neunziger Jahren waren der Geschäftsführer der *Kronenzeitung* wie auch der Generalintendant des ORF ehemalige Sekretäre der SPÖ. Der heutige Geschäftsführer der SPÖ war zuvor Generalsekretär des ORF und davor ein Sekretär des Innenministers gewesen. Je mehr in Vergessenheit geriet, wozu man sich einst Einfluß hatte sichern wollen, desto deutlicher wurde das Bewußtsein, daß man sich Einfluß zu sichern hatte. So kam es Ende der neunziger Jahre zu einer Renaissance der Politiker im ORF – gleich mehrere Landeshauptleute und Spitzenpolitiker entsandten sich selbst ins ORF-Kuratorium –, ohne daß man auch nur im entferntesten von einer Renaissance der Politik hätte reden können.

Im Vorhof des Waschmittels – Männer und Macht

Zurück zur Männerfreundschaft und ihren Folgen. Kurt Falk, ein junger Manager des Waschmittelriesen Persil, war von Olah dem um zwölf Jahre älteren Dichand als kaufmännischer Partner empfohlen worden. Die beiden waren einander sofort unsympathisch, nicht zuletzt, weil Falk behauptete, eine Zeitung müsse verkauft werden wie ein Waschmittel, während Dichand auf der Formel »Geschäft plus X« beharrte. Wie Dichand selbst die Differenz zwischen sich und Falk erklärt, ist verräterisch: Herstellung und Vertrieb einer Zeitung unterschieden sich nicht von der eines Waschmittels, schreibt er. »Doch dann kommt noch etwas dazu, eben ›Plus X‹. Denn Zeitungen drucken nicht nur Nachrichten, sie drücken auch Gedanken aus. Dadurch kann Macht entstehen...« Also doch? Nein, schneller Zusatz: »... die aber der Presse nicht gemäß ist, meine ich.«

An der Waschmittelfrage scheiterte die Partnerschaft der beiden noch nicht. Näher rückte der Bruch beim Thema *Express*. Diese sozialistische Tageszeitung hatte 1970 ziemlich abgewirtschaftet; die SPÖ verkaufte sie mit Mann und Maus an unbekannte Käufer, »wie Neger mit der Plantage«, wie es der damalige Präsident der Journalistengewerkschaft, Günther Nenning, ausdrückte. Als die Belegschaft streikte, um Unbekannt kennenzulernen, stellte sich heraus, daß es Dichand und Falk waren. Dichand hätte aus dem *Express* gern eine niveauvolle Zeitung gemacht, Falk aber setzte durch, daß er wegen Unrentabilität bald nach dem Kauf eingestellt wurde. Endgültig hingegen zerbrach die Partnerschaft am Versuch Falks, 1974 die Macht in der *Kronenzeitung* an sich zu reißen.

Geradezu sprichwörtlich wurde Dichands Leugnen, Macht zu besitzen. Allenfalls »im Vorhof der Macht« befinde sich jeder Journalist, also auch er, wird er nicht müde zu versichern. Auch seine Autobiographie trägt diesen Titel. Dennoch ging es zwischen Falk und ihm selbstverständlich genau darum: um Macht. Zustimmend zitiert der machtmäßig angeblich höchstens vorhöfige Dichand nun den Kollegen Thomas Chorherr von der *Presse*: »Daß es dabei um ein Stück Macht in der Republik von morgen geht (...) ist auch klar.« Falk wollte Chefredakteur werden, forderte die Entlassung leitender Redakteure und verweigerte der Redaktion ein Redaktionsstatut. Es kam zum Streik, Dichand stellte sich auf die Seite der Redaktion und drohte, seinen Mitgesellschafter Falk wegen Geschäftsschädigung auszuschließen. Dichand setzte sich durch, Falk verzog sich in eine vertraglich geregelte Warteposition, aus der er nur zurückgelangen hätte können, falls die Gewinne des Blattes unter ein vereinbartes Maß gefallen wären. Schließlich vereinbarten die beiden einen Kaufpreis für Falks Anteil, den Dichand in einer gewissen Frist aufzubringen hatte. So kam es 1987 zum Einstieg der WAZ.

Noch heute behauptet Dichand, Falk habe durch seinen Einfluß bei der Gewerkschaft verhindert, daß österreichische Banken seinen Kauf der Falk-Anteile finanzierten. Erst dadurch sei er gezwungen gewesen, sich bei ausländischen Partnern umzusehen. Dichand insinuiert, Falk habe der Gewerkschaft bei einem »großen Holzgeschäft mit der seinerzeitigen Sowjetunion (...) geholfen«, sodaß die ÖGB-Spitze ihm verpflichtet sei. So werde auch verständlich, daß er »erst 1995 den Kollektivvertrag für Buchdrucker außer Kraft setzen konnte, ohne daß es zu echten Kampfmaßnahmen gekommen ist«. Man sieht, mächtige Zeitungsmacher in Österreich müssen in vielen Branchen sattelfest sein.

Die WAZ – Trauma der Medienpolitik

Die Westdeutsche Allgemeine Zeitung (WAZ), sechstgrößte Verlagsgruppe Deutschlands, kam gern nach Österreich. Nicht nur, weil die *Kronenzeitung* ein verlockend profitables Projekt war. Die deutsche Medienpolitik hatte für marktbeherrschende Unternehmen eine Beteiligungsgrenze von 25 Prozent eingezogen; da der Eiserne Vorhang erst 1989 fiel, bot Österreich trotz der Kleinheit seines Marktes eine willkommene Möglichkeit für Investitionen.

»Es wird kein Stein auf dem anderen bleiben«, sprach Hans Dichand, nachdem er die WAZ als Partner gewonnen hatte. Kurz darauf vermittelte er den Einstieg der WAZ beim Konkurrenzblatt *Kurier*, das sich durch allzu kühne Investitionen bei einer Druckerei in Schwierigkeiten gebracht hatte, und erweiterte so seinen Einflußbereich beträchtlich. Hätte schon der Einstieg bei der *Kronenzeitung* die Medienpolitiker und Kartellwächter aufschrecken müssen, dann erst recht der Versuch, die beiden größten Tageszeitungen Österreichs miteinander zu verflechten. Doch es geschah nichts. Verblüffte Politiker schreckten kurz auf und versprachen, »wachsam zu sein«. Ein neues Kartellrecht wurde formuliert, und zwar unter kräftiger Mithilfe des Justitiars des Hauptbetroffenen, der *Mediaprint*. Es schrieb den Status quo fest und verhinderte in Zukunft ähnliche Zusammenschlüsse. Die Position der *Mediaprint* war noch besser geworden.

Mediaprint, so nannte sich der mittlerweile den österreichischen Markt beherrschende Konzern aus *Kronenzeitung* und *Kurier*, in dem Druck, Vertrieb, Verwaltung und Anzeigenverkauf der Tageszeitungen, der zugehörigen Magazine und anderen Blätter vorgenommen wurden. Über allem schwebte Dichands neues Zauberwort: Synergie. Wieso sollten zwei Lastwagen nach Tirol fahren, um *Kurier* und *Kronenzeitung* zu transportieren, fragte er. Bald fuhr nur noch einer, und der transportierte hauptsächlich die *Kronenzeitung*. Die Bundesländerredaktionen des *Kurier* wurden aufgelöst, der Weg für die österreichweite Expansion der *Kronenzeitung* war freigeräumt.

Der Gegenbegriff »kartellrechtliche Entflechtung« oder »Zerschlagung« wurde zum Unwort für Medienpolitiker. Eine rückwirkende Entflechtung, stammelten sie, sei undenkbar. Als wäre Entflechtung anders als rückwirkend überhaupt denkbar. Und als hätten sie nicht vorauseilend auf die Entflechtung für alle Zeiten verzichtet. Rechtssicherheit mahnten in diesem Zusammenhang ausgerechnet jene Gesetzgeber ein, die für ein funktionierendes

Privatradiogesetz Jahre gebraucht und dabei Millionen an Investitionen vernichtet hatten, weil der Verfassungsgerichtshof ihre ersten bereits Gesetz gewordenen Versuche aufhob. Dennoch muß jeder Ruf nach einem anderen Kartellrecht naiv genannt werden. Es war und ist undenkbar, in Österreich gegen den Willen Hans Dichands legistisch etwas zu unternehmen.

Hans Dichands zweiter Leersatz der österreichischen Medienkunde lautet: »Ehe ich Macht ausübe, gehe ich lieber nach Hause und streichle meinen Hund.« Zwar ist die *Krone* an drei Privatradio-Gesellschaften beteiligt (mehr erlaubt das Gesetz nicht). Immerhin will Dichand, Meinungsvielfalt hin, Kartellgesetz her, auch Privat-TV betreiben und wird es, so es jemals zugelassen wird, auch zweifellos bekommen. Immerhin hat Dichand durch einen schlichten Brief an die Nationalratsabgeordneten erreicht, daß die zweitausend *Mediaprint*-Kolporteure von den Werkvertragsregelungen ausgenommen wurden. Auch bei der Vergabe der zweiten GSM-Lizenz konnte er nicht übergangen werden. Aber außer dem Wohl der Österreicher hat Dichand keine Interessen. Dem müssen selbst die unbescheidensten Politiker Rechnung tragen.

Tycoon, aber mit Gefühl

Wie also konnte es so weit kommen? Der mittlerweile 78 Jahre alte Herausgeber Hans Dichand ist ein Kind der Unterschicht und stolz auf seine Nähe zum Volk. Ihr verdankt er sein legendäres »Gspür« für die Auswahl von Kolumnisten und Themen. Dieses Gspür hat die *Kronenzeitung* zur relativ größten Zeitung der Welt gemacht. Im Jahr 1998 erreichte sie 43,1 Prozent der lesefähigen österreichischen Bevölkerung. Dichand, mittlerweile längst feinsinniger Ästhet und renommierter Kunstsammler, stolz auf seine Kollektion von persönlich an ihn gerichteten Briefen Doderers, Autor von Filmen über Paris und oberitalienische Kirchenkunst und Verfasser eines Drehbuchs über die Kaiserin Sisi, scheut nicht davor zurück, in seinem Blatt gegen zeitgenössische Künstler hetzen zu lassen, wenn er spürt, damit volksnah zu sein.

Andererseits schmückt er seine *Kronenzeitung* zu Feiertagen mit Nachdrucken von Texten aus der *Zeit*, auch mit bunten Reproduktionen von Kippenberger bis Schiele, oder – zum Muttertag – mit dem von den Nazis geschätzten Holzschnitzer Lobisser. Er beharrt darauf, es handle sich um kein Boulevardblatt, sondern um eine Volkszeitung. Gedichte dürfen nicht fehlen, behauptet Dichand doch von sich, er komme »eigentlich von der Lyrik«. Das tägliche Poem in der *Kronenzeitung* zeigt nicht nur, daß es möglich ist, aus Ressentiments Reime zu machen, es knüpft – wie Holzschnitt, Muttertag und Wut – an unglückseligen Traditionen an.

Dichands Volksfühligkeit trifft sich dabei mit seinem Geschäftssinn, denn Ressentiment verkauft sich nun einmal gut im Land. Künstler, Ausländer, Bonzen, generell »die da oben« sind die Wutobjekte. Die alten Werte sind dabei die gleichen geblieben: Pflichterfüllung, Soldatentum, Toleranz gegenüber Antisemitismus und Verständnis für Xenophobie, Antikommunismus und, passend zur Toleranz gegenüber dem nationalen Lager, ein Schuß Antiamerikanismus. Dem fiel sogar die Kolumnistin Hillary Clinton zum Opfer. Als sie in ihrer syndizierten Kolumne, statt den Lewinsky-Skandal zu kommentieren, Dutzende Todesopfer eines Hurricans beklagte, stellte Dichand die Kolumne mit folgender Begründung ein: »Liebe Leser! Unsere Mitarbeiterin Hillary Clinton verabsäumt es nun schon seit Wochen, in ihrer Kolumne auf die dramatischen

Ereignisse im Weißen Haus einzugehen. Während die Welt mit immer neuen Details zum Sexskandal um den US-Präsidenten konfrontiert wird, schreibt Bill Clintons Ehefrau über Wirbelstürme in den USA. Das stieß auf heftige Kritik unserer Leser. Aus diesem Grund haben wir uns entschlossen, in Hinkunft auf die Kolumne ›Was Hillary meint‹ zu verzichten. Die Redaktion.«

In Österreich hätte eine solche exemplarische Bestrafung einer pflichtvergessenen Offiziellen eine Regierungskrise zur Folge gehabt. Von vergleichbaren Reaktionen aus dem Weißen Haus ist nichts bekannt geworden. Zumindest damit kann man sich als besorgter Österreicher beruhigen, daß der Wirkungskreis selbst der Mächtigsten im Lande im Weltganzen gesehen unerheblich ist. Beunruhigend ist höchstens, daß das unfreiwillig Komische daran anscheinend niemandem auffällt. Oder traut sich keiner zu lachen?

»Jedem Österreicher seine *Krone*«, lautete jahrelang der Werbeslogan des Blattes. Viel fehlt nicht mehr bis zu diesem Zustand. Zogen es vor Jahren Käufer bisweilen vor, das Kleinformat in eine sogenannte normale Tageszeitung einzuschlagen, ist es heute niemandem mehr peinlich, bei der Lektüre des Blattes erwischt zu werden. »Jedem Österreicher seine *Krone*«, der Werbespruch changiert nicht von ungefähr zwischen Demokratie und Monarchie: Das größte Printmedium ist auch das einzige, das ostentativ Aristokraten meist mit vollem Titel nennt, obwohl die Verfassung zumindest Österreichern das verbietet. Die *Kronenzeitung* sieht sich eben als Zeitung für die ganze Familie, Royals inklusive.

Das Familiengerechte fängt beim handlichen Kleinformat und der Kürze der Artikel (zwei Seiten Politik, der Rest mehr oder weniger Lokales) an und reicht über Tierecke, Pop-Corner und Bildrätsel bis zur kompetenten Wirtschaft und zum ausgezeichnet gemachten Sport, einem meist unterschätzten Erfolgsfaktor des Blattes. Wie zwischen Demagogie und Dynastie balanciert die *Kronenzeitung* zwischen Boulevard und Familiensinn. Die nackten Brüste der Damen auf Seite fünf, Import aus England, bezogen von britischen Tabloids, sind zwar von vornherein ebensowenig familiengerecht wie die Kleinanzeigen der Prostituierten. Jene werden – als Geste christlicher Fleischesentsagung – zur Advent- und Fastenzeit verhüllt; diese wurden – explizit aus Motiven der Familientauglichkeit – jahrelang unterdrückt, ehe der Pater familias sich dem Lauf der Sexualökonomie beugte, Haushaltseinkommen über Haussegen stellte und sie stillschweigend wieder ins Blatt nahm.

Die Fotos der Nackten hat Dichand jahrzehntelang selbst ausgesucht. Auch hier bewährt sich der Feinsinn, damit selbst in der verführerischsten Nudität nicht die familiäre Entrüstungsschwelle überschritten werde. »Man muß ganz genau schauen, man muß sich identifizieren können«, sagt er. Als einmal die Schamhaargrenze überschritten wurde, begründete ein Redakteur diesen revolutionären Akt mit dem künstlerischen Wert des Bildes. Die Angelegenheit erregte Aufsehen. Da der Fotograf sich zu diesem Akt der Grenzüberschreitung in der falschen Zeitung äußerte, verlor er seinen Auftrag.

Angeblich zieht Dichand noch heute ab und zu ein geeignetes Foto aus der Aktentasche, um es dem Chef vom Dienst mit den Worten »Nehmen Sie das!« zuzuschieben. Die meist blonden Models gehören zur Familie wie die Kolumnisten, die ihre verschiedenen Rollen, vom weltoffenen Liberalen über den gefetteten Society-Tiger bis zum feuilletonistischen Kleinkünstler, mit routinierter Bravour und stets wachem Sensorium für die Wünsche des Meisters absolvieren. Seit einiger Zeit erhalten auch der reaktionäre Bischof Kurt Krenn und der rechtsextreme Haider-Berater

Andreas Mölzer als Kommentatoren dort ihr Forum, der Bischof unter dem Pseudonym »Christianus«, Mölzer schreibt teils als »Noricus«, teils unter seinem wirklichen Namen.

Und der Haifisch, der kriegt Zähne – Staberl

Wie die Nackten haben die Kolumnen englische Vorbilder. Nach Dichands Eingeständnis sind diese durchaus »demagogischer Art, aber ich habe gesehen, wie das die Leute mitgerissen hat«. Auch englische Tabloids verwenden Pseudonyme. Der angenommene falsche Name hat in der *Kronenzeitung* nicht bloß den Sinn, die Anonymität des Schreibers zu gewährleisten. An solcher Anonymität besteht überhaupt kein Interesse. Die *Kronenzeitung* ist im Gegenteil das Blatt mit der höchsten Kolumnistenporträtdichte der Welt. Man könnte glauben, daß gerade diese Inflation an treuherzigen Mienen die Austauschbarkeit der dahinterstehenden Individuen signalisiere, oder besser: deren Unterordnung unter das allein gültige Regiment des Hausvaters.

So wie das Porträt niemanden herausstellt, so wenig verbirgt das Pseudonym etwas oder jemanden. Es verleiht vielmehr dem geschriebenen Wort dadurch Autorität, daß hier so getan wird, als spräche einer, von dem besser im dunkeln bleibe, wer es sei. Wichtige Botschaft an die Leser: Die Wahrheit sagt man hierzulande nicht ungestraft. Außerdem wird durch die Verleihung von Pseudonymen, Namen oder Bildern klargestellt, daß jemand da ist, der Dingen und Menschen den rechten Namen zuweist. Die Zeitung als Aufmarschplatz von Figuren, die am Faden gezogen werden, als Bühne leutseliger Machtdemonstration des Fadenziehers. Dichand selbst tritt als Cato auf, wenn es um Politik geht (wenngleich er nie klargestellt hat, an welchen Cato wir dabei denken sollen); in der Kultur nennt er sich meist »Aurelius«. Nur bei ganz seltenen Gelegenheiten zeichnet er mit »Hans Dichand«, und in der Tat wirkt sein richtiger Name dann merkwürdig kraftlos, als benutze er ein Pseudonym.

Der wichtigste unter seinen Kolumnisten heißt nach einer Figur der Wiener Volkskomödie »Staberl«. Erschaffen hat sie der Wiener Dichter Adolf Bäuerle, der im Vormärz die meistverbreitete Zeitung der Monarchie herausgab, sich 1848 der Reaktion in die Arme warf, in Schande emigrieren mußte und im Exil starb. Wie alle Kollegen hört auch Staberl auf Dichands Kommando, und sei dieses noch so feinsinnig als bloßer Wunsch geäußert, ja bloß als Stimmung zu erkennen gegeben, die der Redakteur zu erspüren hat. Zuweilen funktioniert das ganze direkter, wenngleich Zeugnisse davon selten sind. Es gibt eine Geschichte aus der Zeit der Olah-Affäre, aus einer Zeit, in der man gewisse Dinge unter gewissen Umständen auch aussprechen mußte: Damals führte Dichand Verkaufsverhandlungen mit einer deutschen Bank, die für den ÖGB die *Kronenzeitung* kaufen sollte. Eine der von Dichand vorgeschlagenen und von dem Vermittler schriftlich überlieferten Maßnahmen lautete: »... daß Dichand schon vor einer allfälligen Einigung Vodopivec ziehen läßt, der zu eng mit der ÖVP verknüpft ist. (Nimmerrichter werde dann anders herum schreiben).« Aus dem Verkauf wurde nichts. Nur der Kolumnist Vodopivec zog – ein merkwürdiger Zufall – zur gleichen Zeit seines Weges.

Der heute 79jährige Staberl, der mit Vollnamen Richard Nimmerrichter heißt, betont bei jeder Gelegenheit, in der *Kronenzeitung* habe er die Freiheit, die er sonst nirgendwo hätte, nämlich zu sagen, was er denke. Das hängt immer ein wenig von den Umständen ab. Ich selbst hatte einmal bei einem Presseprozeß die Gelegenheit, mich davon zu überzeugen. In aller Unschuld hatte ich das gerade kurz zuvor vom *Spiegel* gebrachte Zitat, die Österreicher seien »der Dünnschiß Europas« ebenfalls, wie sich herausstellte fälschlicherweise, Gerd Bacher zugeschrieben. Auch Staberl hatte in einer Zeit, als Krieg zwischen der *Kronenzeitung* und Bachers ORF herrschte, dieses Zitat gebracht und wissend hinzugesetzt: »Nun freilich: die Bachersche Dünnschißdoktrin ist ja gewiß nicht bei einem offiziellen Anlaß am Podest des absoluten Dogmas für jene wenigen Auserwählten gestellt worden (...) wohl aber bei jenen zumeist trinkfesten Männerrunden, bei denen als ›klasser Bursch‹ nur jeweils derjenige eingestuft wird, der dem großen Paten Bacher gerade wohl zu Gesicht steht...« So höhnte er am 8. Juli 1974. Als er jedoch Jahre später als mein Zeuge aussagen sollte, herrschte längst wieder Frieden zwischen Bacher und der *Kronenzeitung*. Ich hatte übersehen, daß Staberl bereits im Dezember 1978 geschrieben hatte: »... daß Bacher jetzt wiederholt – darunter auch zu mir persönlich – erklärt hat, er nehme das Recht für sich in Anspruch, im Leben immer noch dazuzulernen. Eine solche Aussage sollte, so meine ich, wohl beachtet werden. Der neue ORF-General ist für mich kein Kriegsfall mehr.« Nimmerrichter konnte sich folglich an nichts mehr erinnern – und ich verlor den Prozeß.

Gern brüstet Staberl sich damit, bei der *Kronenzeitung* unersetzbar zu sein, und prahlt damit, die Entscheidung über eine Pensionierung seinem Chef zu überlassen: »Die *Krone* hat mich großgezogen, sie muß auch wissen, wann sie einen neuen ›Staberl‹ braucht.« Zum »heutzutage immer seltener geübten Brauch der Loyalität« besteht außer der Lust an einer Ewigkeit von Pflichterfüllung aller Grund. Staberl hat 35 Jahre lang täglich außer Sonntag eine Kolumne geschrieben, und er wurde für seine Loyalität entsprechend honoriert. Nach unwidersprochenen Informationen der Illustrierten *Wienerin* verdiente Staberl schon Anfang der neunziger Jahre mit seinen Kolumnen im Jahr etwa 10,8 Millionen Schilling. Obszön, aber nicht ganz absurd, wenn man den damaligen Gewinn der *Kronenzeitung* mit jährlich 600 Millionen Schilling annimmt, und in Betracht zieht, daß Staberl gewiß mehr als zwei Prozent Anteil an diesem Erfolg hatte.

Richard Nimmerrichter hatte als Sportreporter bei der *Arbeiterzeitung* begonnen, und war Kolumnist beim *Express*, wo er unter dem Pseudonym »Nilius« schrieb. Im Lift des Pressehauses soll ihm Dichand nahegelegt haben, dieser eher stillen Kolumne »Haifischzähne einzusetzen«. So kam Nimmerrichter 1964 zum Blattt. Liegt gerade keine Kampagne vor, gibt er seit damals den reaktionären Geiferer. Er konstatiert zum Beispiel, selbstverständlich als Kriegsteilnehmer und Anti-Hitlerist: »Die dritte Generation überlebender Juden mag die Märtyrer-Saga der so barbarisch vergasten Opfer Hitlers auf ähnliche Weise brauchen, wie die Christen seit 2000 Jahren das Andenken an den – wohl noch barbarischeren – Kreuzigungstod Jesu Christi pflegen.«

Zwar distanzierte sich sogar Bundeskanzler Franz Vranitzky von diesem Text, wie *Die Presse* berichtete. Obwohl man einer Distanzierung den Ausdruck des Ekels vorgezogen hätte, handelte es sich um einen seltenen Augenblick in Österreichs polit-medialer Zeitgeschichte. Trotz Klage der Israelitischen Kultusgemeinde war nicht einmal ein Verfahren geschweige denn ein Schuldspruch zu erreichen; in einer triumphierenden, doppelseitigen Ausgabe seiner Kolumne teilte Staberl seinen Lesern die Zurücklegung der Anzeige mit. »Der schöne Vrantz hätte sich seine Distanzierung erst gar nicht abquälen müssen«, höhnte Nimmerrichter. Und überhaupt: die Juden! Was wollen die? »Es hat in diesem Land« schleudert er ihnen entgegen, »keinen einzigen Journalisten gegeben, der zwanzig Jahre hindurch – genau gesagt: von 1965 bis zum Beginn der niederträchtigen Waldheim-Kampagne im Jahre 1985 – freundlicher über Juden und Israel im allgemeinen geschrieben hat!«

Nicht nur Jörg Haider ist also fähig, etwas – juristisch unfaßbar – in Anspielungen so zu sagen, daß er es im gleichen Atemzug zu dementieren scheint. Staberl sagte ja nur, in den KZs seien halt »nur verhältnismäßig wenige der jüdischen Opfer vergast«, der Rest sei »auf andere Weise umgebracht« worden. »Gewiß um kein Haar weniger barbarisch!« fügte er hinzu. Die »Märtyrer-Saga« machte zwar den Ton, aber die Staatsanwaltschaft hörte keine Wiederbetätigungsmusik.

Staberls Feindeswelt ist einfach. Er ist kein Nazi. Nur Antisemit. Er kämpft, kurz gesagt, für die kleinen Leute gegen die Menschenrechte. Daß es gegebenenfalls auch die Menschenrechte der kleinen Leute sein könnten, gegen die er kämpft, kommt diesen zuletzt in den Sinn. Es geht gegen Sozialschmarotzer, faule Neger, die UNO, die Amerikaner, die Politiker, die Linken und die Liberalen. Als Wundermittel gegen all das zieht er den von ihm respektvoll so adressierten »Dr. Haider« aus dem Sack, als dessen publizistischen Arm man ihn längst bezeichnen muß. Der hat nämlich, in Staberls eigenen Worten, »all das zum Gegenstand seiner Wahlkämpfe gemacht, das die Bürger und Wähler fernab von jeder Ideologie in ihrem Alltagsleben bedrückt oder jedenfalls vorrangig interessiert. Kurzum: Er hat das getan, um das die *Kronenzeitung* schon seit jeher bemüht war. So einfach ist das – im Zeitungsgeschäft und in der Politik.«

Ich beginne diesen Absatz mit einem Geständnis. Jeder österreichische Journalist blickt, schaut er in die *Kronenzeitung*, zwar in die Abgründe seines eigenen Gewerbes, aber eben doch in sein eigenes Gewerbe. Zum Beispiel schreibe auch ich wöchentlich eine Kolumne. Jahrelang war es mir gelungen, dabei meinen Kopf für mich zu behalten. Die wöchentliche Vervielfältigung meiner Gesichtszüge schien und scheint mir nicht inhaltsrelevant. Allerdings widerspricht der physiognomiefreie Abdruck von Glossen mittlerweile derart den Landessitten, daß ich mich nach fünfzehn Jahren hinhaltenden Widerstands davon überzeugen ließ, die regelmäßige Ausstellung meiner Gesichtszüge, im Jargon übrigens »Fresse« geheißen, als prominenzbildend und somit umsatzsteigernd zuzulassen.

Es stimmt schon: Wer hierzulande schreibt und nur mit seiner Sprache, nicht aber mit seiner Fresse dem Publikum entgegentritt, existiert fast gar nicht. Die *Kronenzeitung* hat als erste die Fressengarnierung des Blattsalats zu einem ihrer publizistischen Prinzipien erhoben. Die vertrauten Gesichter treten hervor aus dem Grauwert der Textmasse und umstellen den Leser wie eine liebe Familie. Wer einen Kommentar schreibt und kein Gesicht dazu anbietet, sagen sie uns, der hat nichts zu sagen. Selbst um Seriosität bemühte Blätter kommen nicht umhin, wenigstens in Zeichnungen dem so geschaffenen Identifikationsbedürfnis ihrer Leser nachzugeben.

Wer also in Österreich sprechen will, der zeige sein Gesicht. Oder er schäme sich und schweige. Im Gegensatz zu westlichen Usancen sind auch die hiesigen Qualitätsblätter voller Fressen. Um einen berühmten Satz abzuwandeln: Erst kommt die Fresse, dann kommt die Moral. Der Satz stammt natürlich nicht von Nimmerrichter. Der nimmt beides wichtig – Fresse und Fressen. Kokettierend mit der Tatsache seiner ewigen Kolumnistenjugend hatte er vor einigen Jahren beim ersten Erscheinen seiner frisch und doch altersgerecht fotografierten Fresse angekündigt, es wäre möglich, »daß dieses Bild das letzte sein wird«. Offenbar konnte er aber dem Druck der Leser keine drei Wochen standhalten und wechselte das letzte Bild gegen ein allerletztes aus.

Dem Brecht-Satz jedoch verlieh er einen neuen, bekenntnishaften Sinn, als er ihn in einem seiner raren Interviews zitierte: »Aber die Beschäftigungspolitik im Dritten Reich – das sind historische Tatsachen: Wie der Hitler am 13. März 1938 gekommen ist, da haben wir 600 000 Arbeitslose gehabt – und ein halbes Jahr später hat es keinen Arbeitslosen mehr gegeben. Wissen Sie, ich mag den Brecht nicht – aber erst kommt das Fressen und dann die Moral, dazu bekenne ich mich hundertprozentig.«

Kampagnen

Die *Kronenzeitung* führt Feldzüge. Ihnen ordnet sie alles unter. Jeder Kolumnist, jedes Ressort macht mit – auch die Leserbriefe passen wundersamer Weise ins Bild. Die Rubrik heißt ja »Das freie Wort«. Erfolgreiche Kampagnen führte die *Kronenzeitung* beispielsweise gegen die Verbauung des Sternwarteparks in Wien, wo sie den Bürgermeister stürzte, und gegen das Kraftwerk Hainburg, wo sie mit Dichands Worten »fast einen Bürgerkrieg riskierte«. Die *Kronenzeitung* kampagnisierte für Waldheim, wobei sie nicht davor zurückschreckte, latenten Antisemitismus wieder aufzuwecken. Sie wirft sich für strenge Ausländergesetze in die Schlacht, sie kann sich den Erfolg bei der Volksabstimmung über den EU-Beitritt an den Hut stecken und sich mit der Verhinderung des Leseturms beim Museumsquartier in Wien brüsten. Mühelos gelang es ihr, den größten Kulturbau der Zweiten Republik um wesentliche Teile verkleinern.

Sie servierte Politiker wie den ÖVP-Vizekanzler Erhard Busek ab, weil der sich in der Museumsquartierfrage offen gegen Dichand gestellt hatte. Die *Kronenzeitung* kämpfte von Anfang an und seine gesamte Amtszeit hindurch gegen Peymann. Kein zeitgenössisch orientierter Intendant findet Beifall von ihrer Seite: Auch Gérard Mortier ist ihr ein Dorn im Auge. Sie verunglimpft Künstler und Künstlerinnen von Thomas Bernhard bis Alfred Hrdlicka, von Elfriede Jelinek bis Peter Turrini, von Cornelius Kolig bis Hermann Nitsch. Sie machte den sozialdemokratischen Kunstminister Scholten mit antisemitischen Untergriffen regierungsuntauglich.

> *Der Scholten ist bei uns Minister*
> *Oft Gast im Heil'gen Lande ist er.*
> *Das ist schon gut. Das ist schon recht.*
> *Wär's umgekehrt, wär's auch nicht schlecht.*

reimte Wolf Martin. Die Regierung protestierte weder gegen den Skandal dieser Veröffentlichung noch verlangte sie nach einer Entschuldigung. Vielmehr entstand reflexartig die Stimmung, einen wie Scholten könne man nicht mehr nominieren, der Widerstand sei einfach zu groß.

Die *Kronenzeitung* verliert auch Kampagnen oder stellt sie mangels Erfolges wieder ein. Weder die Privatisierung des Fernsehens noch die Einführung eines Berufsheeres konnte sie durchsetzen. Den ihr als linken Gottseibeiuns erscheinenden Caspar Einem, einen Menschenrechtsfragen nicht von vornherein verschlossenen, von Herkunft bürgerlichen, durchaus sozial engagierten Mann, brachte sie zwar aus dem Innenministerium weg. Sie hatte begriffen, daß die Bestellung Einems als Zeichen gegen die ausländerfeindlichen und rassistischen Kampagnen der Populistenfront gemeint war. Sie konnte allerdings nicht verhindern, daß er Wissenschafts- und Verkehrsminister wurde. Die vielleicht absurdeste Kampagne führt sie gegen ihn, weil er als Verkehrsminister den Bau des Semmering-Bahntunnels befürwortet. In ihrer Wiener und in ihrer niederösterreichischen Ausgabe polemisiert sie gegen den Tunnel, in ihrer steirischen Ausgabe wiederum schreibt sie für das Projekt.

Bizarr gestaltete sich auch ihre Parteinahme für den Wiener Kardinal Groër, der sich an schutzbefohlenen Knaben vergriffen hatte. Er ließ in der *Kronenzeitung* (und nur dort!) veröffentlichen, er weise die gegen ihn gerichteten Anschuldigungen »ihrem Gehalt und ihrer Gestalt nach« zurück (was immer das heißen mochte). Dichand sprang ihm zur Seite und mahnte vor den Gefahren des »Widerchrist«, der »vor allem in jenen widergöttlichen Kräften spürbar« werde, »die den Papst kritisieren«. Und verdattert fragte er seine Leser: »Glauben österreichische Katholiken also einigen Enthüllungsjournalisten – die sich auf keine Beweise stützen – mehr als ihren Bischöfen?« Schließlich schlugen sich sogar die Bischöfe auf die Seite der Enthüllungsjournalisten, aber wer konnte das vorausahnen?

Die *Kronenzeitung* attackiert in der Kirche vor allem jene, die sich um Asylanten und Ausländer, also um die Objekte der angewandten Nächstenliebe, kümmern, und jene, die an Hierarchien zweifeln. Wer das tut, macht sich am Kern der Soldatenehre zu schaffen. »Der hierarchische Aufbau der Kirche hat nun einmal Ähnlichkeit mit dem einer Armee«, sagt Dichand. »Den Papst in Frage stellen bedeutet, die katholische Kirche in Frage zu stellen.« Einen Infragesteller, den Chef der Caritas, hat er angegriffen und aufgefordert, von der Spitze der Caritas zu »verschwinden«, weil angeblich aufgrund der asylantenfreundlichen Haltung der Caritas Spenden ausgeblieben seien. Das stimmte zwar nicht (sie stiegen um sechs Prozent), aber Dichand spendete öffentlichkeitswirksam 50 000 Schilling für ein Projekt, dessen Finanzierung die Caritas abgelehnt hatte. Er weiß schon, wie es geht, und er weiß, warum es geht: »Im Grunde will man ja die Abschaffung Gottes.« Das wird Dichand zu verhindern wissen.

Überschritten wurde die Ekelgrenze in der Berichterstattung über den Fall Omofuma. Der nigerianische Schubhäftling Marcus Omofuma war, von Beamten des österreichischen Innenministeriums begleitet, gefesselt und an seinen Sitz gebunden, auf dem Flug nach Sofia erstickt. Wie sich herausstellte, hatten ihm die Polizisten den Mund mit Klebeband verschlossen. Führende Beamte schworen unisono mit ihrem Innenminister, nie hätten sie von solchen Praktiken gehört. Die *Kronenzeitung* aber startete eine Artikelserie, die sich nicht mit den Vorfällen auf dem Flug der Balkan-Air oder mit Fragen der politischen Verantwortung beschäftigte, sondern hauptsächlich nachzuweisen versuchte, daß Omofumas Vorleben nicht in Ordnung war. Als würde das den Tod des Schubhäftlings rechtfertigen.

Wenige Tage nach dem Skandal des erstickten Schubhäftlings fand eine Razzia auf mutmaßliche nigerianische Drogenhändler statt, von denen sich eine beachtliche Zahl als Asylanten tarnte. Einige lebten angeblich sogar in Caritas-Heimen. »Dutzende Asylwerber bei Razzien in Wien, Graz, Linz und in St. Pölten verhaftet«, triumphierte die *Kronenzeitung*. Der Kolumnist Gnam half Begriffsstutzigen auf unnachahmliche Weise: »Wenn es stimmt, daß unter jenen in der Nacht auf gestern festgenommenen Drogendealern auch welche darunter waren, die vor dem Innenministerium mit verklebtem Mund gegen Schlögl (Innenminister, Anm.) und die ›Mörderpolizei‹ demonstriert haben, dann ist das Lügengebäude von den ach so unterdrückten, schützenswerten ›Asylanten‹ endgültig zusammengebrochen. Daß es diese politische Lüge gibt, hat man immer schon gewußt. Jetzt werden Beweise nachgeliefert!«

Als wenige Tage vor der Razzia die Wiener FPÖ in verschiedenen Tageszeitungen Inserate plazierte, deren Text aus einem drei Jahre alten Artikel der *Kronenzeitung* bestand, in denen sie den Innenminister mit geradezu prophetischer Gabe zum Handeln aufgefordert hatte, lag das Kombinationsspiel zwischen Partei und Blatt der Populisten auf der Hand. Beweise wurden allerdings erst nachgeliefert, als Herr Strudl, die Karikatur des österreichischen Hausmeisters, in seinem Sprechblasentext Haider-Parolen aufsagte: »Unserer ›Mörderpolizei‹ is es jetzt gegn heftigen grün-liberalen Widerstand gelungen, die wahren Mörder unsrer Kinder dingfest z'machen!«

Vier Seiten weiter referierte das Blatt unter der heimeligen Dachzeile »Ausländische Dealer beinhart abschieben« den offiziellen Text aus Haiders Rede vom Linzer Parteitag: »Mörder unserer Kinder haben hier nichts verloren!«

Der Protest gegen die Übergriffe der *Kronenzeitung* ist keineswegs neu. Beim Blättern in alten Unterlagen finde ich einen Satz, den Reinhard Tramontana 1974 in *Profil* über exzessive Angriffe der *Kronenzeitung* gegen den damaligen ORF-Kurator Karl Blecha geschrieben hat: »Die Nichtreaktion von Redaktion und allen Staatshäuptern – das ist das einzige, was wirklich und wahrhaftig zum Fürchten ist.« Seit einem Vierteljahrhundert reagiert kaum jemand. Die *Kronenzeitung* wächst und wächst.

Vor dem Presserat erscheint die *Kronenzeitung* prinzipiell nicht, auf Verurteilungen reagiert sie allenfalls mit Hohn. In jüngerer Zeit unternahm sie den skandalösen Versuch, Mitglieder des Presserates als Privatpersonen privatrechtlich zu belangen. Dieser hatte sie wegen der Veröffentlichung eines ganzseitigen Fotos des Briefbombenattentäters Franz Fuchs verurteilt, das sie auf dem Titelblatt mit der Schlagzeile »Ein Bild wie ein Geständnis« versehen hatte – eine flagrante Verhöhnung des Prinzips der Unschuldsvermutung. Das Handelsgericht Wien wies die Klage der *Kronenzeitung* ab und gab dem Presserat recht. Nach ständiger Rechtsprechung des Obersten Gerichtshofs rechtfertige eine solche Schlagzeile »wesentlich schärfere Verurteilungen« als die »letztlich in ihrem Inhalt sehr sachliche Feststellung« des Presserates. Die *Kronenzeitung* mußte rund 200 000 Schilling an Kosten übernehmen.

Solche Urteile braucht sie aufgrund ihrer ökonomischen Potenz nicht zu fürchten (allein Staberl Nimmerrichter wurde mindestens fünfzigmal wegen übler Nachrede verurteilt), und bei Verurteilungen wegen unlauteren Wettbewerbs findet sich allemal ein Weg, die Gegner ebenfalls anzuzeigen und sich dann bei genügend hoher Strafsumme mit ihnen außergerichtlich zu einigen. Fürchten müssen sich nur ihre Gegner, die sie mit solchen Mitteln unter Druck setzt.

Alles Boulevard! Eine Aufforderung zum Tanz

Das subjektive Geschick Dichands bei der Wahl von Themen und Mitarbeitern, bei der Gestaltung und Ausschmückung von Ressentiments erklärt manches, aber nicht alles. Die *Kronenzeitung* ist nicht das einzige Boulevardblatt Österreichs, die größten vier Zeitungen gehören alle zu diesem Genre, gleich ob sie qualitativ höhere Ansprüche stellen, wie die *Kleine Zeitung* oder der *Kurier*, oder sich bloß als bunte Billigkrone gerieren, wie Kurt Falks *täglich Alles*. Die Frage bleibt: Warum Boulevard? Genauer: Warum werden Boulevardzeitungen in diesem

Land so ernstgenommen? Warum werden überhaupt nur Boulevardzeitungen ernstgenommen? Und warum hat die *Kronenzeitung* derart überwältigenden Erfolg?

Die Intelligenz des ganzen Landes hat in den Augen der politischen Klasse nicht halb so viel Gewicht wie ein Hetzartikel in der *Kronenzeitung*. Das deutet auf Defizite im Steuerungsapparat der österreichischen Gesellschaft hin, die weit jenseits des Aufstiegs von politischem Populismus liegen. Der Erfolg der *Kronenzeitung* als Zentralorgan der kleinen Leute, als Kampfblatt für eine Sozialdemokratie gegen Sozialdemokraten liegt zwar den politischen Bahnen dieser Partei nicht ganz fern, zielt aber doch weiter, als diese je wollte: Populismus ist nicht mehr ein Mittel zum Zweck, Populismus ist zum Kern der Sache geworden.

Populismus als Selbstzweck läuft jedoch der Einrichtung der repräsentativen Demokratie zuwider. Er erfordert die Herstellung eines direkten Drahts zum Führer-Chefredakteur. Nun müssen Chefredakteure nicht unbedingt am Arbeitsplatz Demokraten sein, wenn sie wenigstens für Demokratie in der Gesellschaft eintreten. Die Verbindung von vorgelebtem Kommandojournalismus, wenngleich subjektiv in der gütig-sanften Variante erlebbar, mit objektiver Hetze gegen Grund- und Menschenrechte ergibt jedoch einen giftigen Cocktail. Der direkte Draht, den der Populismus zu den Massen zieht, zielt auf die Errichtung einer emotional unmittelbaren Volksgemeinschaft. Die Einrichtungen einer institutionalisierten Demokratie werden als zu komplex empfunden und abgetan. Wozu der komplizierte Krempel? Die da oben bereichern sich ja doch! Die Großkopferten gehören um einen Kopf kürzer gemacht, endlich einmal einer, der sich zu sagen traut, was Sache ist. Endlich ein Staberl, endlich ein Haider.

Staatlichkeit hat im Habsburgerreich nie in einer Form

existiert, mit der die Massen etwas anzufangen wußten. Das Habsburgerreich war kein Staat, sondern ein Reich im Besitz einer Familie. Das Parlament war dort höchstens ein Ort ohne Macht, an dem die Vertreter der verschiedenen Nationalitäten in würdeloser Form aufeinander losgingen, obwohl die Entscheidungen wenig Relevanz hatten, denn über allem schwebte die Krone. Eine Öffentlichkeit, die den Namen wert war, hat es nicht gegeben.

Populismus trifft auf die daraus entstandene österreichische Gefühlslage. Die Wut der Österreicher ist tief, jahrhundertelanges Ducken hat eine spezielle Form der Staatsfeindlichkeit hervorgebracht, unartikuliert, aber aggressiv. Unter der Gemütlichkeit lauert stets die Lust auf eine Hetz. Die politische Öffentlichkeit des Kleinstaats verliert im Kleinformat ihr Bewußtsein. Die Losung lautet: Feudalismus für alle. Der Hausmeister trägt die Krone.

Der Herrschaftsanspruch des Hausmeisters wäre noch keine österreichische Besonderheit, aber daß der Anspruch von den Hausverwaltern, den Politikern akzeptiert wird, scheint bemerkenswert und eigenartig. Deswegen leisten sich Österreichs Boulevardzeitungen die Besonderheit, Politik nicht nur als Stoff dadaistischer Spaßmontagen zu verwenden wie die *Bildzeitung* oder die englischen Tabloids, die auch deswegen überspitzt agieren, weil die Macher zwar ebenfalls auf sie angewiesen sind, sich ihrer Bedeutungslosigkeit aber wenigstens bewußt sind. Österreichs Boulevardzeitungen machen Politik, weil sie politisch etwas erreichen wollen und weil sie wissen, daß sie ihre Ziele erreichen können.

Die *Kronenzeitung* versteht es, das ihr vertraute Volk, das ihr anvertraute Volk den volksfernen Politikern als ihre Kundschaft zu präsentieren, als wäre es eine Hetzmeute in Ruhestellung und nur sie, die *Kronenzeitung*, könnte diese mit einem Rufe aufwecken oder bannen. Die meisten Politiker glauben daran und versuchen sich mit der *Kronenzeitung* zu arrangieren. Wer's tut, wird wohlwollend erwähnt. Wer nicht, gefährdet seine politische Existenz.

Tier und wir – nur für Gemütsmenschen

Die Hetz, das gegenseitige Zerfleischen wilder Tiere im Zirkus, diente in Wien, als anderswo das politische Gemüt sich an der bürgerlichen Revolution erhitzte, zur Ableitung niederer Masseninstinkte. Gegen die da oben konnte es nicht direkt gehen, ohne Federlesens wurden die zaghaften Versuche der wenigen Jakobiner ausgetreten. Die Wut auf die da oben, wohl auch die Wut aufeinander, fand kaum ein Ventil. So weidete sich das Publikum am Anblick hilfloser Kreaturen, die man gegeneinander loshetzte. Ist es diese hilflose, politikferne Untertanen-Aggressivität, die sich am Unglück der Opfer erfreut, ist es diese Freude, die der hetzerische Ton der Kampagnen anspricht, ist es diese teilnahmslose Freude an der Grausamkeit, in der er sein Echo findet?

Das Tier besetzt in der Bilderwelt der *Kronenzeitung* einen prominenten Platz. Die Neider des Erfolgs der *Kronenzeitung* kommen »wie Ratten aus dreckigen Hinterhöfen hervor. Mit ihren vom Aas ihrer Gesinnung vergifteten Zähnen versuchen sie uns anzufallen« (Dichand). Mit Lust wird eine des Mordes verdächtigte Krankenschwester – wie sich bald herausstellt, zu Unrecht – der Geheimprostitution bezichtigt und »das Schweinchen, das alles macht« genannt. Die Gegner und die Feinde, die Hasser und die Neider: Ratte und Schwein, Laus im Pelz, Hyäne und Straßenköter sind Invektiven, die man sich als Kritiker der *Kronenzeitung* mühelos einhandeln kann.

Was immer die Themen sind, der Herausgeber weiß genau um die Wichtigkeit seiner Bilder: »›Kinder, Tiere, Mädchen‹ war von Anfang an unsere Parole«, sagt er in einem Interview. »Tiere sehen die Menschen lieber an. Macht ihnen mehr Freude« als »Autowracks, Politiker, Männer«. So wird denn die Kreatur nur ausnahmsweise zum Schimpfwort, sozusagen im Augenblick höchster Reizung.

Der geschichtliche Unterstrom von Freude an der gehetzten Kreatur, von dem sich die Wiener Volkslust nicht bloß etymologisch herleitet, bleibt die unausgesprochene Voraussetzung. »Die Hetze und ein Anblick der Züchtigung geht den Wienern über alles«, merkt abfällig ein zeitgenössischer Chronist an. Mit »Züchtigung« bezieht er sich auf die Lust der Bevölkerung an der Straßenreinigung durch kahlgeschorene und aneinandergekettete Strafgefangene, unter ihnen zahlreiche Prostituierte, die Josef II. in den achtziger Jahren des 18. Jahrhunderts als Strafmaßnahme eingeführt hatte und die ihr Nachspiel 150 Jahre später in den beschämenden Szenen fand, als Wiener NS-Pimpfe Juden zwangen, Straßen zu waschen. Aufklärung auf wienerisch, jedenfalls. Tiere, Kinder, Mädchen. Das Tier als Seelenschmeichler und Verkaufsförderer darf in keiner Ausgabe der *Kronenzeitung* fehlen. Schließlich, in einer Art zum Mitleid gewendeter Variante der Hetz, betreibt die Tiermutter Edith Klinger ihr öffentliches Barmherzigkeitsasyl in der *Kronenzeitung*. Ihr Mitleid mit der Kreatur wird zum zynischen Kalkül mit den Gefühlen der Leserschaft. Tiere, Kinder, Mädchen ...

Der Hausvater als alter Hausmeister

Die *Kronenzeitung* ist wie ein Haus. Vorne wartet Kolumnist Staberl, in der öffentlichen Wahrnehmung eine Art Kettenhund, weswegen die von ihm jahrelang lustvoll attackierten Jusos ihn einst auf dem Titelblatt einer Broschüre so karikierten. Er bellt gefährlich, hängt aber stets an der Kette seines Herrn. Andererseits geht, wie wir wissen, Herr Dichand lieber nach Hause und streichelt seinen Hund, als Macht auszuüben. Die *Kronenzeitung*, ein Hundeleben!

In den Zimmern, durch freundliche Fressen kenntlich gemacht, wohnen die Redakteure und hetzen gemütlich. Sie sind und denken wie ihre Leser, sie würden nie etwas anderes schreiben, als ihre Leser wollen. Die Zeitung gibt sich als die unmittelbare Fortsetzung des Denkens, Fühlens und Wollens ihrer Leserschaft. Sie bezieht ihre Kraft daraus, daß sie die Instinkte ihres Publikums kennt und diesem seine Opfer so serviert, daß es sie fressen kann und doch nichts mit ihnen zu tun hat. Sie bezieht ihre Macht daraus, daß sie ihrem politischen Gegner, der Politik, die Möglichkeit suggeriert, diese erregbare Lesermasse sowohl zu wecken als auch in Schach zu halten. Sie hat, nicht nur der mächtigen feudalen Tradition wegen, in der sie sich bewegt, leichtes Spiel.

Die Leserfamilie ist groß. Sie umfaßt fast die Hälfte des Landes, das muß man sich immer wieder vor Augen halten. Das können doch nicht lauter Antisemiten, Rassisten, Nazis sein? Eben. Aber das Innere des Hauses schützt sie vor dem Außen. Vor denen, die draußen sind. Türkische Musik wurde einst gespielt, als Hunde und Bären Lämmer und einander zerfleischten. Noch immer klingt die Hetzlust fremd in unseren Ohren, mischt sich mit Angstlust. Die Hetzer tragen seltsame Masken, falsche Bärte und aufregend lateinische Pseudonyme: Autoritäten, denen man jedenfalls mehr glauben kann als Politikern und Bischöfen. Wenn sie nicht selber Politiker und Bischöfe sind ...

Die *Kronenzeitung* ist ein schönes Haus. Voller Hausmeister. Voller alter Hausmeister. Und mit einem Hausmeister aller Hausmeister, der noch über volle hausväterliche Herrschergewalt verfügt. Dessen Verhältnis zu den anderen Hausbewohnern nicht durch langweilige rechtsstaatliche, öffentliche Kinkerlitzchen geschwächt ist. Ein blutvolles Verhältnis, wo Klartext geredet wird, wo Loyalität noch gilt und schlichte Volksfrömmigkeit, wo dem Volk aufs Maul geschaut und nach dem Maul geredet wird.

Manchmal kommt ja auch die Kunst vor. »Kunst kommt zu den Menschen« heißt es dann, wenn Kunst am Bau zu feiern ist, irgendwo, weil ein edler Spender eine Wotruba-Skulptur gibt, die einen neuen Gemeindebau verschönt. Dann lacht der Bürgermeister aus der Zeitung, der Wohnbaustadtrat freut sich, und der Spender ist ebenfalls im Bild zu sehen, vornehm lächelnd – Hans Dichand, natürlich.

Könnte er Privatleben und Hausmeistergeschäft nicht auseinanderhalten, es gäbe sie nicht, diese überwältigende Eintracht zwischen ihm, Zeitung und Publikum; es gäbe sie nicht, diese Einfühlungskraft ins Volksempfinden; es gäbe sie nicht, diese Urteilssicherheit, die nie fehlt, wenn es darum geht, sich zwischen gegenaufklärerisch und bloß reaktionär schlafwandlerisch sicher für das erste zu entscheiden. Es ist schon so: »Die *Neue Kronenzeitung* ist das Zentralorgan der österreichischen Gegenaufklärung, und zwar in einer durchaus historischen Dimension: Alles, was die österreichische Gegenaufklärung im Laufe der Geschichte zu sagen hatte, ist in der *Krone* gesammelt, modernisiert, das heißt an die Gegebenheiten des heutigen Mediengeschäfts angepaßt und um das zeitgemäß Rückständige vermehrt.« Dieser Satz von Franz Schuh trifft den Kern. Man muß ihm nur dort widersprechen, wo es um die Gegebenheiten des modernen Mediengeschäfts geht.

Denn die politische Anmaßung von Boulevardmedien wie der *Kronenzeitung* (abgesehen von Grundsympathie und Gründungsauftrag) erscheint nicht modern, sondern atavistisch. Eine wirklich moderne Auffassung von Medienmacht müßte sich mit der Eroberung von Marktanteilen begnügen. Die *Kronenzeitung* und die anderen österreichischen Boulevardmedien stehen aber keineswegs nur auf einer tieferen Stufe der medialen Evolution, sie haben bloß andere Motive, auf politische Machtausübung nicht verzichten zu wollen. Einerseits ragen die Machthaber dieser Medien aus einer anderen Medienepoche herüber und spüren deshalb noch Lust an politischer Macht. Ihre Machtlust ist sicher primär eine Marktmachtlust, keine genuin politische, und sie unterdrücken jeden politischen Impuls sofort, wenn er ihnen auch nur den Hauch eines Nachteils auf dem Markt einträgt. Dennoch bleibt eine gewisse politische, sogar eine menschliche Leidenschaft spürbar, über die Erfordernisse des Geschäftszwecks hinaus.

Die *Kronenzeitung* führte ihre Kampagne für den Beitritt zur EU gegen ihren Favoriten Jörg Haider; die Gegnerschaft Kurt Falks zur EU war grundiert durch seine Gegnerschaft zur *Kronenzeitung*: Wer wird die Abstimmung gewinnen – Dichand oder Falk? Auch sind die rechtskatholischen Anwandlungen Dichands nicht nur nicht mehrheitsfähig, sondern geradezu sektiererisch; sie sind gegenaufklärerisch, gewiß, aber sie haben auch ein Moment verschrobener Inhaltsversessenheit an sich. Inhaltliches Interesse aber zeichnet Öffentlichkeit aus, die sich ja im Gegenüber argumentierender Privatleute herstellt. Bei all ihrer gegenaufklärerischen Grundhaltung will die *Kronenzeitung* etwas Politisches, etwas, das über den bloßen Martktvorteil hinauszielt. Sie will die Grundlagen dessen angreifen, was man Zivilgesellschaft nennt: Unschuldsvermutung, Asylrecht, Meinungsfreiheit, Marktordnung. Sie will die Politik insgesamt nach rechts treiben. Und sie hat unleugbar Erfolg dabei. Aber sie bleibt in sich zerrissen. Mit einigen schwachen Fasern klammert sie sich an das, was sie zerstört. Vielleicht bezieht sie gerade aus dieser Zerrissenheit die unerhörte Kraft ihres strukturellen Opportunismus.

Modernen Medien hingegen fehlt dieses Sensorium. Ihnen geht es um die Aufmerksamkeit des Publikums, gleich wofür. Deswegen kann man sagen, die Bemühungen der *Kronenzeitung* gehören zu den Erscheinungen der österreichischen Nachkriegsgesellschaft, weil sie noch politische Momente an sich tragen. Ihre Art Opportunismus versucht immer wieder, nicht nur den Massen nach dem Maul zu reden, sondern ihnen auch etwas vorzubeten. Mißlingt das, gibt sie schnell auf. Aber sie versucht es immer wieder.

Gleichzeitig oder besser ungleichzeitig stehen die Altmeister mitten im Geschäftsleben. Sie zeigen sich den Anforderungen der Marktmoderne durchaus gewachsen. Mit ihren politischen Drohgebärden machen sie nicht nur Politik, sie setzen beinhart ihre ökonomischen Interessen durch. Es funktioniert noch immer, das Gspür für die Leser, gegen die sie niemals bewußt auch nur ein Wort sagen würden, und das Gspür für die Schwäche der regierenden Politiker, die sie mit ihrer Volksnähe nach Belieben ängstigen, weil diese um ihre Volksferne wissen.

Bekannt ist, daß die Boulevardpresse ihre Kampagnen nur dann lancieren kann, wenn diese Kampagnen vorhandenen Anschauungen in ihrer Leserschaft entsprechen. Trotzdem steht man einigermaßen verblüfft vor der Tatsache, daß eine Boulevardzeitung sich nicht nur in politischen Fragen wichtig macht, sondern auch in der Kulturpolitik, der Stadtentwicklung und der ästhetischen Darstellung der Republik. Und das nicht ohne Erfolg, wenigstens nicht ohne Folgen. Was in Österreich (abgesehen vom Westen des Landes) öffentlich wie gebaut wird, bestimmt die *Kronenzeitung*. Erstaunlich daran ist, daß diese Kompetenz ihrer Leserschaft mit hoher Wahrscheinlichkeit vollkommen egal ist. Das Interesse der *Kronenzeitung* an Sachfragen ist in einer nur mehr auf Markt ausgerichteten Medienwelt ein in gewisser Weise geradezu erfrischend altmodischer Zug.

Die Politik im ungeordneten Rückzug

Leider hat Politik selbst kein wirkliches Interesse mehr an politischen Fragen. Sie interessiert sich für Gesten, nicht für Strukturen. Genauer gesagt: Sie interessiert sich für Wirkungen. Politiker meinen, auf machtpolitische Gegebenheiten Rücksicht nehmen zu müssen, zunächst auf ihre Wiederwahl, ehe sie zu Sachproblemen vorstoßen können. Konsequenterweise unterwirft sich Politik dem populistischen Diktat, denn die nächste Wahl kommt schneller, als man denkt. Politik medialisiert sich, umgekehrt machen Medien Politik. Franz Olah hat es im voraus gewußt; daß sich das Trauma *Kronenzeitung* allerdings zu dieser Größe auswuchs, haben sich die politischen Parteien selbst zuzuschreiben.

Wenn sie daran glauben, daß der Boulevard den Volkswillen in Österreich artikuliert, wenn sie die *Kronenzeitung* sozusagen für eine Abkürzung des demokratischen Prozesses halten, ersparen sie sich das umständliche Warten auf den Urnengang und lassen sich umstandslos mitteilen, was sie zu erwarten haben, wenn sie nicht parieren. Damit machen sie sich zum Komplizen ihrer eigenen Abschaffung. Wobei sie sich darauf verlassen können, daß die *Kronenzeitung* meist besser liegt als die Meinungsforscher. Geradezu hysterisch sensibel hört sie hinein ins Volk. Was immer sie zu hören meint, gibt sie wieder und erzeugt damit ein Echo, auf das sie lauschen kann, um darauf zu reagieren. Selbst ihre Xenophobie stellt sie zurück, wenn – wie im Fall des Ausländervolksbegehrens von Jörg Haider – ausreichend Gegenwehr (damals in Form der Lichtermeer-Demonstrationen) spürbar wird. Mit eintägiger Schrecksekunde stoppte die *Kronenzeitung* damals ihre Propaganda für dieses Volksbegehren. Es wurde ein Mißerfolg. Statt der erwarteten einen Million Unterschriften kamen nur 400 000 zusammen. Wenn, wie im Angesicht der diversen Balkankrisen, die Hilfsbereitschaft der österreichischen Bevölkerung jeden Ansatz zur Ausländerfeindlichkeit erstickt, ändert die *Kronenzeitung* blitzartig ihre Linie. Demoskopie, die sich ein Politiker ab und zu leistet, steht gegen solche Flexibilität auf verlorenem Posten.

*

Am letzten Tag des Zweiten Weltkriegs rief ein Wiener Hausmeister sieben im Keller versteckten Menschen zu, sie möchten herauskommen, die Russen seien da. Als sie geblendet ans Licht stolperten, erschoß er sechs, einen nach dem anderen. Eine Frau wurde nur an der Schulter getroffen, entkam und erzählte diese Geschichte, die bei Hilde Spiel nachzulesen ist. Das mächtige Auge des Hausmeisters umfängt alles: die gehetzte Kreatur, das nackte Mädchen, den sonntäglichen Zeitungsnehmer, den ängstlich zum Blatt greifenden Politiker. Nichts entgeht dem Auge im Dreieck, das mahnend auf ihnen ruht. Die Hausmeister sind an der Macht. Am nächsten Sonntag ziehen sie erneut die bunten Fahnen auf.

VII

Seid wachsam!

Acht Kolportagen über Medien und Politik in Österreich

*Stets das Heute nur des Gestern
und des Morgen flaches Bild.*
Franz Grillparzer,
»Der Traum, ein Leben«

Die Zeitung kauft man in Österreich in der Trafik. Das Wort ist eine seltsame Mischung. Es stammt aus dem Arabischen und kam über das Italienische zu uns. Ursprünglich bedeutet »tarfiq« (auch die Schreibweise »tafrik« kommt vor) »verteilen«, und die Trafik ist ein Geschäft, in dem Zeitungen und Rauchwaren verteilt werden; auch Glückslose der staatlichen Lotterien und – je nach Ambition der Inhaber – neuerdings Waren aller Art. Trafiken sind fest in der Hand von Kriegsinvaliden und deren Nachkommen. Die Rauchwaren werden vom Tabakmonopol geliefert, das noch unter der Schutzglocke einer EU-Übergangsbestimmung fortdauert. Für Lotto- und Totoscheine ist die staatliche Glücksspielgesellschaft zuständig (das Glücksspiel ist kein Monopol mehr).

Die Trafik ist demnach der Ort, an dem die Monopole zu den Menschen kommen, an dem der Staat in handelnder Gestalt dem Bürger entgegentritt. Ein in seiner Ungleichzeitigkeit zutiefst österreichischer Ort, eine Schnittstelle von k.u.k. ärarischer Verwaltung und obsorgendem Wohlfahrtsstaat, von Pfründen und staatlicher Überregulierung.

In der Trafik materialisiert sich Pressefreiheit, schließlich werden dort Zeitungen in Verkehr gebracht. Der Trafikant wäre also eine Art Hausmeister der Menschenrechte.

Als Hausmeister dafür zuständig, alltägliche Gemeinheiten und menschliche Schwächen auszuspähen und handzuhaben, hält er als Verteiler von Gedrucktem das Grundrecht der Meinungsfreiheit aufrecht. Derart das Edle und das Niedere miteinander zu verbinden ist nicht einfach. Man sieht es den meisten Trafikanten an, daß sie schwer an ihrem Beruf tragen; auch als Kunde bekommt man das zu spüren. Kauft man systematisch etwas anderes als vom Hausmeister präferierte Druckwerke, kann es schon sein, daß einen der Hausmeister abmahnt. Er gleicht dem österreichischen Medieninhaber darin, daß er nicht nur am Geschäft, sondern auch am Leben Interesse zeigt; deviantes Verhalten wird in beidem nicht gewünscht.

Der österreichische Medieninhaber ist nichts anderes als ein idealer, gleichsam ins Große projizierter Trafikant. Deshalb ist die größte Tageszeitung der Welt, gemessen an ihrer Verbreitung im Verhältnis zur Zahl der Bevölkerung, eine Hausmeisterzeitung in jedem Sinne des Wortes. Dichand und Falk, verfeindete Oberaufseher im Haus ... ja in welchem Haus eigentlich? Im Haus der Sprache? Wohl kaum. »Ich bin nur einer von den Epigonen, die in dem alten Haus der Sprache wohnen« – schon besetzt. Im Haus der Öffentlichkeit? Gerade die stellen die Hausbesorger nur scheinbar her. Im Haus der Geschäfte, die in aller Öffentlichkeit heimlich ablaufen? Sagen wir einfach: im Domus Austriae Medialis, im Medienhaus Österreich, im Haus der Hausmeister.

Die österreichische Literatur von Heimito von Doderer bis Elias Canetti, von Hilde Spiel bis Helmut Zenker ist bewohnt von diesen ebenerdigen, aber doppelbödigen Figuren. Hausmeister wissen über ihre Hausbewohner mehr, als denen lieb sein kann, sie kennen ihre Kunden, deren Schwächen, deren Wünsche. In den bestgeordneten Häusern wohnen oft die bösartigsten Exemplare. Und natürlich mögen einander die Hausmeister der größten Häuser am wenigsten.

Eine zerbrochene Männerfreundschaft stand, wir wissen es bereits, am Anfang eines mittlerweile Österreich beherrschenden Medienhauses. Hans Dichand wollte seinen Hälftepartner und Geschäftsführer Kurt Falk loswerden. Er fand den WAZ-Konzern und kaufte seinen Partner mit dem Erlös aus. Falk gründete mit Dichands Milliarden die größte Wochenzeitung des Landes, *Die ganze Woche*, und später ein Konkurrenzblatt, die erste Tiefdruck-Tageszeitung der Welt, *täglich Alles*, um seinem Rivalen zu zeigen, daß doch er der bessere Zeitungsmacher sei. Dies mißlang. Trotz aller Bemühungen erreichte *täglich Alles* bis jetzt nicht einmal die Hälfte der *Kronenzeitungs*-Reichweite.

Kurt Falk und *täglich Alles* – Einer gegen alle

Über den egomanischen, nicht uncharismatischen Kurt Falk kursieren zahlreiche, meist wohlig-masochistisch erzählte Anekdoten, welche dem Wirtschaftskapitän die seinem Genie komplementäre Verrücktheit attestieren sollen. Man habe ihn bei Konferenzen beobachtet, wie er sich so in Schwung geredet habe, daß er plötzlich auf dem Besprechungstisch stand. Als ihm die Verblüffung der anderen aufgefallen sei, habe er kurz innegehalten, sei heruntergestiegen und habe weitergesprochen, als wäre nichts geschehen. Weniger freundliche Falk-Kenner wollen wissen, daß er als Geschäftsführer der *Kronenzeitung* den Tag damit begonnen habe, im Keller auf Scheiben zu schießen, welche die Gesichter seiner liebsten Feinde trugen. Als er den deutschen Boulevard-Journalisten Peter Bartels engagierte, bestand dieser auf einer Wohnung im Redaktionsgebäude. Falk, ein Mann, der schnell handelt, stimmte zu. Als ein Sportreporter am nächsten Tag sein Büro betrat, fand er eine Klomuschel, wo gestern noch sein Schreibtisch gestanden hatte. Niemand hatte ihn von der baulichen Veränderung informiert.

»Sie essen mein Eigentum!«, pflegt Falk angeblich Angestellten zuzurufen, die auf einem Bleistift kauen. Betriebsräte nennt er schlicht »kontraproduktiv«. Wenn nötig, gründet er eine neue Gesellschaft mit dem Namen »Schwutren« (kurz für Schweiß und Tränen), die alte samt Betriebsrat wird liquidiert – natürlich nur handelsrechtlich. Einen Betriebsrat gibt es, aber bloß in einer Falk genehmen Form. »Was können diese Leute eigentlich«, fragt er, »die in unserem Land in teuren Schlitten mit unkündbarer Stellung, meist auch noch unerklärlich gut bezahlt, herumschwirren?« Er hingegen habe »für das Mittelmäßige und das Unterdurchschnittliche, gleichgültig in welcher Form es in Erscheinung tritt, nichts übrig«.

Betrachtet man Falks Produkte, ist das ein seltsames Zitat. Zuerst versuchte er mit *täglich Alles*, der *Kronenzeitung* ein positiv getöntes Familienblatt entgegenzustellen. Er mußte aber bald einsehen, daß es ohne Hetze nicht geht. Also engagierte er den mittlerweile 60jährigen Gerd Leitgeb, einen einstmals liberalen Journalisten, der die Rolle des Staberl-Imitators übernahm und willig daran ging, den Ressentiment-Helfer zu spielen. Auf die Frage einer Illustrierten, ob er Lustgewinn aus seiner Kolumne ziehe, antwortete er mit einer sprachlich wie sachlich bezwingenden Analyse der Vielfalt, die in seinem Inneren herrscht: »Nein, eigentlich nicht. Ich bin eine Torte, und ein ganz schmales Stückerl davon ist meine Kolumne. Es gibt daneben noch viele andere Tortenstücke.«

Leitgeb wurde über seine Tortennatur nicht näher befragt. Nie werden wir erfahren, ob wir uns seine Seele wie eine Sachertorte oder eher wie eine invertierte Punschtorte vorstellen müssen, außen braun, innen rosa. Immerhin wissen wir, welcher Zuckerguß-Satz die Torte ziert. Es ist Leitgebs berühmtester, sein einziger, an den man sich erinnern wird. Im Juli 1992 schrieb er über die Politiker: »Jagt sie wie die Hasen. Damit der Polit-Sumpf nicht noch größer wird in unserem Land!« Wie er später nicht müde wurde zu versichern war dies selbstverständlich nur metaphorisch gemeint. Bedauerlicherweise fiel der Satz in eine durch Briefbomben und Ausländerfeindlichkeit aufgeheizte Stimmung, die vor allem gegen Linksliberale aufschwappte. Und leider hatte sich Leitgeb, ob aus Unwissen, Gleichgültigkeit oder böser Absicht, am symbolischen Inventar vergriffen: In der sogenannten »Mühlviertler Hasenjagd« wurden in den letzten Tagen des Zweiten Weltkrieges 500 russische Ausbrecher aus dem Konzentrationslager Mauthausen von SS und Bevölkerung gejagt »wie die Hasen«. Ich erinnerte ihn an solche Konnotationen. Als er mir daraufhin in Verkennung der Lage per Zeitungsinterview vorwarf, »nicht ganz klar im Kopf« zu sein und zu behaupten, er fordere zur Tötung von Politikern auf, prozessierte ich übrigens jahrelang und erfolglos mit dem Tortenmann.

Kurt Falk hat bereitgestellt, was eine landläufige gute Zeitung braucht. Bunte Bilder, Kochrezepte, Horoskope, Lebenshilfen aller Art, ausführliche Fernsehprogramme, Sport in Hülle und Lokales in Fülle. Alles schien sich frisch und friedlich anzulassen, aber irgend etwas fehlte. Idyllen wirken hierzulande nur, wenn sie ein bißchen böse sind. Der Rosengarten macht erst dann Freude, wenn ihn ein bellender Dobermann bewacht. Und Leitgeb erfüllt diese Funktion. Falk feuert so schnell, wie er heuert. Im Fall des

Peter Bartels wurde das von manchen bedauert, denn der schien erstmals den Nonsense-Ton deutscher Boulevardmedien ins Spiel zu bringen, diesen zynischen Dadaismus, mit dem Medienmacher versuchen, sich über die Einsicht ihrer totalen Bedeutungslosigkeit hinwegzuhelfen.

Bartels ging in den Augen Falks zu weit, als er die Schlagzeile »Aids-Gerüchte über Klestil« mit der Überzeile »Die mieseste Schlagzeile des Jahres« weniger abschwächte als charakterisierte. Zwar hatte Falk nichts dagegen, als *täglich Alles* das in Österreich bisher beachtete Tabu brach, über Intimes von Spitzenpolitikern zu berichten, und mit Fotos herauskam, welche die Liaison des Bundespräsidenten Thomas Klestil mit seiner Mitarbeiterin Margot Löffler bewiesen. Das mochte gerade noch angehen – schließlich hatte Klestil soeben seinen Wahlkampf mit Propagandahilfe seiner scheinbar intakten Familie gewonnen. Auch daß Bartels auf Seite eins fragte: »Klestil, wann gibst du die Löffler ab?«, ging als taktlose Aufmüpfigkeit durch. Nach dem Aidsgerücht aber, dessen faktischer Grund in einer schweren Infektionskrankheit Klestils bestand, wurde Bartels gefeuert, Falk entschuldigte sich beim Bundespräsidenten und überwies eine Million Schilling Buße an eine karitative Organisation.

Falk gehört zur Generation jener Autokraten, die ökonomisch und inhaltlich wirken wollen. Sein Trachten ist zum Teil negativ durch die bloße Existenz Dichands bestimmt, zum Teil durch Falks eigenen Charakter. Auf merkwürdig verwandte Weise verkehren sich die Handlungen der beiden Tycoons ins Lächerliche: Wie Kurt Falk sein Machertum zum Slapstick (Klomuschel!), mißrät Hans Dichand seine Rettung des Abendlands zum wütenden Sektierertum (»Widerchrist«). Kurt Falk wirkt in Österreich auch deswegen so exzentrisch, weil er hartnäckig und dickschädelig auftritt. Mit so einem macht man keine politischen Geschäfte. Presseförderung weist er zurück. Die 200 Millionen Schilling Druckereiförderung, welche die meisten Verleger einst erhielten, nahm er an, aber nur, weil er sie als Steuerrückerstattung auffaßte – schließlich hatte er für die von Dichand bezahlten *Kronenzeitungs*-Milliarden 780 Millionen Steuern bezahlt.

Neigung traf sich hier mit Einsicht: Falk profilierte sich als einer der unerbittlichsten Gegner des österreichischen EU-Beitritts. Der *Kronenzeitung* schleuderte er entgegen: »Zu Beginn der EU-Abstimmungs-Kampagne hat die Graune, wie sie manche Leute nennen, ihren Lesern mitgeteilt, daß das Blatt den EU-Beitritt unseres Landes wünscht, und damit als unabhängige (objektive) Zeitung abgedankt.« Allein, es nützte nichts. Die *Kronenzeitung*, ursprünglich EU-skeptisch, gewann die Abstimmung und auch das Duell gegen Falk. *Die ganze Woche* ist zwar nach wie vor die reichweitenstärkste Illustrierte des Landes, aber das angestrebte Ziel, der Sieg gegen die *Krone*, blieb aus: *täglich Alles* kommt, allen Marketingmühen zum Trotz, heute auf nicht mehr als 11,1 Prozent Reichweite. 1993 waren es noch 17,2 Prozent gewesen, und die *Kronenzeitung* hatte erstmals 200 000 Leser verloren – ganz offensichtlich an Falks buntes Blatt.

Bitter, da Falk mit deutscher Schlagzeilenhilfe programmatisch das Österreichertum seines Blattes ausrief: »Was Sie in Händen halten (…) wurde ausschließlich von Österreichern geschrieben, gedruckt und in den Handel gebracht. Kein Groschen ausländisches Kapital ist daran beteiligt, was wir Österreicher uns hier erarbeiten, bleibt in unserem Land und fließt nicht in die Bundesrepublik Deutschland.« Die undankbaren Österreicher jedoch kümmerten sich nicht darum, was wohin fließt, und ließen ihre hart erarbeiteten Ressentiments weiterhin von der *Kronenzeitung* pflegen. Bitter, daß die Ausländerfeinde dort nun selber

Ausländer sind. Doppelt bitter, daß die Inländer am wenigsten kümmert, ob sie mit inländischem oder ausländischem Kapital zur Ausländerfeindlichkeit angestiftet werden.

Politisch ist Falk isoliert – er hat es längst aufgegeben, eine Privatradio-, TV- oder GSM-Lizenz zu erhalten. »Verleger, die mit Politikern subtile Geschäfte der günstigen Berichterstattung im Austausch für Versicherungskonzessionen, Radiolizenzen, Telefonnetz-Erlaubnisse, Haustorschlüssel etc. machen, sind nicht selten zu finden. Ich zähle nicht dazu«, sagt er. Solche Töne hört man im Land des Konsens ungern. Der konziliant wirkende Dichand redet mit fast jedem.

Charakteristisch wie der durchsichtige Patriotismus ist auch der leere Technikfetischismus, der die jüngere Mediengeschichte prägt. Druckereien, nicht verlegerische Ideen standen dabei im Mittelpunkt. Technik als Inhalt – ein österreichisches Motiv. Das Klischee vom österreichischen Gemüts- und Kulturmenschen beruht auf einer Fehleinschätzung, vom Fremdenverkehr gefördert, von der Exportwirtschaft bedauert. Die österreichischen Leistungen in Motorenforschung, Weltraumtechnik und Halbleiterbau sind nicht weniger bedeutend als die aus Kunst und Kultur, aber weniger fremdenverkehrstauglich. Der Ingenieuraspekt im Verlagswesen interessiert die geschäftsführenden Personen klarerweise mehr als dessen geistiger Zuschnitt. Die Bevölkerung unterliegt bei derlei Wertungen sowieso keinen schöngeistigen Skrupeln; sie telefoniert mit dem Handy.

Kurt Falk ist der bedeutendste Ingenieur unter den Verlegern. Seine Idee war eine technische: die Gründung der ersten Tiefdruckzeitung der Welt. Hohe Farbqualität und niedrigere Kosten ab einer gewissen Auflagenhöhe sollten der Konkurrenz zu schaffen machen. »Unser Ziel ist es, in dieser Hochqualitätsfarbbilddrucktechnik 1992 eine Tageszeitung anzubieten. Wir wollen damit völlig neue Wege gehen, der Leser soll sich die Finger nicht mehr schmutzig machen, die Zeitung soll geheftet sein und daher beim Umblättern nicht mehr auseinanderfallen, die grauschwarzen Bilder, wie sie in Tageszeitungen heute noch üblich sind, sollen durch Farbbilder ersetzt werden. Dabei soll die Aktualität nicht leiden...« Die Aktualität? Falk löste auch dieses Problem. Durch Kombination zweier Druckverfahren machte er es möglich, daß in den unflexiblen bunten Tiefdruckrahmen mittels Flexodruck aktuelle Schlagzeilen, Bilder und Geschichten eingedruckt werden konnten. Eine weltweite Innovation. Hätte er in Journalisten investiert, wäre er vermutlich heute erfolgreicher, aber nicht glücklicher.

Auch am Anfang vom Ende des selbständigen *Kurier* stand die Technik. Die Zeitung wäre heute noch nicht Teil der Mediaprint, hätte nicht in den siebziger Jahren ihre Geschäftsführer die Idee erfaßt, eine überdimensionierte, hochmoderne Druckerei zu bauen; was Falk gegen Dichand nicht durchsetzte, stand bald auf der Wiese in Wien-Inzersdorf. Die *Kronenzeitung* werde demnächst beim *Kurier* drucken müssen, weil die Werbewirtschaft ihre Anzeigen nur mehr in dieser Qualität gedruckt sehen wolle, hatte die Spekulation gelautet. Sie erwies sich als falsch. Trotz des modernen Druckverfahrens drängten die Inserenten nicht zum *Kurier*, sie blieben bei der *Kronenzeitung*. Diese wird zwar heute tatsächlich in Inzersdorf gedruckt, aber erst seitdem der *Kurier* fast zur Hälfte der WAZ gehört.

Der WAZ-Mann ruft – die Mediaprint

Falk brauchte den Riesen nicht aufzuwecken, aber er half ihm mit *täglich Alles* auf die Sprünge. Als die *Kronenzeitung* an Auflage verlor, antwortete die WAZ mit wochenlangen Gratisverteilaktionen. Sie verstärkte ihren Vertrieb und begann eine flächendeckende Hauszustellung aufzubauen. Um die Zeitungen auch abliefern zu können, bekam sie von der Gemeinde Wien Zentralschlüssel für sämtliche Gemeindebauten. Wohlgemerkt: Nur die Mediaprint kam in den Genuß dieser Vergünstigung. Nur dem ideellen Gesamt-Hausmeister stand die Schlüsselgewalt über den Gemeindebau zu.

Dank einer kumulierten Reichweite aller Produkte von nahezu hundert Prozent hatte die Mediaprint mit einem Schlag eine marktbeherrschende Stellung. Sie kaufte die Druckerei Vorwärts und verdoppelte sogleich den Druckpreis der *Arbeiterzeitung*, was zum Hinscheiden der nun privatisierten Tageszeitung der SPÖ beitrug. Der Mediaprint-Vertrieb trat als Konkurrent des einzigen anderen Vertriebs am Platz auf, behandelte aber keineswegs alle Marktteilnehmer gleich. *Der Standard* wurde als Konkurrent des *Kurier* nicht in die Hauszustellung aufgenommen, das neu gegründete *Wirtschaftsblatt* als Konkurrent des *Standard* hingegen sofort. Eine Klage wegen Mißbrauchs der marktbeherrschenden Stellung wurde abschlägig beschieden.

Anzeigenabteilung und Vertrieb schnürten vorteilhafte Kombipakete. Eine Klage wegen Mißbrauchs der marktbeherrschenden Stellung wurde abschlägig beschieden. In Kärnten übernahm die Mediaprint Anzeigenverkauf und Vertrieb der *Kärntner Tageszeitung*. Klagen gab es keine mehr. In Salzburg baute sie mit einem Konkurrenten gemeinsam ein Druckzentrum. Weitere Verlage wurden zugekauft. In allen Bundesländern kämpfte die *Krone* gegen den jeweiligen Matador, der *Kurier* wurde inzwischen langsam auf eine Hauptstadtzeitung redimensioniert. Ein von einem zufälligen Zeugen im Hotel Schwarzenberg belauschtes Gespräch der Mediaprint-Mächtigen brachte den Plan an den Tag.

Kronenzeitung und *Kurier* wurden zu bloßen Redaktionsgesellschaften degradiert, zu Anhängseln ohne jedes geschäftliche Mitspracherecht. Die WAZ folgte damit ihrem in Deutschland erfolgreichen Modell. Daß Hans Dichand in der *Kronenzeitung* seine Variante des unerbittlich sanften Kommandojournalismus verwirklicht, entspricht nicht dem Stil der WAZ. Die läßt ihren Redaktionen Spielraum, solange die Budgets eingehalten werden. Die WAZ mischt in Nordrhein-Westfalen bei elektronischen Medien kräftig mit und beeinflußt die dortige Mediengesetzgebung. Manches verschafft einem geradezu das Erlebnis eines Déjà-vu. Die WAZ-Chefs und -Eigentümer Günther Grotkamp und Erich Schumann, geboren 1927 und 1930, sind einander spinnefeind, müssen aber wegen ihres Gesellschaftervertrags zusammenbleiben.

Schon 1981 gestattete ein Urteil des Bundesgerichtshofs einem WAZ-Konkurrenten, zu behaupten, »daß das WAZ-Reich ohne jeden Zweifel nur durch brutalen Machtmißbrauch zusammengeschmiedet worden ist«. Das Rezept der WAZ »bestehe aus einer Mixtur von unfairer Anzeigenpreispolitik, Rechtsmißbrauch durch Prozeßlawinen, knallharter Vertriebswerbung, Abwerbung von Mitarbeitern der Konkurrenz, psychologischer Angstmacherei und verlockend hohen Übernahmepreisen«. Deutsche Medienbehörden bremsten das Wachstum des »Wolfs im Blätterwald«, wie der *Stern* die WAZ nannte. In Österreich bremst niemand. Hier zieht man es vor, wachsam zu sein.

In meinem Zweitberuf als Kleinverleger hatte ich Gelegenheit, mit den WAZ-Methoden der Mediaprint eigene Erfahrungen zu machen. Meine wöchentlichen Kolumnen in der Stadtzeitung *Falter* schließe ich seit fünf Jahren mit dem Satz: »Im übrigen bin ich der Meinung, die Mediaprint muß zerschlagen werden.« Diese Cato-Paraphrase, durch das Pseudonym des Mediaprint-Mächtigen Dichand inspiriert, hatte Folgen. Die insistierende Aufforderung, kartellrechtlich rückgängig zu machen, was sich da zusammengeballt hatte, kritisierte nicht nur die marktbeherrschende Mediaprint, sondern genauso die verfehlte Medienpolitik, ein mißbrauchtes Wettbewerbsrecht und ein maßgeschneidertes Kartellrecht. Vor allem entsprach sie in ihrer Insistenz nicht den Landessitten, sich nur hinter vorgehaltener Hand über das Unausweichliche zu beklagen.

Publizistische Auseinandersetzungen über diese Fragen werden hierzulande nur als ökonomische Macht- und Muskelspiele ausgetragen. Sie finden öffentlich, aber nicht in der Sphäre der Argumente statt. Ein »Großer« argumentiert nicht gegen einen »Kleinen«, denn das hieße in der Logik des »Großen« den »Kleinen« ernst zu nehmen, ihn aufzuwerten. Es geht niemals um das Gewicht des Arguments, es geht um das Gewicht der Macht des jeweiligen Organs. »So sehr ich dafür wäre, solche Konflikte publizistisch auszutragen, so unmöglich ist das, denn es wäre wahrlich ein großes Geschenk für den *Falter*, wenn die *Krone* mit ihrer riesigen Auflage mit ihm zu polemisieren anfinge«, schrieb mir Hans Dichand 1996.

Was war geschehen? 1995 entstanden Kontroversen um die Mediaprint, geschürt unter anderem durch die Absetzung des *Profil*-Herausgebers Hubertus Czernin. Die Mediaprint wollte anscheinend mit Kritikern aufräumen, bediente sich dazu aber nicht publizistischer, sondern handelsrechtlicher Mittel. Sie stellte gegen ein »*Falter*-Leserservice«, bei dem an die Leserschaft unter anderem Theaterkarten verschenkt wurden, 112 Strafanträge hintereinander und versah diese mit einem ständigen Zusatz, der dem letzten Satz meines Artikels an Sprengkraft deutlich überlegen war: »Es wird beantragt, über den vorliegenden Antrag solange nicht zu entscheiden, bis diese Exekutionsbewilligungsentscheidung des Titelgerichts vorliegt.« Auf deutsch: Sagt dem Antragsgegner nichts von unserem Antrag, bis die Strafsumme hoch genug ist. Mit diesem Trick sorgte die Mediaprint dafür, daß der *Falter* solange nichts von den gegen ihn vorliegenden Strafanträgen erfuhr, bis sie ihm im Paket zugestellt wurden und die Strafsumme die Höhe von 5,5 Millionen Schilling erreicht hatte.

Die Absicht der Mediaprint war klar. Sie wollte den *Falter* nicht bessern, sie wollte ihn umbringen. »Uns ist das Schicksal des *Falter* eigentlich egal. Uns geht es vor allem darum, daß sich auch der *Falter* an die Gesetze hält...«, verriet damals Mediaprint-Justitiar Ernst Swoboda einer Illustrierten. Zwar hielt sich die Mediaprint selbst keineswegs an dieses Gesetz und wurde deswegen zu Strafen in zweistelliger Millionenhöhe verurteilt. Doch Swoboda wußte, was er tat. In der *Österreichischen Juristen-Zeitung* hatte er 1992 von einer »geradezu mörderischen Waffe« des Wettbewerbsrechts gesprochen, die der Gesetzgeber hier geschaffen habe. Swoboda wörtlich: »Seit der Novelle kann es durchaus geschehen, daß Strafen in Millionenhöhe dem Verpflichteten zugehen, der von dieser plötzlichen Strafenlast durchaus ›erschlagen‹ werden kann.«

Klartext lieferte auch WAZ-Geschäftsführer Schumann. »Der *Falter* hat monatelang gegen das Wettbewerbsrecht verstoßen. Die Mediaprint hat das zunächst hingenommen und dann beschlossen, das nicht mehr hinzunehmen, auch wenn es sich um einen kleinen Verleger handelt.« Und er präzisierte: »Wenn einen ein kleiner Terrier ständig in die Wade beißt, kann man das einige Zeit ertragen – aber irgendwann wird man sich mit den legalen Mitteln wehren müssen.« Der Oberste Gerichtshof reduzierte die Strafe drastisch und konstatierte, »ein von der Rechtsordnung gebilligtes Interesse des betreibenden Gläubigers an dieser Art von Exekutionsführung« sei »zu verneinen«. Aus einem geplanten Medienvolksbegehren wurde andererseits ebenfalls nichts; immerhin war es gelungen, ein paar Wochen lang eine öffentliche Debatte darüber in Gang zu bringen. Ich erfülle weiterhin meine Terrier-Pflicht und schreibe meinen letzten Satz ans Ende meiner *Falter*-Kommentare.

Schaden war dennoch genügend angerichtet worden. Wir mußten das erfolgreiche Leserservice einstellen, Bilanzrückstellungen für die Prozesse vornehmen, uns von Konkurrenten (die geradezu systematisch wegen Verstößen gegen dasselbe Gesetz abgeurteilt werden) als Stümper und Pleitiers verhöhnen und zwei Jahre lang von der Arbeit abhalten lassen. Vor allem aber war demokratiepolitischer Schaden zu beklagen. Die Lehre aus dem Vorfall lautete: Wenig von dem, was auf dem Medienmarkt an Gewinnspielen geschieht, ist rechtens. Nur wer genügend Geld hat, darf im schlecht regulierten handelsrechtlichen Monopoly um die Marktanteile mitspielen.

Den Medienmarkt gut zu regulieren oder nicht bedeutet aber auch, die Meinungsfreiheit zu wahren oder nicht. Gerade bei ungleich mächtigen Sprechern die Gleichberechtigung der Argumente zu erhalten ist wohl eines der Ziele jener merkwürdigen Veranstaltung, die man Demokratie nennt. In aller Öffentlichkeit hat sich dieses Prinzip verkehrt. Das Argument zählt nichts mehr, die Macht des Sprechers wiegt alles auf. Gleichheit vor dem Gesetz und gleicher Zugang zum Recht zeigen den Entwicklungsgrad einer Demokratie an. Die Logik der Zeitungskriege und ihrer zugehörigen rechtlichen Auseinandersetzungen folgt einem anderen Muster: Recht hat der Stärkere.

Doch soll man auch das Positive sehen. Immerhin hatte uns die Mediaprint in ihrer eigenen Logik ernstgenommen. Wir faßten das als politisches Kompliment auf. Die Mediaprint fühlt sich, wie machtvoll sie auch sein mag, offenbar bedroht. Sie merkt selbst, daß ihr Machtzuwachs die österreichische Demokratie gefährdet, weil er die ohnehin prekäre Balance der österreichischen Öffentlichkeit belastet, und sie mag keinen Widerspruch, geschweige denn einen Widerstand dagegen dulden.

»In einer beispiellosen Aktion haben die Westdeutschen nach ihrem Einstieg die gesamte österreichische Presselandschaft umgekrempelt und einen neuen Supermulti aus der Taufe gehoben«, konstatierten deutsche Beobachter drei Jahre nach dem *Krone*-Coup. Der *Falter*-Prozeß war sicher nur eine unbedeutende Episode der Pressegeschichte; an ihm und am Fall des Nachrichtenmagazins *Profil* kristallisierte sich jedoch erstmals einiges an Widerspruch gegen den neuen Machtblock in Österreich heraus.

Jeder hier liest gern *Kurier*

Die ehemals scharfen Konkurrenten *Kronenzeitung* und *Kurier* waren durch die Mediaprint plötzlich Partner. Der *Kurier*, eine Nachkriegsgründung unter amerikanischer Patronanz, hatte mit Chefredakteur Dichand in den fünfziger Jahren und dann mit Hugo Portisch seine beste Zeit gehabt. Später von österreichischen Industriellen gekauft, ging er schließlich an Raiffeisen über. Mitte der siebziger Jahre kaufte der *Kurier* auch die erfolgreichen Magazine *Trend* und *Profil*.

Zum Unglück der *Kurier*-Gruppe gehört das Fehlen eines Verlegers. Als Dichand und die WAZ die Synergie priesen, überhörten die Raiffeisen-Leute vornehm die rhythmischen Platz-da!-Rufe. Und wenn sie sie hörten, hatte die WAZ ein wohlklingendes Argument. Die Gewinne sollten zwischen *Kronenzeitung* und *Kurier* nicht nach dem Betriebsergebnis geteilt werden, sondern im Verhältnis 70 zu 30. Das bedeutete eine Subvention des *Kurier* durch die Gewinne der *Kronenzeitung*. Den WAZ-Leuten war das egal, sie waren bei jeder der beiden Zeitungen mit fast 50 Prozent beteiligt. »Für uns bedeutet das: Aus der linken Hosentasche in die rechte«, sagte Günther Grotkamp. Über die Aufteilung sollten sich die Österreicher streiten.

Der Vertreter der Eigentümer, Raiffeisen-Generalanwalt (wie sein etwas exotischer Berufstitel lautet) Christian Konrad, freute sich – als Kaufmann. Dächte er wie ein Verleger, müßte er sich über »die Selbstaufgabe des österreichischen Bürgertums« Gedanken machen, das sich in den Worten eines ehemaligen führenden *Kurier*-Kommentators mit dem Verkauf an die WAZ nicht nur selbst seines Organs beraubt, sondern es auch noch mutwillig dem Erzfeind *Kronenzeitung* ausgeliefert hat. In Österreich gibt es aber kein Bürgertum, das diesen Vorgang als Problem betrachten würde. Dächte der Raiffeisen-Bankier wie ein Verleger, müßte er die Marktlage beklagen, in die sein Blatt mit der Mediaprint-Konstellation geraten ist. In einem Augenblick, da alle Großverlage um jeden Preis Reichweite und Marktanteile kaufen, nur an die Bilanz zu denken, zeugt nicht von strategischem Weitblick. Die Zeitung selbst ist gut gemacht und holt das Beste aus der paradoxen Aufgabe heraus, zugleich ein Boulevardblatt von Qualität oder ein boulevardeskes Qualitätsblatt sein zu sollen.

Streit im Symbolhaushalt: Das *Profil*

Zur *Kurier*-Gruppe gehört der *Trend-Profil*-Verlag. Das Nachrichtenmagazin *Profil*, 1970 von Oscar Bronner gegründet, paßte zum Modernisierungsschub unter Kreisky und wurde bald Bestandteil des österreichischen Symbolhaushalts wie Schnitzel, Stephansdom und Staatsvertrag; und zwar zu einer Zeit, als das Fernsehen noch eine staatliche Ermunterungsanstalt war, die Regierung eine Ansammlung älterer, würdiger Respektspersonen darstellte und der Printmarkt in Parteiorgane und Revolverblätter zerfiel. Damals herrschte in besseren Büros statt Gleitzeit Lektürepflicht für *Kurier* und *Profil*.

Wo sind sie geblieben, die provokanten Herausgeber, die unerbittlichen Bürochefs, die unentbehrlichen Nachrichtenmagazine? Man weiß, was die pluralistische Gesellschaft aus all dem gemacht hat. Der Symbolhaushalt scheint unsanierbar. Das Schnitzel ist als Kalorienbombe diskreditiert, der Stephansdom muß permanent betteln gehen, der Staatsvertrag hat Maastricht und Amsterdam erlebt. Und das *Profil*?

Es hatte sich in den letzten Jahren durch Streitigkeiten, Streiks und zahlreiche Herausgeberwechsel selbst gelähmt. Oder wurde es gelähmt? Verwerfungen kehrten das Unterste zuoberst. Im Schatten der über ihren Häuptern kreisenden WAZ zerrieb sich die um ihre Autonomie besorgte Redaktion. Den Herausgeber Peter Rabl streikte sie weg, weil sie dessen Doppelfunktion als Manager und Herausgeber nicht akzeptieren mochte. Sein Nachfolger Hubertus Czernin mußte mit den Verletzungen aus diesem Kampf fertig werden. Er glaubte, sie nur durch Entfernung führender Köpfe heilen zu können. Kulturchefin Sigrid Löffler wurde gekündigt. Aufdecker Alfred Worm ging selbst. Auf den Erfolg des Banalisierungsmediums

News reagierte *Profil* mit Anpassung, statt entschlossen dagegenzuhalten. Das Bedürfnis einzelner nach Kontrastprogramm wurde als Unbotmäßigkeit oder Antimodernismus aufgefaßt.

Die Abwärtsspirale schien unumkehrbar. Auch, weil die Verleger dem Produkt ebenso feindselig gegenüberstanden wie dieses ihnen. Die Aufdeckung des Skandals um den Kardinal Hans-Hermann Groër, der sich an Knaben vergriffen hatte, half weder beim katholischen Raiffeisenverband noch bei der *Kronenzeitung*, die Groër wütend verteidigte. Herausgeber Czernin hatte sich zuerst als Waldheim-Aufdecker einen Namen gemacht, was seine Position in den Augen des soldatentreuen Dichand ebenfalls nicht verbesserte. Zudem polemisierte er vehement gegen das Boulevardblatt, als Staberl dort zum wiederholten Male das Geschehen in den Konzentrationslagern verharmloste. Von kommerziellem Erfolg war längst keine Rede mehr; die Unterschätzung von *News* und andere verlegerische Fehler wirkten sich verheerend aus. Czernin mußte gehen, und alles wurde noch schlimmer. Als Nachfolger schien der ehemalige Langzeit-Herausgeber Peter Michael Lingens bereits fix, als der sich in eine peinliche Affäre verhedderte, an deren Ende der einstige Moralist der Nation vom Vorwurf der Anstiftung zum Amtsmißbrauch freigesprochen wurde. Diese Affäre schlachtete die Kollegenschaft unter Vorspiegelung scheinbarer Anteilnahme aufs widerlichste aus. Lingens war damit erledigt. Czernin-Nachfolger wurde der wenig charismatische Josef Votzi.

Obwohl *Profil* unter Czernin keineswegs schlecht war, litt seine Ausstrahlung. Ja, Medien haben ihre Aura. In dieser Aura schimmert durch, wieviel Phantasie und Energie aller Beteiligten in einem Konzept aktiviert wurde. Davon wiederum hängt ab, ob ein Medium sein Publikum anregt, auch zum Widerspruch. Dieser auratische Prozeß – sagt mein persönlicher Medienmystizismus – geht über das Gedruckte oder Publizierte hinaus. Der schleichende, immer wieder aufbrechende interne Streit, das journalistische Bestehen auf einer lange kultivierten Unabhängigkeit, die den Eigentümern bisweilen als Feindseligkeit gegen sie erscheinen mußte, die undurchsichtige Personalpolitik, mangelndes Problembewußtsein, fehlende Zielvorgaben, Uneinigkeit auf seiten der Eigentümer beschädigten die Aura des Magazins nachhaltig.

Dennoch ist *Profil* stets ein Blatt, das Journalismus macht. Nicht immer guten. Aber wenigstens immer Journalismus; schon das klingt mit Recht nicht jedem wie ein Lob, der das Kraussche Verdikt im Ohr hat, der Journalismus habe keine Auswüchse, er sei einer. Es gibt allerdings schlimmere Alternativen.

Am Höhepunkt der *Profil*-Krise sah es beinahe so aus, als würde mit Erscheinen des Konkurrenzprodukts *Format* aus dem Hause Fellner, zu dem wichtige Redakteure übergelaufen waren, das *Profil* eingestellt, oder es würde zuvor schon an die Konkurrenz verkauft. Im letzten Augenblick bestellten die Eigentümer einen neuen Herausgeber und machten deutlich, daß sie mit der ganzen Macht des WAZ-Konzerns in den Krieg der Magazine ziehen würden. Die neue Generation, die nun im *Profil* das Ruder in Händen hält, hat kapiert, daß sie mit vornehmem Ignorieren oder halbherzigem Imitieren die Konkurrenz nur stärkt. Sie geht zumindest auf den Gegner los und hat nun alle Möglichkeiten, die qualitätvoller Journalismus auf dem Markt so braucht: krasse Ermäßigungen, Preissenkungen, TV-Werbung, Gutscheinaktionen ... Allerdings ist sie gezwungen, die Problematik zu verdrängen, daß das Nachrichtenmagazin, das einst als Garant und Sinnbild von Unabhängigkeit galt, nun selbst gleichsam als Teil in jene Mediaprint adoptiert wurde, in der Dichand den Ton angibt. Sie hat sogar eine Gesprächsbasis mit dem Tonangeber gefunden. So präsentierte sie Dichand am Titelblatt, als Helden eines Zwiegesprächs über den Krieg am Balkan mit dem von Dichand als Drehbuchkorrektor seines Sisi-Films verpflichteten Norman Mailer. Von der *Kronenzeitung* mußten sich die einst als Hort des Salonbolschewismus und Kryptokommunismus Geschmähten freilich attestieren lassen, nun sei das *Profil* endlich »von seinen linksextremen Fesseln befreit (...) und leistet sich nun des öfteren originelle Unabhängigkeit«. Es wird interessant, zu sehen, was passiert, wenn *Profil* das nächste Mal den Verdacht auf Staberlsche Wiederbetätigung ausspricht. Ob es ihn ausspricht?

Was hätte *Profil* anderes tun sollen? Die WAZ wollte ihren Anteil nicht verkaufen, eher hätte sie das Magazin ausgehungert. Gleichzeitig holten die Fellners zum finalen Erstschlag aus. Den konnte *Profil* nun abwehren, die sogenannte Kriegskassa ist voll; für manche auch das Maß: »Mir fällt das *Profil* aus den Händen, ich werde es nie mehr aufheben«, schrieb Elfriede Jelinek nach Ansicht des Dichand-Mailer-Covers.

Die Welt als Ranking und Kundenbetreuung – die Gebrüder Fellner

»*News* gewinnt!« »Zuerst in *News*!« »Noch mehr Leser!« »Das 300-Seiten-Heft!« »Aufregende Geschichten in *News* haben meist eines gemeinsam: Sie kündigen sich dem aufmerksamen Leser durch kräftige Vorbeben in der Tagespresse an – lange bevor *News* überhaupt am Markt ist ...« »Lange vor Bekanntgabe des Berichtes hatte *News* – bis heute weiß niemand, wie wir zu den Informationen kamen – alle geplanten Informationen der unter strenger Ver-

traulichkeit tagenden Kommission bereits veröffentlicht.«
»Die Schallmauer von 300 000 Exemplaren hat *News* mit den letzten beiden Ausgaben erstmals überschritten ...«
»Die besonders hohe Nachfrage ist direktes Resultat von journalistischen Leistungen« »Mit dieser Nummer ziehen wir Bilanz über unser fünftes und auch erfolgreichstes Jahr ...« »Die neue Auflagenkontrolle bringt *News* einen fast schon unglaublichen Auflagenrekord ...« »Als erstes steht's in *News*!«

Profil machte auch zu seinen schlechtesten Zeiten Journalismus. Was aber macht *News*? Zweifellos etwas, was Journalismus täuschend ähnlich sieht. Was sagen diese Texte, mit denen *News* sich selbst jede Woche auf die Brust trommelt wie ein Medium gewordener Gorilla? Sie sagen: Wir sind der Realität immer eine Nasenlänge, der Konkurrenz mindestens zwei voraus. Sie sagen aber auch: Versuch einmal, so laut zu schreien wie wir. Du wirst es nicht wollen, weil du ein taktgeschwächter Versager bist. Du wirst es aber auch nicht können, weil wir ganz einfach die allerbesten sind. Wir haben in Amerika studiert, wie man so etwas macht, und wenn es dabei Schamschwellen gibt, werden sie von uns hochgestemmt.

Die Brüder Fellner sind die Atlanten der Schamschwelle, die Athleten der Großmäuligkeit. Ihre Prahlmaschine läuft und läuft. Nicht nur damit hat *News* neue Maßstäbe gesetzt. Die Fellners – Wolfgang, der Redakteur, Helmuth, der Manager, aus dem Mittelmaß des Mittelstands ins Unermeßliche des Erfolgs aufgestiegene Mittvierziger – verkaufen einfach alles und am allerbesten sich selbst. Sie haben es verstanden, sich von jeder ihrer Gründungen so rechtzeitig zu trennen, daß noch ein guter Verkaufspreis zu erzielen war. Aus einer Schülerzeitung hatten sie als Buben das größte Jugendmagazin gemacht; es war das einzige, in dem neben Berichten über Rockstars und Verhütungsmittel SPÖ-Minister aus Inseraten lächelten. Früh trieb die Medialpartnerschaft Knospen. Ein SPÖ-Wahlkampfmanager namens Hans Mahr (ehemals *Kronenzeitung*, heute RTL) vergaß 1983 an einem öffentliche Ort seine Aktentasche mit Wahkampfunterlagen. Sie enthielt auch namhafte Inseratenaufträge für die Publikation der hoffnungsvollen Fellners.

Die Illustrierte *Basta* folgte. Sie war vom Start weg erfolgreich. Ihr erster Coup bestand – im Vorfeld der Nationalratswahl 1983 – in einer absichtlichen Verwechslung einer literarischen Satire mit Realität, um den grünen Politiker Herbert Fux zu diskreditieren. »*Basta* muß brennen« lautete der Slogan. Weg mit den alten Säcken! Eine neue Generation sollte porträtiert werden. An ihrer Spitze: der zur Wahl stehende 72jährige Bruno Kreisky. Schließlich gelang es den Brüdern, *Basta* und *Rennbahn-Express* an den *Kurier* zu verkaufen, wo Wolfgang dann ohne viel Erfolg als Redaktionsdirektor tätig war, unter anderem aus Dankbarkeit, weil ihm »die *Kurier*-Eigentümer beim *Rennbahn-Express* und beim *Basta* geholfen haben«, wie er sagte – eine merkwürdige Interpretation eines Kaufs. Wenig später zogen die dankbaren Fellners ihre Schlüsselleute vom *Kurier* wieder ab, engagierten neue Kräfte dazu und gewannen den Axel Springer-Verlag als Financier für die Gründung von *News*. *Basta* wurde bald eingestellt. Mittlerweile haben Springer und die Brüder an die deutsche Bertelsmann-Tochter Gruner+Jahr verkauft. Gruner+Jahr ist nun mit 75 Prozent Mehrheitseigentümer des *News*-Verlags, die Fellners halten den Rest.

Der *News*-Verlag erreicht Marktanteile mittels exzessivem und nur teilweise legalem Verteilen von Zugaben und zeigt ein unerschöpfliches Talent bei der Kombination von Vermarkten und Publizieren. Er treibt die Auflage seiner Illustrierten dadurch bis an die äußerste Grenze und schafft tendenziell durch Gutscheine und Sonderaktionen den Verkaufspreis ab. Der neue Eigentümer muß dann den Abstieg verantworten, denn er ist nicht so geschickt wie die Fellners. Die sind wiederum längst dabei, ein neues Projekt aufzublasen.

Die Brüder setzen ihre Medien nicht nur beim Selbstlob, sondern auch beim Lobbying in eigener Sache noch ein Stück schamloser ein als ihre Konkurrenten. All das würde sie aber erst zu einer jüngeren Variante des austro-publizistischen Hausmeisters machen. Sie sind aber mehr als das – oder besser, sie tragen zweifellos Züge von Hausmeistertum, markieren aber insgesamt das Erreichen einer neuen Qualität des Publizierens. Soziologen würden sie *New Austrian Janitors* nennen.

Ihre hauptsächliche Meisterschaft besteht nämlich darin, Marketing und Journalismus so aufs neue zu verbinden, daß man sie nicht mehr voneinander unterscheiden kann. Die Fellners sind Meister der Grauzone, die ersten konsequenten Verleger von Formatmedien in Österreich und darin vermutlich sogar Avantgarde im deutschen Sprachraum. Medien, die sie in die Welt setzen, werden mit geräuschvoller Untermalung solange getestet, bis weder Publikum noch Anzeigenwirtschaft irgendwelche Einwände gegen das Produkt mehr haben. Deshalb sind sie vor Erscheinen bereits ein Riesenerfolg, deshalb sind sie überbucht und ausverkauft, ehe es sie gibt, deshalb sind die Ereignisse so alt, wenn sie in *News* stehen. *News* wußte schon letzte Woche, wie es kommen würde. Warum benötigen diese Produkte den Journalismus? Damit das Geschäft, Aufmerksamkeit zu akkumulieren, nicht die Eitelkeit der prominenten Mitspieler beleidigt. Bundeskanzler und Bischof, Theaterdirektor und Poet, Manager und Banker stellen sich doch nicht für einen Prospekt oder ein Anzeigenblättchen zur Verfügung. Außerdem braucht das Marketing Stoff. Die Frage »Zugabe wozu?« darf unter keinen Umständen aufkommen. Schließlich sind adäquate Vorwände notwendig, die Prominenten ins Fotostudio zu locken, damit man den wöchentlich erscheinenden Prospekt nicht für einen Prospekt hält. Dazu sind die besten Journalisten des Landes (einige davon befinden sich wirklich dort) gerade gut genug.

Die Idee des Mediums als Gegenüber, als Gesprächspartner seines Publikums, ist hier ad acta gelegt zugunsten des total opportunistischen Mediums, das nur mehr sensibel auf das reagiert, was die ausersehenen Zielgruppen wünschen. Stolz bezeichnet sich *News* als »Gesprächsstoff für Österreich«. Dieser Stoff bereitet niemandem ein Problem, er beschreibt oder berichtet nicht, er schmeichelt sich ein, er dringt in die Ritzen des Sozialgefüges und füllt sie aus, ein Brei, der alle zusammenklebt, die zusammengehören, die Kunden in der Werbung und die Kunden am Kiosk, und selbstverständlich die Kunden in der Politik. Ein Brei der medialpartnerschaftlichen Denkungsart, wo Vorteil sich mit Vorteil mischt.

Die Welt eine Kundenbetreuungsaktion, die Illustrierte der Prospekt dazu. Jedes Jahr entsteht ein neues Produkt, ob Frauen oder Motor können wir im Augenblick nicht sagen, es laufen gerade Markttests und Kundenbeobachtungen. Das Publikum ist abgeschafft, die Kunden werden immer zahlreicher. Man braucht sie nur noch, um sie an die Anzeigenwirtschaft weiterzureichen – als Zielgruppe. Man braucht sie nicht als Gegenüber, dem man etwas mitteilt. Das sind altmodische Fiktionen.

Das Ressentiment ist nicht mehr Gestaltungs-, sondern bloß noch Auswahlprinzip. Die neue Frage lautet: Wer ist prominent? Im Ressentiment lebt, als Zerrbild politischer Gegnerschaft, noch ein Moment von jenem Gegenüber. Die *Kronenzeitung* konstruiert ihre Realität zwar unverschämt. Sie inszeniert ihre Kampagnen und weist den Politikern präzise Rollen darin zu. Der Journalist und Kommunikationswissenschaftler Stefan Weber hat das ausführlich dokumentiert. Aber dann verbirgt die *Kronenzeitung* verschämt ihre Inszenierung.

News brüstet sich damit. Die Konstruktion von Realität wird dort als Erfolgserlebnis zelebriert. »Die Skistars wissen, wie sehr sie sich auf *News*-Berichte verlassen können: Schon in der ersten Coverstory des Winters wurde der Gold-Rausch von Vail vorhergesagt.« Nun sitzen sie in der Hotellobby von Vail und wissen, was sie zu tun haben. »Als erstes stand's in *News*.« Und in *News* steht, wie die Schistars die Voraussage von *News* in Realität verwandeln, nicht indem sie Gold holen, sondern indem sie in *News* lesen, wie sie Gold holen.

Es steht geschrieben, du sollst dir kein Bild machen. Die Fellners aber machen Bilder. Sie schicken nicht bloß Fotografen aus, sie bitten in ihr Studio. Und – wie sie es ausdrücken würden – ganz Österreich kommt. Ob der Bundeskanzler mit Boxhandschuhen, der listig-böse Bischof Krenn mit wahlweise Goldkreuz oder Zeigefinger, der Innenminister mit Polizeimütze, ob Fernsehstars oder Olympiasieger, sie alle posieren bei *News*. Nicht weil, sondern obwohl sie wissen, daß die Kunst der Bildmontage dort auf solch neue Höhen gebracht wird, daß von Fälschung zu sprechen nicht unstatthaft wäre, wüßte man nicht, daß dem Foto als Bilddokument sowieso nicht mehr zu trauen ist.

Wie *News* mit den Bildern umgeht, das ist nicht nur hemmungslos, es unterliegt einem einzigen Prinzip, dem der Verkaufsförderung. Daß ein Porträt einmal ein bisserl gestaucht oder eingefärbt wird, wenn's gerade sein muß, spielt keine Rolle. Daß Augen, Zähne und Teint nachbearbeitet werden, gehört längst zum Handwerk. Daß Menschen nebeneinander montiert werden, die sich niemals nebeneinander fotografieren lassen würden, zeugt von gedankenloser Überheblichkeit, demonstriert aber vor allem die Macht des Mediums zur Herstellung eigener Bildverhältnisse. Daß es sich um Montagen oder Bearbeitungen handelt, wird höchstens im Kleinstdruck am Rand vermerkt. Einübung in die Fälschung der Welt könnte man sagen, bedürfte es dabei noch der Übung. Dabei geht es keineswegs um Innenpolitik, sondern um die Erzeugung von Prominenz zwecks Gewinnung von möglichst viel Aufmerksamkeit. Der Politiker hofft, daß auch für ihn Aufmerksamkeit abfällt. Und er hat recht. Nur unter der Bedingung aber, daß die Aufmerksamkeit, die ihm zuteil wird, auch fürs Magazin verwertbar ist, als Hinweis darauf, wer hier die Sichtbarkeit schafft. Und als Vorleistung für eventuelle Gegengeschäfte.

Das Fotostudio von *News* ist der neue Innenbezirk der österreichischen Öffentlichkeit. Die Scheinwerfer strahlen hell und zugleich bleibt vieles im Dunkeln. Der Subtext unterhalb der innenpolitischen Schlagzeilen beispielsweise. Die Sichtbarkeitsverhältnisse werden in dieser Kammer neu geordnet. *News* hat es nicht nötig, per aufgeklebtes Auge den Kunden zu überwachen. Es kreiert im Objektiv der Kameras seine politischen Kunden selber. Die Kabinetts- und Kammerpolitik des Feudalismus hat in dieser Dunkelkammer einen zeitgemäßen Ort gefunden, einen Ort, der für Unsichtbarkeit in der allergrößten Sichtbarkeit sorgt. Wenn sie einander zur Sitzung treffen, schließen sich hinter den Sozialpartnern des Kammerstaats wattierte Türen. Die Aufmerksamkeitspartnerschaft, die Medialpartnerschaft findet im grellsten Licht statt und endet doch in der Dunkelkammer.

Wie irrelevant der Text an der politischen Oberfläche ist, erweist sich am Beispiel Jörg Haiders. Ein *News*-Titelblatt zeigt einen fröhlich grinsenden Haider. Die dazugehörige Schlagzeile lautet: »Angst vor Haider.« Neben Haiders erhobenem Zeigefinger erklärt eine Zeile: »64% der Österreicher fürchten Haider.« Keine Ursache, beruhigt der Subtext von Haiders freundlich-listigem Mienenspiel. Außerdem wird auf der Flappe links die »letzte Chance« ausgelobt: »Urlaubsgewinn 300 Millionen. Jeder gewinnt. Teilnahme und Gewinntickets gratis.« Haider eignet sich im übrigen nicht nur zum Covermodel, weil er maximale Aufmerksamkeit garantiert, sondern auch, weil er die Regeln versteht und freudig als die seinen akzeptiert. Daß er sie verinnerlicht hat, gibt er schon dadurch zu erkennen, daß er der Fotonachbearbeitung durch seine Zahnregulierung vorgegriffen hat. Gelebte Retusche. Sein stets knusprig-sportlicher Teint macht es den Stylisten leicht, und an seinem straffen Körper gibt es weniger zu retuschieren als am Leib der jeweils ausgerufenen Sexkönigin.

Das Recht seiner Generation auf den Anblick silikonbusiger Schauspielerinnen einzulösen ist Wolfgang Fellners moralischer Anspruch. Den sensationellen Erfolg, den er damit erreicht, zu verkünden ist ihm noble Verpflichtung. Jörg Haider zu verhindern ist sein deklariertes politisches Ziel. Das geht natürlich nur solange gut, als ihm die Politiker geben, was er braucht: Radiolizenzen, Rahmenbedingen und Kohle beispielsweise. Wenn das nicht klappt, zeigt er, daß er auch anders kann. Dann hat Jörg Haider plötzlich recht.

Das alles läuft darauf hinaus, daß der Gebieter über die neuen Sichtbarkeitsverhältnisse für sich den Anspruch erhebt, für seine Kunden zu sprechen: für seine Leser, Käufer oder jedenfalls für jene, die in Mediaanalysen angeben, sie hätten in letzter Zeit in seinen Produkten geblättert. Und der Einfachheit halber auch für jene, die das »passive Aufmerksamkeitsprivileg« genießen, für die Politiker und Stars, die Prominenten. Der Philosoph Thomas Macho stellt die Frage, wer das ist, der »ausnahmslos alles sieht, ohne selbst jemals gesehen werden zu können«. Unter agrarischen Voraussetzungen werde diese Position vom »lieben Gott« eingenommen; unter industriellen Lebensbedingungen vom »Staat« und von der »Nation« und schließlich trete ein anonymes »Massenpublikum« an deren Stelle. Solange diese Frage offen bleibt, schlage ich vor, sie der Einfachheit halber so zu beantworten: der moderne Medienunternehmer tritt an die Stelle dessen, der alles sieht, ohne selbst gesehen zu werden.

Er braucht natürlich Beweise dafür, daß er an Gottes Stelle getreten ist. Die Geste des Herausgebers, der den Text des Redakteurs markiert und per Returntaste löscht, um ihn dann von Grund auf neu zu schreiben, vermag als Allmachtsgeste durchaus zu imponieren. Er hat zwar nicht die Anschauung der Fakten, aber den Überblick über die Lage. Er weiß nicht, wie die Dinge sind, aber er weiß, wie sie sein sollen. Umso schlimmer für die Tatsachen. Das alte Marxsche Motto kommt hier, bei den neumedialen Pankreatoren, zu neuem Recht. Es genügt dem Medienmacher nicht, die Welt zu gestalten. Mit strukturellem Opportunismus und der Renaissance der Bilderfälschung erschafft er die Welt von Grund auf neu.

Und der moderne Medienunternehmer sah, daß sein Milieu gut war. Er hatte es selbst herbeigeschrieben. Zum Beispiel mit Hilfe von Rankings, die etwa die 500 wichtigsten Österreicher reihen. »Wer unser Land prägt«, »Wer Österreich bewegt«, so lauten die Ankündigungen. Ich, der einst die Gnade hatte, als Nummer 468 der Österreichbeweger nominiert zu werden, lobte überschwenglich die Idee jener Liste und bedankte mich ausführlich für Nennung und Reihung. Ich fügte hinzu, Freunde hätten mir davon abgeraten, einen Schlußsatz hinzuzufügen. Ich konnte es dennoch nicht lassen: Auf Sizilien gebe es angeblich einen Käse, schrieb ich, der die höchste Entfaltung seines Geschmacks dann erreiche, wenn er sich auf der Hand bewege. Er bewege sich deswegen, weil er voller Maden ist. Allerdings seien die Sizilianer bisher noch nie auf die Idee gekommen, die Maden durchzunumerieren. Im nächsten Jahr war ich aus der Liste gestrichen und in Fettdruck als »Absteiger« angeführt, obwohl ich bewegt hatte, was das Zeug hielt. Das letzte Wort behielt *News*: »Anfangs von vielen mißtrauisch beäugt, ist dieses Ranking nicht nur in Österreich zum Lese-Must geworden, es wird auch international oft kopiert.«

»Lese-Must« ist die präzise Umschreibung dieser österreichischen Form der publizistischen Gegengeschäftigkeit. Die Partner lassen sich dankbar zur Schlachtbank führen und halten sie noch für ein kaltes Buffet. Der Bundespräsident kommt als erster, schließlich war er es, der die Präsentation der ersten Ausgabe von *News* mit seiner wohlwollenden Anwesenheit adelte. Seine amouröse Verwirrung gestand er selbstverständlich als erstem Medium *News*. Daß der Bundeskanzler nach seiner Angelobung zuerst in *News* interviewt wird, versteht sich fast von selbst. Sie würden alles geben, um das nächste *News* nicht zu versäumen, denn sonst könnte *News* einmal sie versäumen. Und außerdem schlägt das neue Heft schon jetzt noch toller ein als das vorhergehende, das morgen erscheint, aber von der Realität schon überholt ist beziehungsweise diese längst hinter sich gelassen hat.

Übrigens nehmen auch sonst sensible Teile der Intelligenz an diesem Treiben gerne teil. Ex-Burgtheaterdirektor Peymann verwendete *News* geradezu als sein Verlautbarungsorgan, nicht ohne zugleich über österreichische »Boulevardfürze« zu schimpfen. Das passive Aufmerksamkeitsprivileg scheint Unterscheidungsfähigkeit abzuschaffen, man muß schließlich für die eigene Marke etwas tun, und das ginge schwer ohne starkes Medium.

Der moderne Medienunternehmer braucht also nur in seltenen Ausnahmefällen den drohenden Finger, um etwas zu erreichen. Der traditionelle Medienunternehmer (wir haben ihn als Hausmeister der Menschenrechte bezeichnet) fühlt sich den Werten der Kriegsgeneration verpflichtet und geht polternd vor, denn er will etwas bewirken. Außerdem hat er Probleme, sich selbst zu präsentieren. Wenn er vortritt, dann als einer, der die Nation mahnt. Der moderne Medienunternehmer trifft sich mit seinen Fellow-Babyboomern im Szenelokal des passenden Milieus; er präsentiert sich zwar, aber als Marke seiner selbst in der Menge der anderen Markenträger, die er zueinander vermittelt, als Kundenströme fließen läßt. »Was Österreich bewegt«. Er bewegt sie, tatsächlich!

Der eine hat noch Spurenelemente von Diskursivität an sich, der andere agiert nur noch ikonographisch. Im einen sehen wir noch Restbestände von Persönlichkeit, zu erkennen an der Unbeholfenheit, mit der er sich um Stringenz der Argumentation bemüht. Wir sehen sogar mikroskopische Reste von Verschämtheit. Im modernen Medienunternehmer hingegen ist Scham eine Geschäftsstörung, das Prinzip Unverschämtheit regiert: Unverschämtheit, mit der man sich beim erwünschten Geschäftspartner anbiedert, Unverschämtheit, mit der man sich selbst hinauflobt, Unverschämtheit, mit der man das Herumfingern an Bildern und Storys als Lust vorlebt. Vielleicht kann man es so ausdrücken: Die *Kronenzeitung* ist Haider als Inhalt, *News* ist Haider als Form.

Fellnerismus bedeutet, daß allein der Marktanteil zählt. Ohne Brieflos, Gratiskilometer, Handy und Elektrogerät bräche die Strategie der Aufmerksamkeitsakkumulation zusammen. Information, Argument und Kritik, die abwägenden Momente am Journalismus, seine wesentlichen Beiträge zur Öffentlichkeit und somit zur Demokratie, werden abgelöst von Prominenz, Akklamation und Schmeichelei. Der Fellnerismus, der nun den Dichandismus als führende Medienideologie Österreichs abzulösen im Begriff ist, begreift öffentlichkeitsorientierten Journalismus nur noch als ewiggestriges Störgeräusch. Was nicht ausschließt, daß er sich dazu fähiger Journalisten bedient (im übrigen ist Wolfgang Fellner selbst ein solcher, aber auch zu mehr fähig als nur zum Journalismus).

Kritiker, die ihn deshalb der »schleichenden Abschaffung des Journalismus« bezichtigen, wie der ehemalige Chefredakteur des *Stern,* der Österreicher Michael Maier, werden von Fellner in bekannter Tradition als »Psycho-Fall«, als »Nestbeschmutzer« bezeichnet. Die Tarnung der Gesinnung muß – beispielsweise mit dem Slogan »wir verhindern Haider« – unter allen Umständen gewahrt bleiben. Würde die dahinter stehende Aufmerksamkeitsmaschine als reiner Geldesel erkannt, entfielen die Argumente, diese Maschine auch noch mit öffentlichen Geldern zu füttern und ausgerechnet sie als Träger von Beachtung zu verwenden. Der begünstigte Posttarif etwa, erdacht zur Förderung der Pressevielfalt, wird Werbemedien und Prospekten verweigert. Man braucht seinen Prospekt oder seine Vereinszeitung nur *News* beizulegen, wie das zahlreiche Firmen tun, schon hat man das Gesetz umgangen. Auch ermöglicht es diese Förderung, Hefte mit Hunderten Seiten unter dem Selbstkostenpreis anzubieten; ein geschenktes Heft nimmt der Kunde zum Elektrogerät doch in Kauf. Stört das jemanden? Doch, die Konkurrenz und kleine Neider wie mich, die engstirnig auf gleichen Rahmenbedingungen für den journalistischen Wettbewerb bestehen.

News hat Erfolg – damit entfallen weitere Fragen. Vor allem jene, wie denn publizistischer Erfolg zu definieren wäre, ob er sich nicht von kommerziellem Erfolg unterscheide, ob denn nicht tatsächlich die erste Freiheit der Presse darin bestehe, kein Gewerbe zu sein. Wir gerieten dann geradezu auf öffentliches, auf politisches Gebiet. Damit aber hätten wir uns von *News* schon weit entfernt.

Format und der Krieg der Magazine

Dunkel war's, der Mond schien helle, als der Kanzler ans Rednerpult trat und den Saal mit einem lateinischen Satz zum Schweigen brachte. »Ceterum censeo Carthaginem esse delendam!« rief er unvermittelt ins Parkett, denn er stand im Burgtheater. Nach einer weiteren Probe seiner humanistischen Bildung fügte er hinzu: »Das gefällt mir an den Fellners! Sie reden nicht vom Zerschlagen, sie bauen auf in einem schwierigen Bereich!« Das richtete sich natürlich gegen mich, der ich mir mit meinem periodischen Ceterum censeo viele Freunde gemacht habe. Nun stand ich nachdenklich unten im Saal, eingekeilt zwischen der Prominenz zweiten Grades (die ersten Grades wurde in den oberen Stockwerken betreut).

Der Kanzler trug seine Deklaration für die Fellners bei der Präsentation des neuen Magazins *Format* gleichsam auf meinem Rücken vor. Es machte mir fast nichts aus, auf Umwegen wurde so auch ich ein bißchen wichtig. Gemeinsam mit dem Kanzler waren die Spitzen des Landes erschienen. Nichtanwesenheit kam geradezu einem Akt der Zivilcourage gleich. Auf Video wurden Grußbotschaften von Präsident und Vizekanzler zugespielt. Im Burgtheater erreichte die Prahlmaschine des Fellnerismus eine neue, seriös grundierte, fast samtige Qualität. Jetzt wird's ernst mit der Akkumulation von Aufmerksamkeit, hieß das, als Gruner+Jahr beim *News*-Verlag einstieg und die Fellners das

Magazin *Format* lancierten. Zum Illustriertenboulevard trat nun ein seriöses Medium. Fellner mochte in den Kulissen leise gegähnt haben, aber der Reputation des Verlags konnte es nicht schaden, und bezahlen werden die Deutschen.

Der Konflikt mit der Mediaprint war vorherzusehen, denn *Format* hatte den Zweck, *Profil* den Garaus zu machen. Die beiden Verlage bekämpfen einander seither mit Abwerbungen von Personal, mit Preissenkungen, mit Gutscheinen und absurden Werbeaktionen. Die Mediaprint und Kurt Falk klagen den *News*-Verlag wegen Verstößen gegen das Wettbewerbsgesetz, der verstößt munter weiter gegen die Vorschriften und klagt seinerseits die Kläger. Eine zweistellige Millionenstrafe hat sich bereits aufsummiert. Die Fellners nehmen es in Kauf, sie scheinen zu befürchten, daß ohne solche Aktivitäten ihr Marktanteil auf den tatsächlichen journalistischen Wert ihrer Produkte fiele – eine ihnen schwer erträgliche Vorstellung. Und vielleicht, wer weiß, winkt ja am Ende wieder ein Vergleich, und außer Spesen ist nichts gewesen. Übrig bleibt ein Marktvorteil, ergattert auf Kosten von Konkurrenten, die da nicht mitkönnen. Wie die Angelegenheit ausgeht, ist ungewiß. Gewiß ist nur, daß die entstandenen Verluste sich so nicht aufholen lassen werden und beide Magazine mehr denn je in Abhängigkeit vom guten Willen ihrer Eigentümer und Verlagsmanager geraten – außer den zu teuer erkauften Marktanteilen gibt es für ihre Weiterführung kein Argument.

Unter einem Formatmedium versteht man übrigens eines, das auf seine Zielgruppe dressiert ist, alles vermeidet, das ihr mißfallen könnte, und alles tut, um sich bei ihr einzuschmeicheln. Das Nachrichtenmagazin *Format* entspricht von allen Fellner-Medien am wenigsten dieser Definition, trotz gewisser Fellnerscher Elemente ist es ein für österreichische Verhältnisse anspruchsvoll gemachtes Nachrichtenmagazin. Aus drei Gründen verdient es *Format* dennoch, genauer betrachtet zu werden.

Erstens seiner Präsentation wegen. Das Magazin wurde, als einzigartige Machtdemonstration der Fellner-Brüder, im Burgtheater vorgestellt, einem symbolschweren Ort der Republik, wo noch nie eine derartige Präsentation stattgefunden hat. Fellner-Feste haben zuvorderst den Zweck, möglichst alle Geldgeber und Wichtigtuer so zusammenzutreiben, daß denen vor Staunen der Mund offenbleibt ob so vieler wichtiger Zusammengetriebener. Die Spitzenpolitik hat durch ihre Anwesenheit nicht nur Vorschußlorbeeren ausgeteilt. Sie hat dem Fellnerismus programmatisch ihre Reverenz erwiesen.

Zweitens, weil mit dem Eintritt von Gruner+Jahr in Österreich mancher die Hoffnung verknüpfte, es würde sich ein Gegengewicht zur übermächtigen *Kronenzeitung* herstellen. Im entstandenen Gleichgewicht des Schreckens wird diese Hoffnung zunichte. Darüber hinaus könnte auch diese Konfrontation noch in einer Zusammenarbeit münden. Die WAZ ist mit zirka 20 Prozent an der Ufa, dem Bertelsmann-Zweig für Radio und Fernsehen, beteiligt, Gruner+Jahr ist ein Print-Zweig des Bertelsmann-Konzerns. Spätestens bei der ohne Beteiligung der Verleger denkunmöglichen Einführung von Privatfernsehen wird man sehen, was da noch ins Haus steht. Allerdings wäre damit auch die Hoffnung dahin, die hochkonzentrierte österreichische Medienlandschaft würde sich wenigstens durch Konkurrenz ausländischer Konzerne untereinander beleben.

Drittens, weil sich medienpolitisch die österreichische Abdankung fortsetzt. Nein, abdanken kann nur etwas, das es gegeben hat. Gerade noch hatten die Fellners mit der Argumentation einer »österreichischen Lösung« eine Regionalradio-Lizenz erhalten, schon sind sie selber Deutsche. Ich weiß nicht, welche Vorstellung schlimmer ist: die, daß solche Dinge sich einfach ereignen und die Politik zusieht (was soll sie denn dagegen tun?), oder die, daß hinter den Kulissen sowieso alles akkordiert ist und wir Ahnungslosen nur einen Auftakt zu medienpolitischen Spielen größeren Zuschnitts vorgesetzt bekommen.

Der Fellnerismus siegt. *News* gewinnt. Sie haben alles im voraus gewußt. Der einzige Gedanke, der tröstet: Er wird exportiert. Gruner+Jahr hat mit den Fellners vereinbart, daß sie mit ihrem Know-how in den neuen Demokratien jenseits des ehemaligen Eisernen Vorhangs neue Medienprojekte aufbauen. Auch neue Demokratien haben klein angefangen. Sie werden das neue Gesetz schnell lernen: Erfolg kann durch nichts ersetzt werden. Auch nicht durch Demokratie.

Mutig in die neue Zeitung – *Der Standard*

Wien, Mitte der achtziger Jahre. Der Ort des Gesprächs, ein Wiener Innenstadt-Gasthaus, existiert nicht mehr. Die Rede kam, da es sich um ein Künstlertreff handelte, auf allerlei Katastrophen, unter anderen auch auf die österreichische Presselandschaft. Zu Frankfurter Würsteln mit Kohl und Kartoffeln wurde das Lamento angestimmt, daß die Österreicher doch Würstchen wären, da sie keine Tageszeitung wie die *Frankfurter Allgemeine* besäßen. Oder wie die *Süddeutsche* oder die *Neue Zürcher Zeitung*.

Der Besucher aus New York verhielt sich einsilbig. Irgendwann sagte er zu mir, einem der Klageführenden, ohne eine Miene zu verziehen (Mienenspiel ist nicht seine Stärke): »Warum machen nicht Sie das?« Darauf gab es so viele Antworten, daß ich, beschämt, es vorzog, gar keine zu geben. Der Besucher aus New York hieß Oscar Bronner. Der Gründer der Magazine *Trend* und *Profil* lebte damals als Maler in den USA; ab 1986 war er öfter in Wien zu sehen. Im Salon von Karl Schwarzenberg tauchte er ebenso auf wie in besagtem Wirtshaus, und bald schwirrte die Szene vor Gerüchten: Bronner gründet wieder.

Österreichisches Medienkapital war nie leicht zu mobilisieren gewesen. Bronner schaffte es, indem er den deutschen Axel-Springer-Verlag als Hälftepartner hereinholte. Die Zeit war wie gesagt günstig, denn deutsche Verlagshäuser, zu Hause eingeengt durch ein restriktives Kartellgesetz, das ihnen bei marktbeherrschender Stellung höchstens Beteiligungen bis zu 25 Prozent erlaubte, drängten ins Ausland, sogar auf den unattraktiven österreichischen Zeitungsmarkt.

Seit der Formierung der Mediaprint war eine Belebung der österreichischen Presselandschaft nur mittels ausländischer Beteiligungen zu erwarten. Der neugegründete *Standard* trug Bronners herausgeberische und redaktionelle Handschrift. Die Blattlinie ergab sich aus der Einsicht in die Defizite der österreichischen Presserealität wie aus der Kenntnis der klassischen angelsächsischen Öffentlichkeit. Wer mit der nüchtern und umfassend informierenden *New York Times* gelebt hat, mußte sich im Ressentiment-Treibhaus Österreich schwer tun. Solche Vorbilder waren zwar in weiter Ferne, immerhin aber versprach Bronner: »Wir wissen, daß es Objektivität nicht gibt, aber wir können versuchen, uns ihr asymptotisch zu nähern. Als Werkzeug dazu dienen Meldung, Analyse und Kommentar. Die drei auseinanderzuhalten werden wir uns bemühen.«

Die Waldheim-Affäre hatte 1986 mit einer Wahl des vergeßlichen Präsidenten geendet, die nicht zuletzt aufgrund eines medial entfachten Ressentiment-Sturms erfolgte; anschließend vermochte Franz Vranitzky als frisch aufgestellter Kandidat der SPÖ gerade noch zu verhindern, daß der tatendurstig wirkende Alois Mock der ÖVP nach 27 Jahren wieder den Kanzler brachte und mit Jörg Haiders FPÖ koalierte.

Es paßte in die beginnenden Vranitzky-Jahre mit ihren teilweise euphorischen Hoffnungen auf Westöffnung, Privatisierung und Strukturreform, daß einerseits die *Arbeiterzeitung* als *AZ* privatisiert und andererseits 1988 der *Standard* gegründet wurde. Die *AZ* wurde rasch eingestellt, der allgemeine Reformwille endete in einer Mischung aus müder Resignation und gottergebener Akzeptanz des Gottseibeiuns Haider, die Westöffnung führte zwischendurch zum EU-Beitritt, und den *Standard* gibt es immer noch.

Es bleibt Bronners Leistung, ihn gegen alle Besserwisser und Kleinmütigen gegründet und ihn gegen viele wirtschaftliche, konjunkturbedingte und österreichisch-hausgemachte Vorzeichen bis heute erhalten zu haben. Bronner sah, ein Jahr vor 1989, den Fall des Eisernen Vorhangs, die beginnende Erosion des österreichischen Systems (noch bewegt sich die Landschaft schneller als das Land); er schaffte es, jenen Zeitenwechsel, der zum vorschnell erklärten Abschied von Geschichte und Politik geführt hat, mindestens mit einer neuen Zeitung zu begleiten.

Nicht von ungefähr ist der *Standard* als Wirtschaftszeitung geplant gewesen; der Etappensieg der Ökonomie über eine Politik der Schreckensgleichgewichte war nicht zu übersehen. Es wäre aber zu kurz gegriffen, würde man den *Standard* nur als Wirtschaftsblatt betrachten. Er hat die Möglichkeit genutzt, als öffentliches Korrektiv zu wirken. Nicht, indem er Meinungen durchboxte oder – wie es im Zug der verrotteten Dienstleistungsmedien hierzulande üblich wurde – Journalismus nur noch als Lobbyismus in eigener Sache betrieb. Nein, der *Standard* blieb, obwohl auch er sich mit manchem Special einer Zielgruppe von Werbern andienen mußte, eine dezidiert journalistische Zeitung.

Er öffnete die Seiten einer Tageszeitung dem in Österreich bis dahin wenig bekannten Diskurs. Intellektuelle von links bis rechts machten im »Kommentar der anderen« den *Standard* zu einem Diskussionsforum. Manche Debatten wurden dort angezettelt, einige hätten ohne *Standard* wahrscheinlich nicht stattgefunden. Dadurch vergrößerte sich der Spielraum für Intellektuelle erheblich, wenn sie auch immer noch als »die anderen« figurieren. Bronners *Standard* bot namhaften Journalisten schreiberisches Asyl: Peter Michael Lingens, dem von *Profil* gefeuerten Hubertus Czernin, dem vom *Kurier* entlassenen Hans Rauscher, um nur drei zu nennen. Bezeichnend, daß zweien von ihnen nach ihrem Abgang aus der Mediaprint der halbe Arbeitsmarkt verschlossen blieb. Darüber hinaus hat der *Standard* sämtliche Konkurrenzprojekte belebt, sie zu mehr Anstrengung veranlaßt und so tatsächlich die Presselandschaft ein Stückchen weit verbessert. Daß der *Standard* viele Hoffnungen nur teilweise erfüllte, wiegt dagegen leicht. Noch immer hat er beispielsweise einen Kulturteil, aber kein Feuilleton, wie es eine Qualitätszeitung braucht. Noch immer herrscht die Tendenz zum zigarettenschachtelgroßen Artikel, noch immer muß man die Kommunikations-Seite täglich an einem anderen Platz suchen.

Soll es nichts geben, was sich verbessern ließe? Was schwerer wiegt: Zum zehnjährigen Jubiläum hat Bronner nach langer Suche für den *Standard* einen neuen 49-Prozent-Teilhaber gefunden, der die Zukunft eines in Österreich naturgemäß riskanten Unternehmens wie einer liberalen Qualitätstageszeitung hoffentlich sichert: die *Süddeutsche Zeitung*.

Apropos Medienlandschaft – das Jammertal

Verleger in Österreich haben Anlaß, sich ohne Partner vor der Konkurrenz der Mediaprint oder des *News*-Verlags zu fürchten. So groß ist das Land nicht, daß es ausreichend Nischen gäbe. In jedem Bundesland existiert gerade ein dominierender Verlag, der lange Jahrzehnte nach 1945 konkurrenzlos den Ton angab und zwar auf Kosten der Demokratie in überschaubarem Raum. In Vorarlberg beherrscht etwa ein einziger Medienunternehmer alle Erscheinungsformen von Medien. Gegen die Macht solcher Provinz-Platzhirsche geht gar nichts. National verbreitete Qualitätsblätter gibt es bloß zwei. Die konservative *Presse*, eine zuverlässige Institution, gehört dem katholischen Styria-Verlag. Die *Salzburger Nachrichten* kommen trotz großer Bemühung über regionale Bedeutung nicht hinaus.

Die *Kleine Zeitung* und der bürgerliche *Kurier*, obzwar eindeutig Boulevardblätter, bezeichnen sich selbst als Qualitätsblätter; im besten Fall sind sie jedoch ein Zwischending, halb Qualität, halb Boulevard. Die *Kleine Zeitung* des Styria-Verlags macht etwas, das man, wie den *Kurier*, des öfteren als anständigen Boulevard bezeichnet. Ich mißtraue dieser contradictio in adjecto, weiß aber, was damit gemeint ist. Das Volkstümliche bleibt erhalten, der hetzerische Ton fehlt, wodurch allerdings die Volkstümlichkeit Schaden nimmt.

Die Frage bleibt: Warum hat Österreich eine derart verkorkste Presselandschaft? Wie kommt es zur Dominanz der alten und der jungen Hausmeister? Wieso haben Zürich und Basel Weltblätter, nicht aber Wien?

Die erste Antwort: weil das Trauma der nationalsozialistischen Vernichtung und die Vertreibung der Juden nicht überwunden wurde. Das entstandene Vakuum im Bürgertum blieb. Zur Emigration gezwungene Intellektuelle,

Künstler, Schreiber wurden von der Zweiten Republik nicht oder erst spät zur Rückkehr ermuntert. Intelligente Zeitungsmacher und Zeitungsleser vor der Naziherrschaft aber waren großteils Juden.

Zweitens hatte die Presse nach 1945 offizielle Umerziehungsfunktionen. Das Regierungsorgan *Neues Österreich* sollte Österreichbewußtsein bilden. Der Rest der Presse hingegen setzte mehr oder weniger fort, wo er aufgehört hatte. Provinzkaiser übten weiter ihre Macht aus. Parteizeitungen hatten ihre Klientel an der Leine der Zentralen. Ein Re-Education-Programm mit einer bedachtsamen Vergabe von Lizenzen durch die Alliierten, wie es in Deutschland zum Wiederaufbau der deutschen Öffentlichkeit geführt hatte, fand in Österreich nicht statt oder wurde mangels Erfolgs bald aufgegeben. Der Rundfunk, später das Fernsehen waren selbstverständlich unter staatlicher Kontrolle.

Die politisch unabhängigen Zeitungen der Nachkriegszeit waren im wesentlichen Boulevardblätter; konsequenterweise waren auch fast alle prägenden Journalisten bis in die siebziger Jahre hinein Boulevardjournalisten: Gerd Bacher, Hans Dichand, Hugo Portisch. Vielleicht erschien in der Zeit der Boulevard-Kämpen, der Männerfreundschaften und Männerfeindschaften der Boulevard als die einzige Möglichkeit, sich öffentlich von der Parteiengesellschaft, dieser Fortsetzung des Absolutismus mit demokratischen Mitteln, zu befreien. Vielleicht entstammt der gehässige Ton des Boulevard, der noch heute unsere Publizistik verkrüppelt, auch diesem ohnmächtigem Kampf. Die dreifache Kontrolle durch Staat, Partei und Alliierte sorgte für ein traumatisches Klima der Enge und Gängelung, das sich lange nach dem Abzug der Alliierten mehrfach Luft verschaffte: 1964 mit dem Kampf um die *Krone* und 1967 mit dem Rundfunkvolksbegehren, das – initiiert von den Bundesländerzeitungen, mit einem öffentlich-rechtlichen ORF unter dem Langzeitintendanten Gerd Bacher endete.

Langsam setzte in den siebziger Jahren mit der Gründung von *Trend* und *Profil* die Normalisierung und, wenn man so will, die Rekonstruktion einer Öffentlichkeit ein; die Bedeutung von Öffentlichkeit wurde weder geschätzt noch verstanden; das zeigte sich am Verhalten der *Kurier*-Gruppe, als sie diese Magazine von Bronner kaufte. Bis zur Gründung des *Standard* folgten nur Illustrierte, im wesentlichen Abarten von Boulevardmedien. Traumatisch lastete das fortdauernde Desinteresse des österreichischen Bürgertums über der österreichischen Gesellschaft.

Das nächste Trauma handelte sich das Land 1987 ein. Die lange Nachkriegsphase endete mit dem Ausverkauf der beiden stärksten Zeitungen an »die Deutschen«. Die Zeit der knorrigen alten Männer war, obwohl sie diesen Ausverkauf herbeigeführt hatten und sich auf dem Höhepunkt ihres Reichtums und ihrer Macht befanden, vorbei. Nicht mehr die Politik, vielmehr die Ökonomie war zum dominierenden Steuerungssystem geworden. Nun schlug die Stunde der neuen Unternehmer in ihren verschiedenen Ausprägungen: ausschließlich am Markt interessiert wie die Fellners oder an der Öffentlichkeit orientiert wie Bronner.

Im übrigen ist eine ausländische Beteiligung keine Schande, sie hat aber umgekehrt auch noch keinen Trottel gescheit gemacht. Wie immer kommt es auf die Umstände an. Da es nicht einmal in Zeiten, da jeder um die Bedeutung der Copyright-Industrie weiß, nennenswertes österreichisches Medienkapital gibt, und zwar nicht aus Mangel an Kapital, sondern an Interesse, scheint es nur logisch, sich dort um Kapital umzusehen, wo beinahe die Hälfte der österreichischen Wirtschaft ihr Kapital herhat. Umgekehrt interessieren sich Publikum und Politik für das Problem österreichischer oder nichtösterreichischer Eigentümerschaft offenbar höchstens, wenn eine Reifenfabrik von Deutschen oder eine Batteriefabrik von Italienern geschlossen wird, aber nicht bei der Frage, wohin die Wertschöpfung fließt.

Möglicherweise erzeugt die Medienlandschaft, so wie sie ihre Leser hervorbringt, auch ihre Eigentümer. Wenn kapitalkräftige Österreicher ihr Geld nicht in Medien investieren wollen, dann vielleicht deswegen, weil sie diese als schmutziges Geschäft sehen, für das man einen guten Magen braucht. Und weil ihr sogenanntes staatsbürgerliches Interesse, für eine Öffentlichkeit als Fundament der Demokratie zu sorgen, um diese zu stabilisieren, höchstens ansatzweise ausgeprägt ist. Immerhin wächst eine intelligenztragende Schicht, die eine solche Öffentlichkeit braucht und ihre Notwendigkeit zumindest einsieht, also die Leserschaft der Zukunft, langsam nach.

ORF – Das Ausgleichsbecken der Politik

1972 wird der Abfahrtsläufer Karl Schranz, Favorit bei den Olympischen Spielen, wegen angeblichen Verstoßes gegen den Amateurparagraphen vom Präsidenten des Olympischen Komitees, Avery Brundage, aus Japan nach Österreich zurückgeschickt. ORF-Chef Bacher nützt die Gelegenheit, erstmals in Österreich die Macht des Fernsehens (und somit seine eigene) zu demonstrieren. Er schürt den Volkszorn und treibt die Massen – ausgerechnet – auf Ring und Heldenplatz. Ein leicht verdutzter Kanzler Kreisky muß Schranz empfangen und ihn auf seinen Balkon am Ballhausplatz der Menge hinausschieben.

Kreisky faßte, so sagt man, in diesen Minuten den Entschluß, den Zugriff der Parteien auf den ORF zu verschärfen und Bachers Macht zu beschneiden. 1967 hatte das

Rundfunkvolksbegehren den ORF aus diesem Zugriff befreit und ihn als unabhängige GesmbH mit einem Aufsichtsrat etabliert; 1974 machte ihn Kreisky wieder zur Anstalt, der Aufsichtsrat mutierte zum Kuratorium, und Bacher war nicht mehr Generalintendant.

Man kann die mediale Trauma-Geschichte der Zweiten Republik ohne diese Episode nicht verstehen. Den ORF fassen und faßten die Parteien als Gegengewicht zur Printmedienlandschaft auf; auf ihn können sie Einfluß nehmen, wenn nicht, wie in der ersten Bacher-Zeit, können sie zumindest seine Verfassung, das Rundfunkgesetz, festlegen. Die bloße Existenz des ORF enthob sie einer anderen Form von Medienpolitik als der des schieren Parteieneinflusses. Solange der ORF im Einflußbereich der Parteien ist, verlassen sie sich darauf, daß sie an ihm ihr Medium haben. Sie sehen nur die Sicherung dieses Besitzstands und verzichten leichten Herzens auf Medienpolitik und Marktordnung.

Bruno Kreisky betrieb die längst fällige soziale und politische, Bacher und Dichand sorgten für die mediale Modernisierung Österreichs. Der Konflikt zwischen den dreien war programmiert. Bacher etablierte den ORF als eine Art Schule der Nation; von diesem Standpunkt aus erklärte er der roten Politik und der *Kronenzeitung* gleichermaßen den Krieg. Sein Lehrplan insistierte auf nationaler, das hieß offizieller österreichischer Kultur und später darauf, dem Begriff »öffentlich-rechtlich« durch Abgrenzung gegenüber den privaten Sendern Sinn zu geben. Daß dies Krieg gegen den Boulevard einschloß, verstand sich für ihn, anders als für seine Nachfolger, von selbst.

Gerd Bacher, ein unabhängiger Autokrat rechter Prägung, war insgesamt fünfmal Generalintendant des ORF. Zuletzt machte er, um wiedergewählt zu werden, politische Konzessionen. Die Intensität, mit der Bacher die »größte

Orgel des Landes« spielen wollte, grenzte immer ans Obsessive. Bacher hat den ORF mit brachialer Gewalt modernisiert. Eine Bilanz seines Wirkens kann demnach nur zwiespältig ausfallen. Seine journalistischen Verdienste sind unbestritten. Die Informationsoffensive des ORF, die Beschäftigung österreichischer Schriftsteller, der ORF als Kaderschmiede, die Lust am modernen Erscheinungsbild, das er zuletzt den Briten Neville Brody gestalten ließ, gehen auf ihn zurück. Bachers Angst vor einer gesellschaftszersetzenden Linken grenzte hingegen ans Pathologische. Weil er sich selbst als rechte »Einmannpartei mit Aufnahmesperre« sah, nahm er sich heraus, stellvertretend für jenes gebildete Bürgertum zu agieren, dessen Fehlen Österreich seit Jahrzehnten mit Lähmung büßt. Ein seltenes Exemplar eines österreichischen Nationalkonservativen, das ausnahmsweise nichts Deutschnationales im Sinn hatte! Bachers größter Widerspruch rührt möglicherweise vom Medium selber her, dem er so gern jenen Bildungs- und Informationsauftrag zuschrieb, den das Massenmedium wie von selbst unterläuft. Wenn Bacher am Schluß vor jenem Quotenfernsehen stand, das für ihn eine Katastrophe darstellt, muß man ihm doch zugute halten, daß er wenigstens den Widerspruch dagegen thematisiert hat.

Zwischen Kraftmeierei und Kulturauftrag, zwischen dem Haß auf den Parteienstaat und dem Willen zur Seilschaft (solange Bacher Bergführer bleibt), zwischen der Unfähigkeit zum Privatleben und exzessivem Familiarismus im ORF, zwischen Herkunft vom und Haß auf den Boulevard, zwischen Österreichverachtung und dem verzweifelt-liebevollen Versuch, das Land zu bessern – das sind die zwei Seiten Bachers. Ein Zerrissener, der aus der Rente die Vergeblichkeit seines Werks mitansehen muß. Ein wahrer Österreicher eben. Eines aber bestimmt Bachers spezifisches historisches Gewicht: öffentlich-rechtliches Fernsehen in Österreich ist von seinem Namen nicht zu trennen. Die Kanzler werden an Kreisky, die ORF-Chefs an Bacher gemessen.

Als Zwiespältiger folgte auf Bacher Gerhard Zeiler, sein ehemaliger Sekretär und davor Sekretär des Bundeskanzlers Fred Sinowatz. Kurzzeitig war er dazwischen Chef von RTL 2. Als ORF-Intendant wies sein Kurs in eine andere Richtung. Er wollte die Unabhängigkeit des ORF ökonomisch, nicht inhaltlich absichern. Ein Mann der Basis, nicht des Überbaus. Zuerst stellte er die Aufträge an die österreichischen Produzenten ein; wenig überraschend kooperierte er mit seinem vorherigen Arbeitgeber, während Bacher – zwischendurch beim Filmhandels-Tycoon Leo Kirch im Aufsichtsrat – eher zu dessen konservativem Imperium tendierte. Zeiler setzte auf quotenwirksame Programme. »Jawohl, ich bin Reichweiten-Fetischist, weil Reichweiten das einzige Maß des Erfolges sind«, mit diesem Satz wird man ihn im Gedächtnis behalten. Ohne Not schoß er in seiner Marktanbetung übers Ziel hinaus und brachte teilweise die Kulturszene gegen sich auf. Gleichzeitig stellte er hemmungslos jene Allianzen mit dem Zeitungsboulevard her, die Bacher stets verweigert hatte, anfangs radikalkämpferisch, am Schluß eher nachgiebig. Dem international orientierten Zeiler gelang damit, was der betont österreichisch orientierte Bacher abgelehnt hatte, eine Art nationaler Schulterschluß der Massenmedien. Die *Krone* und die Fellners durften nun nach Herzenslust mit dem ORF kooperieren und in Radio und Fernsehen werben. Umgekehrt wurde Zeiler von ihnen in höchsten Tönen gelobt. »Jetzt kommt *News*« kam so oft, daß es einem hochkam. Die *Krone*-Fußballgala und ähnliche sogenannte Joint-ventures strapazierten die Nerven. Product placement und Sponsoring triumphierten in nie gekanntem Ausmaß. Der Brei quoll. Die Medialpartnerschaft hatte uns wieder.

Zeiler gelang es immerhin mit seinem straffen Quotenkurs, den Einfluß der Politik zurückzudrängen. Das einzige, was ihm wie auch Bacher verwehrt blieb, war die Umwandlung des ORF in eine Aktiengesellschaft. Diese würde die politisch besetzten Rundfunkkuratoren in Aufsichtsräte verwandeln und sie für ihr Tun haftbar machen, sie würde dem Intendanten ein Weisungsrecht geben, das er im Augenblick nicht hat, sie würde die Macht der Betriebsräte auf ein vernünftiges Maß reduzieren, und sie würde jene Betriebsvereinbarung kippen, die den ORF beinah unfinanzierbar macht. Weil Zeiler das nicht erreichte, mehr aber noch, weil er das unwiderstehliche Angebot hatte, Chef von RTL zu werden, ging er 1998 wieder nach Deutschland.

Sein Nachfolger Gerhard Weis, Fleisch vom Fleisch der frühen Bacher-Jahre, partei- und rundfunkpolitisch ausgekocht, steuert den Zeilerschen Konsenskurs weiter und setzt auf Kooperationen mit den österreichischen Verlegern, vor allem im Hinblick darauf, daß Privat-TV demnächst auch in Österreich erlaubt sein wird. Andererseits hat er den Quotenwahn da und dort zurückgenommen, bei den Informationssendungen ist sogar eine Entboulevardisierung eingetreten. Weis artikuliert – im Unterschied zu Zeiler – klar und deutlich die Funktion von öffentlich-rechtlichem Fernsehen.

Alle ORF-Generalintendanten seit dem frühen Bacher stehen einer Medienpolitik gegenüber, die weitgehend konzeptfrei handelt. Der Preis für die medienpolitische Passivität wird in parteipolitischen Interventionen bezahlt – vom direkten Eingriff der Parteisekretariate in eine Sendung bis zum abgekarteten Postenschacher. Außer dem Konzept, daß der ORF im Gleichgewicht des Schreckens auf der Seite der Politik zu stehen hat, existiert keines. Das hat es den Intendanten stets ermöglicht, die Rundfunkpolitik nach ihren Wünschen und gegen die Begehrlichkeiten der Verleger zu gestalten, und gestalten hieß meist nur, gesetzliche Maßnahmen zu verschleppen. Jetzt allerdings treten als Gegenlobby plötzlich Verleger mit Medienmultis im Rücken auf. Ihre Konzepte sind einfach: Sie wollen den öffentlich-rechtlichen Sektor zurechtstutzen, um den freiwerdenden Markt zu übernehmen. Der Politik versprechen sie das Blaue vom Äther herunter, von Arbeitsplätzen bis Aufmerksamkeit. Ein vernünftiger ORF-Generalintendant muß hingegen alles tun, um privates Fernsehen so lange wie möglich zu verhindern. Am 1. April 1998 hat Österreich als bei weitem letzter westeuropäischer Staat Privatradio zugelassen. Die Lizenzvergabe wurde so gestaltet, daß in erster Linie die jeweils am Ort dominierenden Zeitungsverleger zum Zug kamen. Ein Politiker, der seine Haut vor TV-gierigen Verlegern retten will, wird diesen früher oder später ihr Privat-TV zugestehen müssen. Eine Schwächung des ORF liegt im Interesse dieser Verleger. Und die Politik ist gespalten: Ein schwacher ORF kostet zuviel Geld und hat vielleicht zuwenig Einfluß. Ein starker ORF kostet kein Geld, läßt sich aber zuwenig beeinflussen. Im Zweifelsfall hofft man wie gehabt auf das Arrangement mit Medienmachthabern, hebt die Schultern, wenn sie drängen, behält den ORF im Griff und wartet, was passiert. Was die Politik vom ORF tatsächlich erwartet, außer dem Verbreiten einer gewissen mundartlichen Färbung der Weltnachrichten (das ist nicht wenig) und die Besetzung von Posten mit Klientel (das ist zuviel), bleibt undeutlich.

Die öffentliche Definition dessen, was öffentlich-rechtlicher Rundfunk sein soll, unterbleibt seit Jahrzehnten, als hätten die Politiker Angst, damit parteipolitische Interessen aufs Spiel zu setzen. Das Trauma der unterlassenen Medienpolitik belastet die Republik nicht nur durch ihr bloßes Fehlen; mehr noch schmerzt die Erkenntnis, daß Regierungsparteien unfähig oder unwillens sind, zu definieren, wozu das mächtigste Medium im Staat gut sein soll.

Die zynische Antwort: Der ORF stellt die klassische, noch von Politik beherrschbare »Gegenmacht« (J. M. Keynes) zu den kommerzialisierten Printmedien dar. Deren Begehrlichkeiten waren bisher von den ORF-Generalintendanten mit bewährter Verzögerungstaktik und mit dem absolut mindestmöglichen Entgegenkommen abgewehrt worden. Nun aber, unter dem Druck großer Medienkonzerne, die auf ein sogenanntes Funktionsmodell drängen, wird's schwierig. Dieses Modell sieht vor, die Öffentlich-rechtlichen auf Kultur und Information zurückzudrängen. Auf deutsch: alles, was Geld bringt, den Privaten, alles was Geld kostet, den Öffentlich-rechtlichen. Um hier gegenzusteuern, wäre eine konturierte, öffentlich artikulierte Medienpolitik dringend notwendig. Daß Parteipolitik nicht einmal mehr ihr eigenes Konzept von Gegenmacht versteht, macht die Sache schwierig. Der durchschnittliche Medienpolitiker setzt auch hier nur auf Einfluß, sprich Postenbesetzungen, auf Interventionen und auf kurzfristige Aufmerksamkeitserfolge. Für die grundlegende Unterscheidung zwischen den beiden Welten, die einander hier gegenüberstehen, fehlt ihm das Sensorium. Die Privaten bilden nämlich nicht Teil der Öffentlichkeit, sie sind Teil des Wirtschaftssystems. Öffentlich-rechtliche Rundfunk-Fernsehanstalten sind Teil jener Öffentlichkeit, zu der auch Politik zählt. Die Privaten haben jedes Interesse, die Öffentlich-rechtlichen zu delegitimieren. Deswegen reden sie gern vom »Medien-Albanien« Österreich, das kein privates TV zulasse. Daß sie damit am Ende Politik selbst delegitimieren, kommt dieser nicht zu Bewußtsein. Daß Politik, wenn sie Begründungen für Öffentlich-rechtliches formulierte, sich selbst legitimieren würde, ebensowenig.

In Frankreich beklagen Intellektuelle den Niedergang

der öffentlichen Kultur, die sie der Rolle des dort völlig kommerzialisierten Rundfunks und Fernsehens zuschreiben. In Österreich gibt es für dieses Problem kein Bewußtsein. Politik beschränkt sich darauf, die Begehrlichkeiten auszubalancieren. Öffentlichkeit als Sphäre, in der sich der mündige Bürger erst konstituiert? Gilt bestenfalls als Floskel für fromme Wanderprediger. Die Österreicher kümmert all das wenig. Sie haben alles im Griff. Sie telefonieren mit dem Handy. Schließlich geht es nicht um die Autonomie des Citoyen, sondern um das Behagen des Endverbrauchers.

Zu viele und zu gewichtige Hausmeister, zu schwache Hausverwalter und zu wenige Hausbesitzer – so kann man das Dilemma der hiesigen Medienszene beschreiben. Seit 1945 hatten allzu lange nur Organe von Staat, Interessenvertretungen und Parteien regiert. Nach dem Kollaps des medialen Klientelsystems machte sich auch das Ressentiment von der Leine los. Die Hausmeister wurden frech. Die Hausverwalter, die Politiker, haben sich zu sehr auf ihre elektronische Hausmacht verlassen und die Hausordnung vernachlässigt, sodaß die Hausmeister fett und üppig wurden, und man begann sie zu fürchten. Nun gibt es zwar »die da oben« nicht mehr oder nur als Papiertiger, die man auf den Titelblättern vorführt. Aber die Wut auf sie lebt, und das Prominenz-Geschäft mit ihnen läuft. »Der Wiener Hausmeister ist an den Kosmos angeschlossen« (Karl Kraus). Der Trafikant kann sich die Hände reiben. Das Haus Österreich lebt geschäftig und prächtig inmitten seiner desolaten Öffentlichkeit.

VIII

Am Buffet mit Intellektuellen

28 Häppchen und drei Hauptgänge:
Peymann, ein Nachruf. Scharang, eine Polemik.
Schuh, eine Reverenz

> *Und die Größe ist gefährlich,*
> *Und der Ruhm ein leeres Spiel;*
> *Was er gibt, sind nicht'ge Schatten,*
> *Was er nimmt, es ist so viel!*
> Franz Grillparzer,
> »Der Traum, ein Leben«

Begrüßung. Wir kommen nun, meine Damen und Herren, zum Ende unserer langen Besichtigungstour. Sie werden sich über eine kleine Stärkung freuen. Und darüber, daß wir Leute kennenlernen, die uns das Gesehene zurechtrücken, interpretieren und werten. Die uns mahnen, wenn was schiefgeht, und ermuntern, wenn wir versagt haben. Die uns mit einem Argument beispringen, wenn wir nicht weiterwissen, und uns mit dem rechten Wort überraschen, während wir noch auf die rechte Zeit warten. Die unsere schwachen Argumente stärken, ehe sie sie kritisieren. Die es besser wissen, uns das aber nicht spüren lassen. Die uns helfen, zu verarbeiten, was uns neurotisiert und kränkt, quält und hintenhält. Meine Damen und Herren, am Ende unseres Panoramas treffen wir auf die Intelligenz des Landes!

Ein erster Mißton. So kann dieses Kapitel natürlich nicht beginnen. Wenn man über österreichische Intelligenz redet, sollte man über die Gefahr, sich dabei selbst auf die Zehen zu treten, nicht hinweggehen. Zuerst also muß der Ärger raus. Mich ärgert die Unreife der intellektuellen Öffentlichkeit. Zwischen dem Willen, mitzumischen, und dem Wunsch, sich aus allem draußenzuhalten, zwischen Eingemeindung und Ausgrenzung finden die Teilnehmer oft nicht ihr Maß. Mißgriffe, Untergriffe, Übergriffe sind zu beklagen. Die Positionen bleiben unklar. Deshalb steht jeder unter Verdacht: sei es, dem anderen einen Preis, ein Stipendium, einen Auftrag abzujagen, sei es nur, mit der falschen Ideologie, Partei oder Partie zu sympathisieren oder eben, hinter seinen Handlungen ein anderes Motiv als das sichtbare zu verbergen. Lagerbildung regiert. Naturwissenschaftler halten Schriftsteller für beschränkt, Philosophen sehen Politiker für Trottel an, und Journalisten finden alle miteinander penetrant, was sie aber hinter Höflichkeiten verbergen, denn das Feuilleton braucht Aufputz und Putz.

Der führende Intellektuelle des Landes, Rudolf Burger, hat das treffende Wort von der »Selbstinfantilisierung« Österreichs geprägt. Gemeint ist jene Selbstverkleinerung, mit der sich das Ländchen jeder Schuld und Verantwortung entschlägt. Die Menschheit ißt mit Fingern und saugt süße Säfte; die österreichische stellt nur einen Teil der globalen Infantilisierung dar, aber sie paßt sich ein. Das Verhalten der Intellektuellen zueinander trägt Züge dessen, was Freud die »eigentümliche Maßlosigkeit des Kindes« genannt hat. Sadismus und Wiederholungszwang allerorten. Debatten nehmen eher den Charakter öffentlichen Verpetzens an als den sachlicher Auseinandersetzung. Dauernd vergreift sich jemand im Ton. Kaum hat einer Aufmerksamkeit auf sich gezogen, rücken die anderen von ihm ab.

Abstrafungen wechseln mit Anbiederungen ab. Wo um Aufmerksamkeit gerittert wird, fallen Späne. Ruhe kehrt nur vorübergehend ein, wenn einer einen Posten erobert hat.

Neid und Mißgunst, Häme und Untergriffe gibt es nicht nur in Österreich. Mir scheint allerdings, daß die Intelligenz des Landes so beschäftigt damit ist, ihr Trauma zu verarbeiten, daß sie ihrer Aufgabe nur eingeschränkt nachkommen kann. Bei der Abwehr von Traumata verarmen »alle anderen psychischen Systeme, sodaß eine ausgedehnte Lähmung oder Herabsetzung der sonstigen psychischen Leistung erfolgt«, sagt Sigmund Freud. Die Traumata der österreichischen Intelligenz sind Nation und Staat. Spricht der Soziologe Heinz Bude von der »ironischen Nation« Deutschland, so könnte man Österreich eine »traumatische Nation« nennen. Verletzung, Abwehr und Gegenverletzung: Ein Konflikt mißlingt. Die Aufgabe der Intellektuellen bestünde in Aufklärung und öffentlicher Aufarbeitung dieses Problems, oder zumindest in der Darlegung, warum sie dieses Problem für keines mehr ansehen, Aufklärung für unmöglich erachten und ihre angestammte Rolle nur mehr für eine Pose halten. Man muß das Positive sehen: Die Intellektuellen stellen sich dieser Aufgabe. Wenn auch nicht immer mit Erfolg.

Die Aufgabe der Aufklärung. Es lohnt sich, den Doppelsinn dieser Formulierung zu bedenken. Die neuere Geschichte der Intellektuellen in Österreich beginnt nach 1945. Die Intellektuellen waren vorher schon da und nach 1945 doch ganz neu. Viele sorgten dann für eine dubiose Kontinuität, indem sie verdeckt irgendeine Variante von Faschismus fortschrieben. Oft befleißigten sich dieselben Leute zugleich der offiziellen Erzeugung einer neuen Österreichideologie. Die mit den Alliierten gekämpft hatten, arbeiteten an der Westbindung; mit anderen Worten, sie führten kalten Krieg. Wenn sie über etwas wachten, dann über die Ausgrenzung nichtkompatibler Elemente wie Bertolt Brecht; über die Fernhaltung von Konkurrenz, indem sie vertriebene jüdische Künstler und Intellektuelle nicht einluden und nicht zur Rückkehr ermunterten; und darüber, daß die wenigen Österreichdenker, die keine Österreichhuber waren, wie Friedrich Heer, nichts wurden.

Hingegen wurde sofort die Falschen etwas, *wieder* etwas. Der Austrofaschist Rudolf Henz zum Beispiel brachte es 1945 zum Rundfunkdirektor, der Germanist und Nationalsozialist Josef Nadler erhielt 1952 von der Republik jenen Mozart-Preis überreicht, den ihm die Nazis 1941/42 zugesprochen hatten – eine bemerkenswerte Kontinuität des Opferstaats mit dem Staat der Täter. Zum öffentlichen Thema wurde derlei ab den siebziger Jahren. Die lange Zeit der Verdrängung hat die Qualität der Debatten nicht verbessert.

Österreichideologie galt auch nach ihrer Hochblüte keineswegs als diskreditiert; zu eng war sie mit der Erzeugung nationaler Identität verknüpft. Erst mit Waldheim geriet sie in Verruf. Als offizielle Ideologie läuft sie bis heute mit und gibt dem Bundespräsidenten Stoff für manches Mahnwort in Festzelt und Festspiel.

Bis Kreisky sie neu definierte, galt für Kulturpolitik die Maxime des »repräsentativen Kulturalismus«, eine Formel des christlich-konservativen Unterrichtsministers Heinrich Drimmel aus den fünfziger Jahren. Offizielle Rollen waren bis zum Ende der sechziger Jahre für Künstler und Intellektuelle nur innerhalb dieser Ideologie zu haben. Wer sich nicht als Repräsentant der Gesellschaft gerierte, hatte keine Chance. Wer sich als Wächter über ihre Entwicklungen und Fehlentwicklungen verstand, dem blieb die Rolle des Außenseiters. Die Position des Avantgardisten war ohnehin nicht frei gewählt. Symbolischer Widerstand schien für die Boheme die einzige Möglichkeit der Artikulation. Die Avantgarde schuf sich im Skandal die Möglichkeit von Lossagung und gleichsam erzwungener gewalttätiger Befreiung. Die Wiener Gruppe, schrieb der Lyriker und Kritiker Reinhard Priessnitz, habe ihre subversive Kraft »der nicht unglücklichen Fügung eines ignoranten und kunstfeindlichen Klimas zu verdanken«. Nicht unglücklich: weil das dichte Klima auch die Gegenreaktion verdichtete. Vielleicht kann man im Protest der Avantgarden gegen das Neobarock der fünfziger Jahre auch einen Nachklang des Hanswurst sehen, einer Figur der barocken Volkskomik mit durchaus bösartigen Zügen. Und wie im Barock hat man auch heute manchmal den Eindruck, die größte Hetz hätten Künstler und Intellektuelle, wenn sie bei Auseinandersetzungen auf ihresgleichen losgehen. Aufklärung jedenfalls war in der geschlossenen österreichisch-katholischen Veranstaltung unerwünscht; sie stand, solange die Sache mit dem Staatsvertrag nicht entschieden war, zudem unter Ostblockverdacht.

Toleranz für meine Rebellen. Bruno Kreiskys Kulturpolitik reagierte auf diese geschlossene Situation mit Öffnung. Die Anerkennung, die nun Avantgarde und kritischer Intelligenz zuteil wurde, beruhte auf kulturpolitischem Kalkül und leitete einen historischen Nachholprozeß ein. Radikalität sollte, so hieß es nun, ihren Platz in der Kulturpolitik haben. Damit wurde einerseits gegen die »repräsentative Kulturalität« Front gemacht, andererseits sollten die 68er Rebellen, soweit vorhanden, eingemeindet oder mindestens ihres Stachels beraubt werden. Die Widerstandshaltung wurde bald zur Attitüde. Andererseits soll man nicht geringschätzen, was diese Anerkennung für künstlerische und intellektuelle Produktion bedeutet hat. Daß die

Anerkennung auch Umarmungen mit einschloß, versteht sich. Die angeordnete Radikalität richtete sich gegen die vorhergegangene Repräsentativität, aber sie schloß sie nicht aus. Der »Sonnenkönig« Kreisky sah sich umgeben von Staatskünstlern, die zugleich Staatsfeinde (gewesen) waren. Die Rede vom Sonnenkönig ist freilich journalistischer Leichtsinn. Folgt man dem Marxschen Wort, Geschichte wiederhole sich als Farce, könnte man die Österreichideologen mit den jesuitischen Gegenreformatoren vergleichen und Kreisky höchstens mit Josef II., nicht mit Ludwig XIV. Sein künstlerisches Toleranzpatent verstaatlichte die Staatsfeinde und schenkte uns das österreichische Phänomen des Staatsanarchisten. Auch die dominierende Stellung der Beamten unter den Intellektuellen wäre mit dieser Analogie erklärt; schließlich wurde dieser Berufsstand in Österreich von Josef II. neu erfunden.

Staatskunst – die neue Repräsentativität. Die nunmehrigen Staatskünstler brauchten sich um Gegnerschaft nicht zu sorgen: Sie wurden von den Medien der schweigenden Mehrheit zu Gesellschaftsfeinden erklärt, zu Nestbeschmutzern und Österreichbeschimpfern. Sorgen mußten sie sich bloß darum, den Kern ihrer Kunst und ihres Denkens dem freundlichen Staat gegenüber unabhängig zu halten. Kunstsinnigkeit und Liberalität, besser Kunstoffenheit, wurden geradezu zum Emblem der Sozialdemokratie, auch nach den Kreisky-Jahren. Man kann sagen, daß sich in der Verteidigung dieses Emblems die Begründung und die Ziele von Kunstpolitik erschöpften. Immerhin bewährten sich daran Reste von Haltung gegenüber der populistischen Hetze, und immerhin konnte man auf eine vertrackte Weise eine eigene Tradition von Repräsentativität begründen. Der Aktionismus von Hermann Nitsch, die Kunst von Attersee oder Kolig, das Theater von Peymann waren

»international durchaus herzeigbar«, wie man sagt. Umgekehrt meint »Staatskünstler« in der polemischen Umgangssprache heute nicht den staatlich geförderten Künstler, der Förderung durch den Staat im Auge hat, sondern nur die Zurechenbarkeit zum Milieu der sozialdemokratischen Kulturpolitik, also eine neue Art halb williger, halb widerwilliger Repräsentativität. Staatskünstler ist ein polemischer Begriff der hegemoniekämpfenden Rechten geworden, er soll nichts anderes bedeuten als »Systemkünstler«.

Wunde und Wunder: Claus Peymann. Ein Nachruf

Claus Peymann wurde noch in der Ära von Bundeskanzler Fred Sinowatz vom damaligen Unterrichtsminister Zilk und dessen Beraterin Ursula Pasterk als Direktor des Burgtheaters engagiert. Ehe er abdankte, versicherte der Kanzler Peymann noch, dieser habe Glück, daß er, Sinowatz, nicht mehr Unterrichtsminister sei, denn unter ihm wäre er niemals Burgtheaterdirektor geworden ...

Peymann zu engagieren war eine politische, eine sozialdemokratische, ja, sagen wir es laut, eine kämpferische Tat. Sie hatte das hegemoniale Ziel, durch Hebung des ästhetischen Standards zu zeigen, daß links der Mitte besser Kunst gemacht wird als rechts von ihr. Mit der Hebung des Kunstniveaus strebte man zugleich auch die Hebung des Fremdenverkehrs an, das war weniger revolutionär, aber schlau. Metropolenkonkurrenz lautete der Auftrag, Kultur wurde nicht nur als Macht-, sondern auch als Standortfaktor begriffen. Peymann löste seine Aufgabe doppelt elegant: Den Fremdenverkehr hob er durch ästhetische Auseinandersetzungen mit führenden Repräsentanten des Landes. Diese versuchten durch lächerliche Attacken, noch einmal die Idee des »österreichischen Menschen« gegen den Piefke auszuspielen, der Chance nur als »Schangse« auszusprechen vermag. Aber Fritz Muliar ist nicht Hugo von Hofmannsthal, und als Peymann Wien verließ, war sein Französisch in diesem Punkt akzentfrei. Von seinen Gegnern gab keiner mehr Laut, und allgemein bedauerte man, den Theaterdirektor Peymann zu verlieren. Der Boulevard konnte sich nicht einmal zu einem hämischen Abschied aufraffen.

Die Öffentlichkeit aber – das war nicht unbedingt geplant – belebte Peymann durch seine eigene Rollenauffassung. Mit seinem tuntigen Taschentuchgetupfe im Fernsehen, mit dem er seine aufgeregten Auftritte begleitete, ging er mir oft auf die Nerven. Seine kalkulierten Zweckallianzen mit dem Zentralorgan des Gegengeschäfts, mit dem *News*-Verlag, in dem er zu verlautbaren pflegte, fand ich unerträglich. Daß er diesen Leuten sein von ihm als moralische Anstalt begriffenes Haus symbolhaft für ein Fest öffnete, das die repräsentative Kulturalität zur parvenühaften Prominenz degradierte, war unverzeihlich; er hat es selbst zugegeben und es damit gerechtfertigt, daß er dadurch an Gegengeschäfte herankam, die seine Abschlußdokumentation finanzierten. In wichtigeren Augenblicken aber beschämte Peymann sein Publikum, also mich: Nach dem Attentat von Oberwart fand er am schnellsten klare Worte über die Unfähigkeit von Medien, Innenminister und Polizei.

»Das Theater hat sich immer als staatsfeindlich und menschenfreundlich empfunden«, sagte er in jenem legendären *Zeit*-Interview mit André Müller, in dem er auch berichtete, Waldheim habe ihn in den Nacken geküßt. Das österreichische Ressentiment röhrte auf, sein Sprachrohr Hans Dichand faßte die Stimmung in jenem einzigen Satz zusammen, der diesen Leuten bei solchen Gelegenheiten einfällt: »Weg mit ihm!« (»Wir wollen das – äh – weg«, sagte der freiheitliche niederösterreichische Landesrat Hans-Jörg

Schimanek zu Nitschs Sechstagespiel). Politiker wurden gezwungen, auf Distanz zu gehen, das Ensemble protestierte, und in der *Presse* rief Hans Haider »die politische Verantwortung in die Schranken« gegen jene »deutschen Theaterideologen, die kaum verstehen, daß das Burgtheater mehr ist als ein Vorturnplatz für selbsternannte Großmeister: nämlich ein Stück unzulängliches, widersprüchliches, anmaßendes, enttäuschendes und doch geliebtes Österreich, und für jede Sternstunde gut.«

Dort, in der *Presse*, hatte man begriffen, daß es dem repräsentativen Kulturalismus an den Kragen ging. Und in einer paradoxen, aber realistischen Wendung appellierte ein anderer Leitartikler, verstört durch die Gleichzeitigkeit eines demonstrativen Besuchs Kanzler Vranitzkys bei der Kasseler Ausstellung von Wiener Aktionisten, des Erscheinens eines Sexkoffers zwecks Aufklärung präpubertierender Jugendlicher und des Interviews von Peymann in der *Zeit*, an unverhoffte Bündnisgenossen. »Zulässig aber dürfte der Hinweis auf die Emotionen und Reaktionen der heutigen Restbestände von Arbeiterbewegung sein, nach wie vor als ›Kernschicht der Partei‹ reklamiert. Dort herrschen noch Schamgefühl und Verständnislosigkeit der ›Burg‹-Politik gegenüber, dort ist noch das wach, was bei den Bürgerlichen durch zwei Jahrzehnte liberalen Verständnisgewinns längst abgeschliffen ist: die Scheu, ja der Abscheu vor den 1968er Aktionisten.«

Das Bürgertum selbst – von seinen Publizisten abgesehen – hatte offenbar längst sein eigenes kulturpolitisches Konzept aufgegeben; das bürgerliche Burgtheater war, um mit Nestroy zu sprechen, nur noch ein Verweser seiner selbst. Nun mußte man an die alten Arbeiter appellieren. Wenn das kein überzeugender Siegesbeweis für Peymann und seine Auftraggeber war, was dann? Noch einmal Dieter Lenhardt: »Harmlos, diese sozialistische Kulturpolitik? Zwar wird sie heute nicht von einer parteihierarchisch starken linken Persönlichkeit verfochten. Aber in ihrer auflösenden, zermürbenden, schrankenlosen Tabuvernichtung, in der ›Offenheit‹-Propaganda, gegen die so schwer etwas einzuwenden ist, erinnert sie an die katzenpfötige, hochintelligente Justizpolitik eines Christian Broda. Als die Nichtsozialisten der ständigen Beteuerung ihrer Harmlosigkeit endlich nicht mehr glaubten, war es schon zu spät.«

Neben solchen Triumphen Peymanns (es waren, wie gesagt, öfter gesellschaftliche als künstlerische Triumphe) verblaßt die oft – nicht immer – gelungene Wiederbelebung des Burgtheaters, daneben verwelken bedeutende Aufführungen, unvergeßliche Abende, unsägliche Verzauberungen von André Heller bis Gabriel Barylli. Der Weihetempel Burgtheater erwies sich schnell als Schimäre der Österreichhuber. Das Fähnlein aus der Burg vertriebener Burgverteidiger blieb ein mickriger Rest, angeführt von Möchtegerns. In ihr schwächliches Gemecker mischte sich der Brustton rechter Kulturkämpfer, aber die angesagten Niederlagen wurden zu Peymanns größten Siegen. Versuche der Hetzgemeinschaft, die »Heldenplatz«-Premiere zu verhindern, vergrößerten nur den Triumph der Aufführung. Thomas Bernhards Stück ist mittlerweile selbst Teil des symbolischen Festbestands geworden. Zuletzt war jenes ominöse Plakat, das auch Peymann proskribierte, für ihn bereits ein Ehrenzeichen.

An Peymanns Figur des Theaterdirektors konnten sich Freund und Feind formieren. Diese Formierung ist, wie man immer wieder liest, ja der politische Vorgang schlechthin. In Augenblicken der Kontroverse lebte der als Piefke denunzierte Hanseat auf, fand harte und polemische, manchmal sogar hysterische Worte. Peymann verstand seine Rolle zu spielen und riskierte dabei – wie alle guten Schauspieler – durchaus etwas: Er exponierte sich als Person. Mit dem Gewicht des politischen Akteurs Peymann wuchs die Bedeutung der von ihm geleiteten Institution nicht nur, sie wechselte: Das Burgtheater wurde von der Spitzeninstitution des repräsentativen Kulturalismus zu einer Institution der Öffentlichkeit. Daß es dabei auch künstlerisch gewann, haben ihm seine Gegner nie verziehen. Deswegen hat ihm die ÖVP im Parlament die Zustimmung zu seinem Ansuchen um Erlangung jener österreichischen Staatsbürgerschaft verweigert, die sonst gerade im Dunstkreis dieser Partei Handballerinnen oder Eishockeycracks umstandslos gewährt wurde.

Nicht nur den Spielplan des Burgtheaters hat Peymann verösterreichert, indem er in nicht gekanntem Ausmaß zeitgenössische österreichische Stücke spielte. Er hat sein ganzes Burgtheater als öffentliches Instrument eingesetzt, er hat interveniert, Debatten entfacht, skandalisiert, provoziert und damit dem Begriff »Staatskünstler« einen neuen Sinn gegeben. Staatskünstler ist demnach ein Künstler, der es in einer staatlichen Institution auf die Spitze treibt und diese Spitze gegen den Staat selber wendet, immer im Bewußtsein, dem Staat durch Verbesserung und Belebung der Öffentlichkeit damit zu dienen. Daß sich der Staat solche Diener nicht ewig gefallen läßt, wen wundert's? Peymann wurde zuletzt so stark mit jener zugleich aufklärerisch und hegemonial gemeinten Kulturpolitik identifiziert, daß die Nichtverlängerung seines Vertrags mit einer Nichtverlängerung dieser Kulturpolitik gleichgesetzt wurde. Ob dabei andere Motive im Spiel waren als jenes, dem Boulevard ein Ärgernis zu nehmen, war nicht mehr zu entscheiden, und es war auch nicht mehr wichtig. Peymann hatte alles in allem und von allen Ärgernissen abgesehen den Österreichern eine Möglichkeit gezeigt, wie die Rolle des Intellektuellen als öffentliche Person angelegt werden kann.

Mehr als Kritik – Österreichkritik. Intellektueller bedeutete nach 1945 grosso modo soviel wie Verdrängungskünstler. Ende der sechziger, Anfang der siebziger Jahre hatte sich für kurze Zeit das Kollektiv der rebellierenden Jugend die intellektuelle Funktion der Gesellschaftskritiker angemaßt. Durch den zeitgleichen Regierungsantritt Kreiskys scheint es heute, als wäre die Geschichte der Intelligenz im Nachkriegsösterreich erst ab 1970 zu schreiben. Nun belebten sich Milieus und Suböffentlichkeiten. Die Universitäten sowieso, Zeitschriften wie das *Neue Forum* machten Diskussionen publik, wo früher nur einzelne Stimmen gesprochen hatten. Literaturzeitschriften wurden gegründet, Verlage und Magazine entstanden. Der legendäre *Club 2*, eine Abenddebattierrunde des ORF, stellte gesellschaftliche Debatten medial fokussiert noch einmal dar. Vielleicht war das in der Zeit des Monopolfernsehens die erste und letzte Variante einer einigermaßen verbindlichen österreichischen Diskussionsöffentlichkeit. Logischererweise wurde der *Club 2* vom Aufkommen der Talkshows überwältigt und bald eingestellt.

Der Waldheim-Haider-Groër-Schock zeigte, wie erfolgreich die hegemoniale Politik in den Jahren zuvor gewesen war: Eine neue Generation von Schriftstellern und Intellektuellen kam zu Wort und suchte die Auseinandersetzung mit den verschwiegenen Kontinuitäten der österreichischen Zeitgeschichte. Eine Unzahl von Österreich-Publikationen vorzüglicher hiesiger Autoren erschien. In vielen von ihnen herrschte ein Grundton pauschaler Österreichablehnung. Die Welle von Österreichkritik verlief derart monothematisch, daß sie, wie Franz Schuh bemerkte, bei aller im einzelnen berechtigten Kritik bereits zu einer neuen Variante der alten Österreichideologie zu verkommen drohte. An die Stelle des Verdrängungskünstlers trat der Erinnerungskünstler. Was jenem Diskretion und Dichthalten, war diesem Hysterie und schrille Anklage.

Personalstand. Die Unöffentlichkeit produziert ihr Personal: Sekretäre, Pfründner, Seilschaftsgänger, Mitglieder von Partei und Partie; und dieses Personal sorgt schon im eigenen Interesse für die Beibehaltung des Zustands. Neuerdings hat sich dennoch das Bild geändert. Es herrscht keineswegs mehr Mangel an unabhängigen Intellektuellen. Möglicherweise ist dieser Zustand der finanziellen Krise der Universitäten und Institutionen zuzuschreiben, die das freie Unternehmertum diverser Projektanten erzwingen. Nachrichtenmagazine und interessierte Tageszeitungen (es kommen ohnehin nur zwei in Frage) haben keine Probleme, ihre Seiten mit Umfragen, Gastkommentaren oder repräsentativen Einschätzungen zu füllen. Eine Rangliste der einflußreichsten Denker fehlt noch, aber spätestens nach dieser Anregung wird auch sie in Angriff genommen werden. Der Rundfunk tut das seine, das Fernsehen hinkt hinterher, bemerkt jedoch in letzter Zeit, daß selbst Intellektuelle ihren Quotenwert haben.

Unter den Bedingungen von Starsystem und ikonographischer Öffentlichkeit, von Aufmerksamkeitskonkurrenz und Verwertungsmechanismen aller Art scheint es nahezu unmöglich, Öffentlichkeit zu rekonstruieren. Das Wort allein zeigt die Vergeblichkeit des Bemühens: Re-konstruieren läßt sich nur, was es einmal gegeben hat. Die Scheinöffentlichkeit hat zur selben Zeit die Intellektuellen als narzißtische Unterhalter entdeckt, als Österreich zu seinem historischen Nachholprozeß ansetzte. Nun laufen mehrere Öffentlichkeiten nebeneinander her. Der aufklärende Sprecher sieht sich immer zugleich in eine Marktkonkurrenz verstrickt. Ehe man das bejammert, erinnere man sich an den Marktplatz als Ursprung der Öffentlichkeit. Ehe man den Marktplatz feiert, erinnere man sich daran, daß nichts der Marktlogik entkommt. Unter den Gesetzen einer »Ökonomie der Aufmerksamkeit« (Georg Franck) geht der Kampf immer um beides, um Argumente und um Sichtbarkeit.

Das bringt Intellektuelle in das Dilemma, gleichzeitig sprechen zu müssen und schweigen zu sollen. Ein Balanceakt: Ein Schritt zuviel in Richtung Sichtbarkeit, und die moralische Legitimation ist dahin. Ein Schritt zu weit ins Abseits, und das Argument wird nicht mehr gehört. Daß in Österreich das Gefühl für derart schwankende Zustände besonders ausgeprägt ist, mag ein folkloristisches Vorurteil sein. Daß die Kritiker öffentlicher Figuren sich mit Häme darauf stürzen, wenn eine dieser Figuren aus der Balance gerät, läßt sich nicht leugnen. Vielleicht ist das so, weil aufklärerische Traditionen fehlen. Es könnte sein, sagt der deutsche Publizist Warnfried Dettling, »daß Österreich der Welt im 20. Jahrhundert demonstriert hat, wie sich eine prädemokratische gleich in eine postmoderne Gesellschaft verwandelt«.

Ende der Kulturpolitik. Die Kulturpolitik der Kreisky-Ära wurde, wie der Etatismus insgesamt, Ende der achtziger Jahre in Frage gestellt. Die Etats wurden zwar fortgeschrieben, die Ziele des von oben ermutigten Widerstands blieben erhalten, sie personifizierten sich im gebildeten Kulturminister Rudolf Scholten, den gegen die Angriffe des Boulevards im Amt zu halten wiederum als Akt des Widerstands interpretiert wurde. Äußerlich blieb alles beim alten, aber die alten Ziele fehlten. Das Querdenkerische, Sperrige, Unbequeme, ja das Widerständige waren gefordert, aber gleichzeitig durch staatliche Anerkennung und offizielle Eingemeindung entschärft. Die sozialdemokratische Hegemonie war gewonnen, sie mußte sich nun ihrerseits gegen Angriffe von rechts verteidigen. Auf die Bedrohung von Staatlichkeit und politischem System durch kommerzialisierte Medien im Verbund mit einem aggressiven Rechtspopulismus wußte die Politik außer Anpassung, vorauseilendem Gehorsam und fortgesetztem Defensivverhalten wenig Antwort. Ironie der Geschichte: Hatte einst Radikalität in der Kulturpolitik ihren Platz, zog sich nun Politik in die Kulturpolitik zurück. Insofern war es nur konsequent, als Viktor Klima die Kunst zur »Chefsache« erklärte.

Chefsache Kunst. In Wahrheit hat sich diese Kulturpolitik auch heute nicht wesentlich geändert; aber die Widerstandsgeste, mit der sie betrieben wurde, ist abgeschafft. Das war das Unkluge oder das Kalkül an der Chefsache Kunst – wie immer man es betrachten will. Der Verzicht auf Ideologie soll vermutlich durch Hinwendung zu massenwirksamen Spektakeln wettgemacht werden. Da und dort hebt der repräsentative Kulturalismus, vom Boulevard gefordert, in alter Frische sein Haupt.

Dennoch liegt gerade in diesem Verzicht auf die ideologische Geste eine Chance für die Intellektuellen. Die Eingemeindung ist am Ende, nun können sie selbst darangehen, ein neues, realistisches Verhältnis zur Politik aufzubauen, jenseits von Sykophantentum und bestelltem Aufbegehren, von beamtetem Widerstand und pragmatisierter Revolte. Eine kluge Kulturpolitik ihrerseits müßte sich sowieso darauf konzentrieren, literarische, künstlerische und intellektuelle Milieus zu ermutigen, in denen Teile von Öffentlichkeit überleben können.

Andere als mediale Öffentlichkeiten unterliegen neben der traditionellen Selbstbeschränkung nun auch budgetären und konzeptionellen Beschränkungen. Die Universitäten leiden unter ihren Strukturmängeln und bieten ein trauriges Schauspiel von Eigennutz und Selbstbezogenheit der Insassen bei sinkender Attraktivität des Angebots für die Studenten, von ihrem Angebot für die Gesellschaft ganz zu schweigen. Da im Zusammenhang mit den Sparmaßnahmen Mitte der neunziger Jahre der damalige Personalstand festgeschrieben wurde, wird eine ganze Generation von Wissenschaftlern von der akademischen Karriere ausgeschlossen. Der akademische Boden existiert als Arena öffentlicher Auseinandersetzung nicht mehr.

Öffentlichkeit, österreichisch: Im Abspann einer einstündigen TV-Diskussion erhob sich einst ein prominenter Kulturschaffender und fragte, in der Meinung, die Mikrophone seien bereits abgeschaltet, seine Mitdiskutanten: »Könn' ma reden?« Der Charakter der Öffentlichkeit ist also theatralisch. Hier wird nichts verhandelt, hier wird Verhandlung nur dargestellt. Wo man sich nicht öffentlich verständigen kann, muß das Einverständnis mit anderen Mitteln gesucht werden. Weil das Einverständnis mit anderen Mitteln gesucht wird, wäre es nicht nur blöd, sondern geradezu ein feindseliger Akt, würde man versuchen, sich öffentlich zu verständigen. Wer sich öffentlich äußert, muß schon allerhand zu verschweigen haben. Diskussion, das durfte ich einst als Amateurfußballer feststellen, gilt hier allgemein als Synonym für Streit; dieser ist zu vermeiden. »Willst diskutieren?« »Nein, das können wir doch friedlich lösen!« Als Vorbild für Auseinandersetzungen gilt die Form der Sozialpartnerschaft, welche Konflikte geräuschlos regelt. Geräuschlosigkeit wird mit Friedfertigkeit verwechselt, zu der doch bekanntlich, gerade um physische Gewalt zu vermeiden, das Geräusch verbaler Auseinandersetzung gehört. In Österreich liegen die Verhältnisse umgekehrt. Die Verhandlung, das offene Gespräch gelten als gefährlich für den Hausfrieden. Nur hinter verschlossenen Türen sagt man die Wahrheit. Das Gerede der Intellektuellen tropft von den Entscheidungsträgern ab, während sie selber bis zum Hals im reißenden Fluß des Ressentiments stehen.

Hier läßt sich nichts beschönigen. Wenn einem zum Beispiel mit Restitution von Kunstwerken befaßte Fachleute erzählen, welche rechtsextremen Anrufe sie bekommen, wenn man bei FPÖ-Veranstaltungen Augen und Ohren offen hat, wenn man am Fußballplatz und am Stammtisch alles wörtlich nimmt, was gebrüllt wird (und warum sollte man das nicht tun?), dann weiß man, daß das Ressentiment der Hetzer und ihrer Blätter im Volk seine unsolide Entsprechung findet; dann spürt man, wie prekär die Position der Intellektuellen gegenüber dem Mob ist. Aber gerade dann hieße es, kühlen Kopf zu bewahren und zu unterscheiden zwischen mörderischer Stimmung und Mördern. Gerade dann hieße es, ohne Aufgeregtheit durch realistische Einschätzungen zu einem gesellschaftlichen Klima beizutragen, in dem der Mob sich zähmen und zivilisieren läßt. Leider fehlt es vielen Künstlern und Intellektuellen von Berufs wegen an dicker Haut und guten Nerven.

Öffentlichkeit, überhaupt: Öffentlichkeit ist ein intellektuelles Konstrukt eines idealtypischen Zustands. Es bezieht sich auf das von Jürgen Habermas formulierte aufklärerische Ideal vernünftiger Privatleute, die ihre Interessen vor Publikum miteinander diskutieren. Habermas selbst hat in seinem berühmten Buch »Strukturwandel der Öffentlichkeit«, wie schon der Titel sagt, auf die Gefahr der Refeudalisierung dieser Öffentlichkeit hingewiesen. Von *Re*feudalisierung kann hierzulande nicht die Rede sein. Hier stünde erst einmal die gründliche *Ent*feudalisierung, die Zivilisierung, um nicht zu sagen, Verbürgerlichung der Öffentlichkeit auf dem Programm, wäre Verbürgerlichung nicht ein diskreditierter und, im Zusammenhang umfassender Ökonomisierung, ein hohl gewordener Begriff. Vor dem Bürger herrscht eine Phobie, die sich nur aus den Kontinuitäten der Ersten Republik im repräsentativen Kulturalismus der Zweiten erklären läßt. Bürger werden nicht als freie Teilnehmer an einer öffentlichen Debatte angesehen, Bürger sind Angehörige eines politischen Lagers. Bürgerlichkeit wird nicht im Sinn des »Citoyen« aufgefaßt, nicht einmal des »Bourgeois«, sondern als Bezeichnung für spießiges Wohlverhalten im Dienste eines engen patriotischen Kanons verstanden. Die bürgerliche *Presse*, sofern vorhanden, war nach 1945 demgemäß nicht Trägerin einer freien Öffentlichkeit. Sie verbreitete die Ideologie des unternehmerischen Teils der Sozialpartnerschaft, würzte sie mit einer Prise abendländischer Sendung und tröstete sich über gesellschaftlichen Machtverlust mit einem kräftigen Schuß Paranoia, der ihre Kritiker noch hinter der Freiwilligen Feuerwehr ein rotes Netzwerk wahrnehmen ließ.

Unöffentlichkeit. Nie gab es in Österreich so etwas wie eine funktionierende Öffentlichkeit. Die kurze Freiheit von 1848 zählt nichts im Vergleich zu den Wirkungen ihrer Niederschlagung. Weder konnte Öffentlichkeit unter den Bedingungen einander feindlicher Lager in der Ersten Republik entstehen noch entging sie unter den Bedingungen der nationalen Kräftekonzentration im Wiederaufbau dem Schicksal, propagandistisch oder parteipolitisch in den Dienst genommen zu werden. Übrigens löste eine republikanische Pressezensur die habsburgische Zensur nahtlos ab. Daß die Klassenauseinandersetzungen gewalttätig verliefen, hatte auch damit zu tun, daß in der Monarchie eine Art »politisches Illusionstheater«, so nennt es der Historiker Siegfried Mattl, die Öffentlichkeit ersetzte. Ehe gestreikt wurde, verständigten sich Kaiser und Arbeiterführer auf durchsetzbare Parolen. Nachdem der oberste Theaterleiter, der Kaiser, abgegangen war, der noch über das intime Medium des geheimen Kabinetts verfügte, erwies sich die Öffentlichkeit als unfähig, auf offener Bühne solche Konflikte gewaltlos zu regeln. Intellektuelle diskreditierten sich in dieser Atmosphäre durch großsprecherisches Gerede von einer Revolution, die sie nicht ernst meinten, oder durch Aufrufe zu Gewalt und Abschaffung der Demokratie, die sie nur allzu ernst meinten. Die Zweite Republik löste das Problem auf ihre Weise: Sie vermied Gewalt weitgehend, indem sie Öffentlichkeit vermied. Zurück ins Arkane: die Sozialpartnerschaft, das Geheimkabinett des Kleinbürgers. Dem hohen Maß von Unsichtbarkeit und Unöffentlichkeit demokratischer Vorgänge entsprach die hohe Organisationsdichte von Parteien, Interessengemeinschaften, Institutionen. Die Dichte des Netzes und die Fürsorglichkeit des Staates, die Unfähigkeit, nach außen zu gehen, sich zu äußern, hatten im übrigen auch, oft und gern erwähnt, individuelle Aggression der Einwohner gegen sich und andere zur Folge. Die im europäischen Vergleich hohe Zahl an Selbstmördern, Verkehrsunfalltoten, psychisch Kranken und Alkoholikern ist Ergebnis des beschriebenen, allumfassenden, erstickenden Geflechts; ebenso die Schwierigkeiten der Intellektuellen im Umgang mit sich selbst und miteinander. Die Anzahl der Handybenützer ist übrigens in dieser Bevölkerungsgruppe am geringsten.

Diskreditierung. Daß der Typus des freien, unabhängigen Intellektuellen unter solchen Umständen wenig gefragt war, versteht sich. In höchsten politischen Kreisen redet man so gönnerhaft wie verachtungsvoll von jenen »G'scheiterln«, die man wohl oder übel bisweilen hofiert, weil sie gewisse Zielgruppen von Wechselwählern ansprechen. Das Ressentiment gegen diesen Typus wird umso offener in der dominanten Öffentlichkeit des Boulevards gepflegt, welche die dumpfe Nachkriegsatmosphäre fortwährend weiterschreibt und neu umbricht. »Intellektuell« gilt dort als Diffamierungswort; Oppositionelle, Künstler und Intellektuelle schimpft der Boulevard gern »Kulturbolschewisten«. Untergründig bezieht er sich damit auf ein unsauberes, aus den zwanziger Jahren tradiertes Amalgam aus antisemitischen, antidemokratischen und antikommunistischen Ressentiments. Mit seiner Polemik, die vor Gedichten im *Stürmer*-Stil nicht zurückschrickt, zielt er nicht nur auf eine ganz bestimmte Gruppe von Künstlern und Publizisten, welche die Kontinuität dieser Nachkriegsatmosphäre zu ihrem Thema gemacht haben, sondern pauschal auf alle Intellektuellen und Künstler.

Diese Diskreditierung ist Teil des hegemonialen Kampfs der Rechten. Es gibt einige wenige Rechtsintellektuelle, die sich offen artikulieren. Jörg Haiders Berater Andreas Mölzer versucht, sie in der Wochenzeitung *Zur Zeit* zu sammeln. Das Ergebnis ist wenig attraktiv, es wimmelt von Ewiggestrigen und riecht nach altbekanntem Muff. Immerhin: Die Rechte traut sich wieder, sie strengt sich an. Obwohl sie es nicht nötig hätte, denn das führende Blatt der Rechtsintellektuellen ist das stärkste im Land. Die *Kronenzeitung* rüstete ihrerseits geistig auf: Mit ebendem Andreas Mölzer, mit dem reaktionären Bischof Krenn und dem rechtsgewendeten Altintellektuellen Günther Nenning als Kolumnisten. In der Tat steht heute die Mehrzahl der österreichischen Intellektuellen und Kulturschaffenden links, auch wenn ihre Protagonisten mit Wollust Carl Schmitt und Ernst Jünger zitieren. Lautstark bemitleiden sich die rechten Denker ob ihrer Schwäche. Scheinheiliger geht's nicht. In Wirklichkeit haben die *Kronenzeitung* und *News* die kulturelle Hegemonie in Österreich; der ORF versucht auszugleichen, was auszugleichen ist. An diskussionsfähigen rechten Intellektuellen herrscht jedoch Mangel. Darunter leidet die Öffentlichkeit tatsächlich: daß nicht Argument gegen Argument gesetzt werden kann, sondern nur Haß gegen Gedanken.

Prinzip Eingemeindung. Unter Kreisky galt es, das Prinzip Ausgrenzung abzuschaffen. An seine Stelle trat das Prinzip Eingemeindung. Ob Literatur der Arbeitswelt oder Wiener Aktionismus, ob Neue Musik oder stalinistische Plastik, ob Turrini oder politischer Austropop – es ging nicht darum, die Kunst selbst zu befragen, es ging darum, die zuvor ausgegrenzten Künstler anzuerkennen. Der hegemoniale Zweck heiligte dann schon die künstlerischen Mittel. Folgerichtig entstand Unsicherheit darüber, ob man sich öffentlich gegen Kunst aussprechen dürfe, die diesem Zweck genügte, nur weil sie vom politischen Gegner angegriffen wurde. Statt die Angriffe des Gegners auf die Künstler zurückzuweisen und sie von der eigenen kritischen Haltung zur Kunst des Angegriffenen zu trennen, sahen sich viele vor der Alternative, nicht mehr »unterscheiden, sondern nur mehr entscheiden« zu können, wie das Karl-Markus Gauß ausdrückte.

Dieser »Zwang zur falschen Alternative« bedeutete Sieg und zugleich Niederlage der hegemonialen Kulturpolitik. Denn der Beifall der Boulevardpopulisten entschied letztlich über das Urteil von Künstlern und Intellektuellen. Hatte einmal ein Politiker den Mut gefunden, gegen den Boulevard zu entscheiden, meinte man ihm jetzt als kritischer Intellektueller nicht in den Rücken fallen zu dürfen. Die populistische Wut auf Alfred Hrdlickas Denkmal gegen Krieg und Faschismus am Albertinaplatz, die Wut auf Hermann Nitschs Aktionen, die Wut auf Thomas Bernhards »Heldenplatz« rief in den achtziger Jahren ein reflexhaft gespanntes Verhalten der Intelligenz hervor, das sich erst Mitte der neunziger Jahre zu lockern begann. Die Intelligenz agierte nicht, sie reagierte nur noch auf die Provokationen der Populisten, und sie verlor dabei oft genug die Nerven. Kein Wunder, war sie doch dabei, ihre Kritikfähigkeit ausgerechnet jenem Lagerdenken zu opfern, zu dessen Bekämpfung sie angetreten war.

In der Phase zwischen Waldheim und den Briefbomben wurde der Ton schrill. Übertreibungen und Peinlichkeiten erklären sich nicht nur aus den neuen Bedingungen. Nach dem Ende des Kalten Kriegs schwand die Definitionsmacht der Sozialdemokratie. Intellektuelle versuchten ihre öffentliche Rolle neu zu definieren. Der Schriftsteller Antonio Fian beschreibt eine Spätfolge bei manchen seiner Kollegen: »Das Selbstverständliche, ihr ›Unbequem-Sein‹, erscheint ihnen (...) schon als mutiges, gefahrvolles Handeln, und üben andere, oft unberechtigt, Kritik an ihnen, so sehen sie darin nicht bloß Angriffe auf die Positionen, die sie vertreten, sondern auch auf sich, als Personen.« Vielleicht wurde bloß manchen Akteuren die Diskrepanz zwischen der ihnen zugewachsenen Rolle als Empörungskünstler und der ihnen angemessenen Praxis als Künstler bewußt. Die Beschimpfung wetteiferte mit der Übertreibung um den führenden Platz unter den Kunstformen. Gesprochen wurde weniger über Kunst als über Künstler. Man braucht nicht Bernhard oder Handke zu bemühen; Roth und Turrini tun's auch. 50 Prozent der Österreicher (oder mehr) seien Mörder, sagten beispielsweise diese beiden, ohne zu merken, daß sie einander damit – statistisch gesehen – wechselseitig des Mordes bezichtigten.

Hitzköpfe und Coolköpfe. Die politischen Kräfteverhältnisse verschoben sich tatsächlich nach rechts. Wohl wurden »Stimmungen in der Bevölkerung endlich sichtbar«

(Robert Menasse), die latent immer vorhanden gewesen waren, aber es änderten sich auch die Sitzverteilungen in den Parlamenten und Stadtregierungen. Es war ein Unterschied, ob die alten Nazis und ihre Freunde Kreisky oder Haider wählten. Der vorhandene, halbverdrängte Antisemitismus wurde mit Waldheim sichtbar, Haider wollte die Xenophobie in seinem Ausländervolksbegehren für sich nutzen. Immerhin fühlte sich Bundespräsident Klestil bemüßigt, nach der Ermordung der vier Roma 1995 in Oberwart im Fernsehen zu erklären, dieses Attentat sei keineswegs »Ausdruck einer allgemeinen Haltung der Österreicher«. Hätte das ein deutscher Präsident nach einem RAF-Mord, ein italienischer nach einem Brigate-Rosse-Attentat zu sagen brauchen?

Am anderen Ende der Aufgeregtheit machte sich der Versuch eines dandyhaften, betont kühlen Danebenstehens bemerkbar, der ebenfalls seinen Aufmerksamkeitswert kalkulierte. Von den Manifestanten des »Lichtermeers« verlangte der Philosoph Konrad Paul Liessmann auf dem Gipfelpunkt der Aufregung nicht mehr und nicht weniger als »Gelassenheit, die sich auf die Stärke einer liberale Gesellschaft stützen kann, eine Gelassenheit, die es auch erlaubte, auf Rechtsradikalismus nüchtern, aber präzis, und nicht mit einer Mischung aus Erstarrung, Hysterie und moralischem Overkill zu reagieren. Solches schadet vor allem den Anliegen derer, die man vertreten möchte.« Das wäre wohl richtig und wünschenswert, hätten nicht Zweifel eben an der Liberalität dieser Gesellschaft (weniger als an der des Staates) bestanden. Die Aufforderung, kühlen Kopf zu bewahren und sich auf die Gesellschaft zu verlassen, sah ab von der Möglichkeit, genau dieser Gesellschaft etwas zu demonstrieren. Schließlich ging es ja in der Tat um die Botschaft von einer schweigenden Mehrheit an eine schweigende Mehrheit und deren vorgebliche Sprecher,

»daß man sich in dieser Frage (des Rassismus) nicht auf sie beziehen könne«, so noch einmal der deutsche Soziologe Heinz Bude, dem man in moralischen Fragen Mangel an Skepsis nicht vorzuhalten braucht.

Der Begriff des Anstands selbst, der Wolf Lepenies zufolge dem Intellektuellen bei Diderot geradezu gebietet, »seine höhere Erkenntnisfähigkeit zum Wohle aller zu nutzen«, ist nicht von ungefähr im Zusammenhang mit den Lichtermeeren in Mißkredit geraten. Lepenies, der Historiker des Intellektuellen, schreibt diesem in aufklärerischer Konzeption die Rolle eines »Wächters der Bürgergesellschaft« zu. Tatsächlich war der Impetus der Veranstalter des »Lichtermeeres« durchaus wächterhaft. Dessen Protagonisten, in der Mehrzahl kritische Intellektuelle, wurden jedoch von anderen kritischen Intellektuellen spießig und reaktionär genannt, weil sie genau den Begriff des Anstands gegen die xenophoben Hetzer verwendet hatten.

Selbst bei habituell kühlköpfigen Intellektuellen stimmt also die Verhältnismäßigkeit nicht immer. Bei den engagierten Hitzköpfen und Warmherzen noch weniger. Liessmann hat mit seiner Diagnose von »Erstarrung, Hysterie und moralischem Overkill« durchaus recht. Die wollüstige Nazi-Nazi-Rufe der Hysteriker kontrastieren mit den ebenso wollüstigen »was habt ihr denn, ihr warmherzigen Schwachköpfe« der distanzierten Kühlköpfe, aber sie ergänzten einander auch vortrefflich im Lizitationsspiel um Aufmerksamkeit. Ironie und Distanz hingegen wurden sofort als Verrat ausgelegt und mit Denunziation bestraft. Als von Emigration geredet wurde, kam die Wut der Hysteriker über jene, die es wagten, sich nur andeutungsweise darüber lustig zu machen, daß die genannten Emigrationsziele alle in der EU lagen, bei der Österreich inzwischen Mitglied war.

Anerkennung. Unter hiesigen Intellektuellen herrscht kein ziviler Ton. Hier regieren das Elefantengedächtnis, die Überempfindlichkeit und der Killerinstinkt. Die vor allem halböffentlich, also privat unter Öffentlichkeitsarbeitern an den Tag gelegte Härte und Unfairneß übersteigt die öffentliche noch beträchtlich. Vielleicht läßt sie sich aus der prekären Stellung des Intellektuellen erklären, der, Pierre Bourdieu hat darauf hingewiesen, über das historisch errungene Privileg verfügt, für einen von ihm selbst geschaffenen Markt zu produzieren. Von sich selbst abzuhängen erzeugt vermutlich ein unbehagliches Gefühl, vor allem wenn der Markt so klein ist, daß er für viele ohne den Staat kaum funktioniert. Als Schriftsteller kann man vom Absatz seiner Bücher in Österreich nicht leben; man muß nach Deutschland. Feuilletons gibt es kaum; Redaktionen am ehesten beim staatlichen Radio. An den Universitäten herrscht der Zwang zum Sparen. Es geht ans Eingemachte, also geht man einander ans Beuschel.

Selbstbewußte Urteilskraft und vor allem jene Souveränität, auf der die Anerkennung des anderen beruht, zählen nicht zu den Haupteigenschaften des gemeinen österreichischen Intellektuellen. Seine Aggressivität ist nicht nur Ausdruck der ökonomischen Marginalisierung, sie ist auch ein Erbstück jenes anarchischen Bohemiens, der einzig sich und sein Eigenes gelten läßt, kein Konzept von irgendeiner Art Gemeinschaft hat und seine Wut aus der Ausgrenzung, seine Ausgrenzung aus der Wut bezieht. Der Arzt Werner Vogt kommt als engagierter Publizist dem seltenen Ideal des nicht einzugemeindenden Citoyen nahe. Trotzdem sagt er: »Ich glaube noch immer an die politische Wirksamkeit des öffentlichen Auftritts, der klaren Rede, die den Gegner treffen und beleidigen soll.« In dieser Absicht zu verletzen sehe ich zwar den Willen, etwas zu ändern, indem man vor allem – wenn es sein muß, mit einem harten Schlag

– die Aufmerksamkeit des Gegners gewinnt. Die Wut aber, die nur durch Schmähung die Oberen trifft, kommt von unten. Sie begehrt nicht nur auf, sie erkennt zugleich die feudalen Verhältnisse an, gegen die sie sich engagiert.

In diesem Zusammenhang scheint es mir notwendig, die möglicherweise exemplarische Figur eines zeitgenössischen österreichischen Polemikers selbst polemisch zu betrachten.

Der Autor als Legionär:
Michael Scharang. Eine Polemik

Der Schriftsteller Michael Scharang hat über österreichische Intellektuelle gesagt: »Die Möglichkeit von Flucht und Emigration, wie die Altvorderen sie hatten, bietet sich heute nicht: Wer in dieser Republik geistig arbeitet, ist spätestens mit vierzig kaputt, zur Flucht nicht mehr fähig; oder er hat geistige Tätigkeit nur vorgetäuscht.« Der heute 58jährige Scharang lebt in Wien und erweckt den Eindruck erfreulicher geistiger Rüstigkeit. Der langjährige *Presse*-Autor Edwin Hartl erklärte, Scharang gehe »präzis in den Fußstapfen seines Vorgängers«, gemeint ist Karl Kraus, »einen absolut eigenen Weg«. Der Verlag druckte dies stolz auf den Umschlag einer Essaysammlung Scharangs. Die Anmaßung wird nur durch die Lächerlichkeit des Bildes erträglich. Der Polemiker, bis zum Hals in den Fußstapfen des Vorgängers, unerschrocken seinen Weg gehend.

Da nützt es nichts, daß sich Scharang beim Vorgänger bedient, ohne die Quelle anzugeben, wenn er von seiner Leidenschaft erzählt, »öffentlich und um den Schandlohn des Zeilenhonorars mit dem Leib der Sprache zu kopulieren, bis dieser uns seine Seele, den Gedanken, anvertraute«. Scharangs Bild malt einen Gewaltakt. Das abpresserische

»Kopulieren, bis ...« ist so fern von Krausscher Spracherotik wie eine Vergewaltigung von einem Liebesakt, wie Scharangs brachiale Prosa von Sprachkritik. »Es gehört zu den dümmsten Mißverständnissen, Kritik, die jemanden beim Wort nimmt, für Sprachkritik zu halten«, hielt Scharang mir einmal polemisch entgegen. Ich hatte seiner These widersprochen, Österreich steuere in den »demokratischen Faschismus«, und ihn darauf hingewiesen, daß man von einem Kritiker für neue Tatbestände auch neue Wörter erwarten dürfe. Seit damals verfolgt er mich sprachpolizeilich, in den Fußstapfen von Karl, aber nicht Kraus, sondern Hirschbold (Kennmelodie des verstorbenen Sprachpolizisten: »Achtung, Achtung, Sprachpolizei! Ob richtig oder falsch ist uns nicht einerlei!«).

Scharang war einst Autor der Zeitschrift *Falter*. Eines Tages wagten ein Kollege und ich, dem Schriftsteller einen unserer Meinung nach verbesserungsbedürftigen Artikel zur Nachbearbeitung zurückzugeben. Sofort kündigte Scharang empört die Mitarbeit und versprach, an anderer Stelle bei Gelegenheit die Begründung für diesen Schritt nachzuliefern, was bis heute unterblieb. War ich bis dahin als nützlicher Idiot eingeschätzt, »der kleinste gemeinsame Nenner unabhängiger Autoren« (sprich Scharangs), blies ich mich nun, im Zähler um Scharang subtrahiert, folgerichtig »zu einer geistigen Null auf«. Die Zeitung hingegen schrumpfte scharanglos schlagartig von der »weltoffenen Zeitung« zum »Bezirksblatt«. Man soll die Umstände klarlegen, unter denen polemisiert wird.

Von welcher Position aus interveniert Scharang? Peter Vujica, Kulturchef des *Standard*, teilt mit, Michael Scharang habe ihm geschrieben: »Ich bewundere Deine Haltung zu Serbien. Ich habe mich am 15. April in der *Zeit* zu und für Handke geäußert. Wir sind nicht nur auf verlorenem, wir sind auf gar keinem Posten. Zum Glück!« Vujica hatte sich, wie er bei dieser Gelegenheit hervorhob, deutlich auf pazifistischen Posten begeben. Pazifist ist Scharang keiner. Aus der KPÖ trat er aus. Marxist ist er vermutlich noch. 1989 sei »ein relativ nebensächliches Phänomen«, schrieb er einmal, »denn es handelte sich um den ersten Gehversuch des Sozialismus, und es gibt keinen ersten Gehversuch, der nicht damit endet, daß das Kleinkind auf dem Arsch landet«. Wenn der reale Sozialismus bloß ein etwas destruktives Kleinkind war, kommt er wieder, wenn er nur ein bißchen gewachsen ist. Scharang hält inzwischen die Stellung. Elfriede Jelinek hat zu ihrer kommunistischen Vergangenheit deutliche Worte gesagt. Vielleicht hat keiner daran gedacht, auch Scharang zu fragen. Wer so herzhaft (und mit Recht) faschistische Kontinuitäten hervorhebt, hat keine Zeit für seine eigenen stalinistischen.

Scharangs Attacken und Untergriffe fallen wütend aus, weil feststeht, daß der große Bruder nicht mehr zu Hilfe kommt. Die ideologische Position, die Interessen und Motive des Angreifers verstecken sich hinter einer Moral, die nur die anderen betrifft. Die werden mit vierzig für kaputt erklärt, während der Polemiker auch mit vierzig plus fleißig andere kaputtmacht. Franz Schuh habe sich in den »geschützten Betrieb des Staats- und Kirchenfunks« zurückgezogen, »wo es nicht um Wörter und Gedanken, sondern um deren Gegenteil, um Ausgewogenheit geht«. Sagt Scharang, der Staatsfunk-Autorenfilmer der siebziger und achtziger Jahre! Robert Menasse bezichtigte er der versuchten Steuerhinterziehung, als sich dieser gegen die Besteuerung von Schriftstellerstipendien wandte. Scharang, einer der bestgeförderten Schriftsteller der Zweiten Republik! Antonio Fian mache müde Witze. Scharang, der König des Kalauers! Elfriede Gerstl sei eine »gnadenlose Jurorin«. Das vom Scharfrichter Scharang! Konrad Paul Liessmann aber warf er das Allerschlimmste vor: »Opportunismus; Schleim.«

Dankt dem Thersites, daß er euch nur geschmäht hat! Es gibt nämlich auch den Liebenden Scharang. Peter Handke fällt seiner Zuneigung zum Opfer. Gewiß, früher mochte ihn Scharang gar nicht. Aber der Text über Serbien, die »Winterliche Reise«, zählt für Scharang »zu den großen erhellenden Texten des Autors, die ich so liebe, wie ich seine verdunkelnden Texte – nicht seine dunklen! – verabscheue«. In Kriegszeiten muß man genau sein mit dem Verdunkeln und dem Erhellen. Eigenem Zeugnis zufolge las Scharang einst »erste Texte von Handke über Jugoslawien, außerordentlich erhellende Prosa«. Sie besaßen nicht nur Leucht-, sondern auch Schubkraft: »Diese und andere Texte dieses Autors schoben Jugoslawien behutsam über Kontinente und Weltmeere näher an mich heran, so daß mein Jugoslawien sich von dem Handkeschen so wenig lösen kann wie mein Mississippi von dem Faulkners.«

1996 schreibt Scharang im *Standard* über Handkes »Winterliche Reise«: »Das Wesen des Erzählens aber – und deshalb sind Erzähler bei den Autoritäten so unbeliebt – ist Gleichheit. Nichts erträgt die Erzählung, was Vorrang hat vor irgend etwas anderem; was als wichtig erkannt wird, um irgend etwas anderes als unwichtig wegzudrängen (...) kein Gedanke, der sich Nebengedanke schimpfen lassen muß.« Drei Jahre später verteidigte Scharang erneut Handke, diesmal in der *Zeit*: »Immer ist, wenn der Autor geprügelt wird, das Werk gemeint, auch im Fall Handke. Und das mit Recht. In der Sprachkunst geht es schließlich um etwas. Man muß mit der Sprache als Sauerstoffflasche in die Wirklichkeit hinuntertauchen; geht der Sauerstoff aus, ertrinkt man; im Glücksfall aber kommt man mit der Sprachgestalt der Wirklichkeit zurück.«

Für einmal liebt er, dieser Hans Hass der Sprachkunst. Das animiert zum Nachmachen. Hinuntergetaucht und eine Sprachgestalt geborgen! Voilà: 1987 schon hatte Scharang Handke behandelt. »Nach jedem Punkt, den er setzt, pflanzt er sich auf und verkündet aufs neue: So, jetzt schreibe ich wieder einen Satz. Zwanghaft und mechanisch bleut er jeder inhaltlichen Nichtigkeit, jeder handwerklichen Selbstverständlichkeit Bedeutung ein, bis seine Kunst erschöpft als Kunstfertigkeit darniederliegt.« Und weiter: »Bei Handke erscheint das Konkrete: die konkrete Erinnerung, Beobachtung, jedes Denken, Fühlen, Handeln nur noch als das an den Haaren herbeigezogene Exempel für anderes: als trübselige Erscheinung, zu nichts gut, als eine Spur zu legen zum vermeintlich eigentlichen Wesen. Einsicht wäre hingegen, in der Erscheinung das Wesen auszumachen.« Scharang konstatiert, hier handle es sich um jenen »Schwulst, der sich nach dem Krieg versteckt hat und nun hervorkriecht, weil er, wenn schon nicht Blut, so doch Boden wittert«. Es ging, erraten, um einen jener großen Texte, die Scharang so sehr liebt, um Handkes Buch »Die Wiederholung«, um die Beschreibung einer Reise nach Jugoslawien. »Außerordentlich erhellende Prosa«, sozusagen. Nachbarin, euer Sauerstoffflläschchen!

Wie kann sich 1996 behutsam heranschieben, was 1987 noch brutal zurückgetreten wurde? Änderte sich die Sprachgestalt? Wird nun nicht das Licht, sondern das Wesen in den Erscheinungen ausgemacht? Wohl kaum. Scharang hat zwar keine Position, hält aber Milošević für »verbrecherisch«. Das will ich ihm gerne glauben. Nur nicht, daß er Sorge trägt, Handkes poetisches Werk nähme Schaden. »Das Werk«, wohlgemerkt, also auch jene Teile, die sich Scharang nach Kräften bemüht hat, als Blubokitsch und »erbaulichen Plunder« zu beschädigen. Wieso sind das nicht mehr Scharangs Worte? Weil Handke die Partei des postkommunistischen Jugoslawien ergreift, biedert sich der postenlose, postkommunistische Scharang bei ihm an. Opportunismus; Schleim. Scharang, der österreichische

Lagerdenker in postkommunistischer Gestalt: Verbergt die Motive, der Rest wird sich finden. Seine Stärke kommt nicht aus Einsicht, sondern aus politischer Zuordnung. Seine Wut entsteht aus Trauer über den Verlust des »dritten Rom«, das den Legionär alleinließ. Enttäuschend, gewiß. Traurig, meinetwegen. Aber was können die anderen dafür? Der letzte macht das Wesen aus.

*

Mehr als ein Klischee – Wut. Überall auf der westlichen Welt gibt es Wut auf Kunst und Intelligenz. Sie stammt aus dem Neidreflex gegenüber anderen, privilegierten, von den Zwängen der Erwerbsarbeit scheinbar weit abgehobenen Existenzen. In gewisser Weise macht das Publikum den Intellektuellen das eigene Unverständnis, die eigene Unfähigkeit, sich zu artikulieren, zum Vorwurf. Wut steckt auch in den meisten Angriffen von Intellektuellen auf andere Intellektuelle. Daß jede Wut, jeder Haß auf eine Kränkung reagiert, ist ein Allgemeinplatz. Sei es die Wut über den abhanden gekommenen historischen Rückhalt, der Frust über einen verlorenen Stellungskampf um den besseren Posten, die Wut über eine davongelaufene Freundin, einen erhaltenen Korb, sei es auch nur Neid – dergleichen ist menschlich, kommt überall vor und kann hinter dem unverdächtigsten öffentlichen Eingreifen stecken. Der Mensch ist niedrig und Intellektuellen soll Menschlichkeit nicht abgesprochen werden. Das Problem bei ihnen ist nur die Fähigkeit, ihre Wut so zu verallgemeinern, daß der Anlaß vollkommen verschwindet.

Die spezifische österreichische Wut, ist sie nur ein Klischee? Gerhard Roth, der österreichischste aller Österreichkritiker, schreibt im Vorwort seiner Textsammlung »Das doppelköpfige Österreich«: »Es soll kein Vergleich zu anderen Ländern angestellt, sondern ein *Selbstangriff* unternommen werden«, setzt den Selbstangriff selbst kursiv und fährt fort: »... meinetwegen, um österreichisch zu bleiben, ein im vorhinein mißlungener Selbstmordversuch.« Das hat den Vorzug der Deutlichkeit.

Undank. An den Mühen der Normalisierung des Landes haben sich Intellektuelle und Künstler abgearbeitet; sie haben alles getan, um das Bild des Landes im Ausland zu korrigieren, und haben damit dem Land einen unschätzbaren Dienst geleistet. Der dafür erwiesene Undank entspricht der Größe der Leistung. Selbst die hysterischsten Österreichdenker haben sich große Verdienste erworben, denn ohne sie wären die kühlen Köpfe nicht hervorgetreten. Die Auseinandersetzung zwischen Hysterikern und Normalisierern hat die Selbsterziehung der Nation erst so weit vorangetrieben, daß sie sich in einer europäischen Perspektive aufheben konnte. Nachdem die Gefühlslage der »lieben Mörder« (Peter Turrini) ausgerufen war und man den Symbolbestand bis zur Stellung der Hymne in der Verfassung durchgearbeitet hatte, konnten die Verträge von Maastricht und Amsterdam keine Schwierigkeiten mehr präsentieren.

Für die Zeit nach Kreisky waren zwei politische Ziele zu formulieren: Das innenpolitische Ziel hieß Modernisierung, Demokratisierung, Öffentlichkeit. Die Intellektuellen, die dieses Ziel wenigstens zum Teil mitformuliert hatten, sind – Robert Menasse hat mit Recht darauf hingewiesen – selbst davon abgerückt, als Haider sich manche Forderungen dieser Modernisierung auf seine Fahnen schrieb; das ist der Fluch der erzwungenen Gesinnungsgemeinschaft, die sich durch Beifall von der falschen Seite eines Schlechteren belehren läßt. Das außenpolitische Ziel, der Beitritt zur EU, wurde nicht von Intellektuellen formuliert, sondern von der ÖVP unter Alois Mock. Aber erst die Österreichdenker haben den Beitritt offen mit der Perspektive der Unreformierbarkeit von innen und der Hoffnung auf Reform von außen ausgestattet und sie auf diese Weise attraktiv gemacht. Jeder Denker, nicht bloß der Österreichdenker, müßte nun an der Zähigkeit der Verhältnisse verzweifeln, die sich auch von außen nicht aus ihrer Trägheit aufscheuchen lassen. Und wer würde nicht tief vor der Perspektive erschrecken, daß auch Brüssel sich mitten in einer Grauzone befindet?

Überhebung und Untergriff. Es ist nicht unverständlich, daß gerade den Brillantesten in der Hitze des Gefechts und in der Verzweiflung über die Dummheit ihrer Objekte die Formulierungen aus der Hand geraten. Rudolf Burger, empört über die »Dämonie des Guten«, welche Menschenrecht über Völkerrecht stellte und den Westen zum militärischen Eingreifen auf dem Balkan trieb, schleuderte den Kriegern Clinton, Blair und Schröder entgegen: »Das kommt heraus, wenn man Max Weber nicht liest und als Politiker gesinnungsethisch handelt.« Mag sein, daß wenigstens der »Autist Scharping« mittlerweile eine Buchbestellung aufgegeben hat.

Der Selbstüberhebung aus gerechtem Zorn korrespondiert die mesquine Selbstunterschätzung. Sich selbst klein zu machen kann Bescheidenheit unter Beweis stellen; es kann auf gut österreichisch aber auch bedeuten: Dich krieg ich schon noch so klein wie mich. Und wenn man den Gegner nicht kleinkriegt, will man ihn wenigstens nicht groß werden lassen. Das Magazin *Profil* führte eine Umfrage unter Intellektuellen durch, wie sie ihre Rolle auffassen und was sie zum Krieg im Kosovo sagen. Neben ernstgemeinten Wortmeldungen sprachen auch Leute, die sich mit beträchtlichem intellektuellen Aufwand als Nichtintellektuelle bezeichneten. Ein schwarz gewandeter Teilnehmer im Stehkragen wies auf das Pfarrerhafte am Intellektuellen hin. Schließlich gratulierte ein Konkurrenzblatt jenen Denkern, die nicht an der Umfrage teilgenommen hatten. Diese variantenreiche Häme kann man nur mit herkulischem Aufwand von gutem Willen als vertrackte Form von Anerkennung verstehen. Wenn es Intellektuelle auf ein öffentliches Gespräch anlegen (darauf werden sie, Postmoderne hin oder her, schwer verzichten können), müssen sie einander gegenseitig als Gesprächspartner anerkennen, sonst entziehen sie sich selbst die Existenzgrundlage. Die Wahrheit ist halb so schlimm. Man begehrt bloß den Posten seines Nächsten.

Lust. Bei aller Menschenfreundlichkeit darf man auch das Motiv der schönen Wut nicht übersehen. Das Saftig-Sadistische, tief Katholische in den sinnlich-entsinnlichenden Exorzismen der Jelinek ist weit kräftiger als das in den Nitschschen Metzgereien (die auch nicht so harmlos sind, wie sie uns die Rationalisten zurechtreden). Soviel unlustige Lust am Hinrichten, am Töten, am Bluten, wie Jelinek ein paar Texten von Staberl und anderen Philosophen abzapft, hat die österreichische Literatur selten gesehen. Selbst der forciert kühle Rudolf Burger beschreibt in seinem programmatischen Text »Der kainitische Mensch« Walter Benjamins Essay über den »destruktiven Charakter« »glitzernd und scharf wie einen Splitter, der in die Finger schneidet, wenn man ihn aufnimmt und gebrauchen will«. Schönheit ist auch unblutig zu haben, nur um den Verlust von ein bißchen Stringenz, die Robert Menasse für eine seiner dialektischen Volten wie den »linken Aufklärer Haider« ohne weiteres drangibt. Weil es die Eleganz der Formulierung erfordert, verwischt er den Unterschied zwischen Funktion und Intention. Es gibt eben eine edle Ungerechtigkeit, die allein ihrer Schönheit wegen das Recht hat, gehört zu werden. Schließlich beziehen sich das Bluten, das Schneiden und das Fechten immer auch ein wenig auf die Hetz bei alledem – ob man angeekelt damit spielt, wie Jelinek, oder ironisch-fasziniert, wie Burger: »›Töten ist keine Kunst?‹ Das kann nur jemand behaupten, der Dominguin in der Arena von Madrid nicht mehr erlebt hat.« Nicht von ungefähr faßt Johann Pezzl in seiner »Skizze von Wien« (1786–1790) »Geistiges Leben, Theater und Volksbelustigungen« in einem Kapitel zusammen, das mit der Universität beginnt und mit der Tierhetze endet.

Der Staat bin nicht ich. Der Haß auf den Staat, die Staatsverachtung, sind sie etwas, das »viele österreichische Autoren geradezu auffällig charakterisiert«? Ist die wütende Absage an den Staat nur »der Kater, der periodisch auf die Berauschung mit etatistischen Illusionen folgt«, wie Karl-Markus Gauß in bezug auf Thomas Bernhards Testament behauptet, der neue Aufführungen seiner Stücke in Österreich untersagte? Ist wirklich nur die Enttäuschung über die Sozialdemokratie nach Kreisky schuld, der das Feuer in den jungen Köpfen so anfachte, daß sie immerhin heute noch vor Wut rauchen? Der Staat hat die Autoren gewiß narzißtisch gekränkt, indem er sie anhörte, ohne sich von ihnen etwas sagen zu lassen. Davon, daß er Josefinische Traditionen fortsetzt, kann aber nur noch in Restbeständen die Rede sein. Zum Josefinismus bedürfte es nicht nur der Beamtenschaft und des guten Willens, sondern auch der Kraft, Aufklärung von oben zu verordnen. Das Gegenteil ist der Fall. Die Wut auf den Staat betrifft nicht mehr den Obrigkeitsstaat, der Künstler maßregelt und diszipliniert. Die Wut betrifft einen Staat, der sich verständlicherweise nicht von Intellektuellen und Künstlern seine Politik vorschreiben läßt, sondern unverständlicherweise von jenen, die daraus ein Geschäft machen, Wut gegen Intellektuelle und Künstler zu schüren. Thomas Bernhard hat sich mit großer Geste losgerissen und immer wieder von diesem Staat losgesagt; ein Minister stürmte bei seiner Staatspreis-Dankesrede erbost aus dem Saal, andere regten Bernhards Psychiatrierung an. Heute lauscht man etwas angestrengt lächelnd der Staatspreis-Dankesrede eines schwierigen Schriftstellers, ist froh, daß der Bernhard nur zitiert und daß man ihn nicht mit einem anderen verwechselt. Im übrigen bemüht man sich, seine Angriffe mit der psychischen Disposition des Angreifers zu erklären. »Es war ein unerklärlicher Aufschrei, mehr emotionell als sachlich begründet«, sagte SPÖ-Geschäftsführer Rudas nach der Macher-Attacke Menasses auf den Bundeskanzler.

Bühne. Aufklärerische Öffentlichkeit bleibt, wie gesagt, ein gutgemeintes Konstrukt, eine unerfüllbare Forderung. Das macht Balanceakte nötig. Man muß vorgeben, diese Öffentlichkeit existiere noch, man muß die Nischen nützen, die sich bieten, man muß sich mitunter sogar auf eine Medienbühne begeben, die anderes im Sinn hat, als Bühne zu sein, geschweige denn eine Tribüne für intellektuelle Auseinandersetzungen. Die Medien bedienen sich der Intellektuellen gewiß nicht, um etwas zu zeigen oder mitzuteilen oder um Klarheit über etwas zu bekommen. Sie brauchen die Intellektuellen für ein gewisses Publikum nur als Kompetenzembleme. Intellektuelle, im Besitz des Formulierungsprivilegs, brauchen ihrerseits die Medien, weil die das Aufmerksamkeitsprivileg verteilen.

Politisches Theater. In Österreich, das ja zum Schauspieler öffentlich eine intime Beziehung pflegt und auch von seinen Spitzenpolitikern diesbezüglich allerhand erwartet, kann man nur mit öffentlicher Outrage reüssieren. Das

Starsystem bringt neben dem Staatsschauspieler selbstverständlich den Kunstdarsteller hervor. Seine Kunst verblaßt neben seinem Charisma, ja sie würde ohne dieses gar nicht wahrgenommen werden. Elfriede Jelinek zählt zu den sympathischen Beweisen des Gegenteils.

Auch zwischen Medien und Intellektuellen herrscht die Verkehrsform des Gegengeschäfts. Im Glücksfall arten intellektuelle Interventionen zur Störung des Geschäfts aus, im Normalfall beleben sie es. Daß das Geschäft mit dem Erregen von Aufmerksamkeit eine erotische Komponente besitzt, ist nicht zu übersehen. Mag man es noch so vornehm umschreiben – das Publikum formieren, es polemisch spalten, polarisieren –, jemand erregt sich und versucht durch Ausstellung dieser Erregung andere zu erregen. Wird der Erregungspegel permanent hochgehalten, ist Abstumpfung die Folge, Apathie, Normalisierung. Seit Waldheim hat sich die Stimmung deutlich beruhigt.

Hoffnung. Manches hat sich sogar zum Besseren gewendet. Die Geistesgegenwart nimmt zu, die Gelassenheit ebenso. Die Reaktion auf das berüchtigte Haider-Plakat fiel noch beschämend schwach aus. Die kritische Intelligenz versagte in einem Moment, als die Grenze zur Proskriptionsliste deutlich überschritten wurde. Ich nehme mich selbst von dieser Kritik nicht aus. Einer der wenigen, die laut und rasch reagierten, war Claus Peymann, der seine Nerven als Politschauspieler und Öffentlichkeitsarbeiter gespannt hielt, während die der meisten anderen zur Unzeit schlapp machten. Zuletzt gab es in der Kosovo-Krise alle Arten divergierender Meinungen, sogar Auseinandersetzungen, aber keine Hysterie, kaum Vernichtungspolemik. Es gab vor allem ein gehöriges Maß an öffentlichem Schweigen, weniger aus Ratlosigkeit als aus Zurückhaltung. Zurückhaltung kann auch ein Zeichen von Reife sein.

Es steht also keineswegs alles zum Schlechten. Der Druck der Gesinnungsgemeinschaft nimmt ab; gerade die Debatten um Muehl und Nitsch haben gezeigt, daß nicht die Freiheit der Kunst in Zweifel gezogen wird, wenn man das Werk selbst bezweifelt. Die Zahl junger Intellektueller nimmt zu. Das mag zwar der akademischen Misere geschuldet sein, verbessert aber das Bild. Rechtsanwälte und Richter, Ökonomen und Historiker, Kleriker und sogar Journalisten finden sachliche Töne. Es gibt ein paar solide, unaufgeregte und gar nicht glamouröse, aber deswegen nicht weniger treffliche Essayisten, man könnte sie geradezu die Schule der Unaufgeregten nennen. Antonio Fian zum Beispiel, der seinerzeit die souveränste, ja, die »gerechteste« Einschätzung des »Lichtermeeres« geliefert hat. Karl-Markus Gauß plädiert für Österreichs bessere Möglichkeiten, indem er sich nicht mit den vorhandenen, bekannten Voraussetzungen zufriedengibt, sondern ständig neue Traditionsbestände bewußt zu machen sucht. Walter Klier hat mit »Es ist ein gutes Land« eines der entspanntesten Österreichbücher zur Normalisierungsrede beigesteuert. Daneben gibt es eine neue Generation von Intellektuellen, von Isolde Charim bis Oliver Marchart, um nur zwei zu nennen, die sich ohne große Geste von den Voraussetzungen der Altvorderen, der Frankfurter Schule, abwendet und andere Wege geht. Was fehlt, ist ein souveräner, einander anerkennender Umgang der Generationen und der Schulen miteinander; aber der fehlt nicht nur in Österreich.

Im inneren Dienst. Die Intellektuellen scheuen den Staat, die Mächtigen aber scheuen die Intellektuellen. Nicht nur, daß sie einander nicht verstehen, nicht nur, daß Intellektuelle beim Spindoctoring störend wirken, der Staatsscheu der Intellektuellen steht auf der anderen Seite eine Unfähigkeit des Staates gegenüber, mit Intellektuellen anders als per Eingemeindung und Umarmung umzugehen. Die Neugier der Intelligenz ist nicht größer als die der Politik. Die Sphären sind zu verschieden; die Skepsis aufgrund von Erfahrungen, die fast jeder österreichische Intellektuelle im Dienst eines politischen Projekts da oder dort bereits gemacht hat, berechtigt dazu. Man diskutiert, man schreibt ein Paper, es wird in einem Sammelband gedruckt, der Sammelband wird im Beisein des Verantwortlichen präsentiert und anschließend im repräsentativen Regal verstaut. Politik geht weiter. »Österreich, ein Papierkorb« (Friedrich Heer).

Auf der anderen Seite winkt die Wirtschaft. Wirklich? Nein, dort fürchtet Intelligenz, tatsächlich in den Dienst genommen, nicht nur still beschäftigt zu werden. Dort fürchtet sie um ihre Autonomie; die sieht sie am Ende doch noch beim Staat am besten aufgehoben, denn bei ihm hat öffentliche Kontrolle auch inhaltliche Ansprüche zu stellen, zum Beispiel, diese Autonomie zu wahren.

Zeichensetzer, setzen! Magister: Quid est Austria? Anna: Austria parva terra, sed cara patria mia est. – So stand's im *Liber Latinus*. Ein kleines Land, aber mein liebes Vaterland. Auch das kleinste Land muß sich bemerkbar machen, will es fortbestehen. Selbstdarstellung ist nicht erst unter heutigen medialen Bedingungen ein Überlebensproblem für Staaten und Nationen. Das Habsburgergelb, die Architektur der k.k. Bahnhöfe und Schulen, die Ringstraße, Paläste und Kathedralen setzen nicht das Maß für eine Demokratie; wo aber finden wir ein gegenwärtiges Zeichen, an dem die Welt Österreich zu erkennen vermag? Die Oper von Sydney, das Guggenheim-Museum von Bilbao, der Potsdamer Platz in Berlin, das Kultur- und Kongreßzentrum Luzern finden in Österreich nicht einmal eine maßstabgerechte Entsprechung.

Die Selbstdarstellung, kurz SD genannt, stand nicht von ungefähr im Mittelpunkt der Muehl-Kommune. Dieses von offizieller Seite anfangs wohlwollend betrachetete Experiment glitt bald in üblen Totalitarismus ab; es bezog Energie wie Zuwendung nicht zuletzt daraus, daß seine radikale Selbstentäußerung in flagrantem Widerspruch zum herrschenden Kulturbegriff stand. Der beruhte, um es vornehm auszudrücken, auf einer ebenso radikalen Disziplinierung des Individuums, also auf erzwungenem Spießertum. Der repräsentative Kulturalismus war in den siebziger und achtziger Jahren keineswegs verschwunden. Im Gegenteil, er dominierte mit seinem Konzept der nationalen Staatsdarstellung nahezu sämtliche Institutionen des kulturellen Lebens: Oper, Theater, Festspiele, Museen, Musikbetrieb, Fernsehen. Sogar das Genre des kritischen Fernsehspiels, einst im ORF des konservativen Gerd Bacher gepflegt, verdankt sich der Idee, daß eine nationale Anstalt zu nationaler Produktion verpflichtet sei. Es mußten also *österreichische* Fernsehspiele her, und wenn sie von kommunistischen Autoren stammten. Cara patria mia.

Parva terra: Bis zum Ende der achtziger Jahre durfte in der Wiener Innenstadt kein Gebäude in zeitgenössischer Architektur errichtet werden. Die neue Kulturpolitik konnte sich gegen die repräsentative erst langsam durchsetzen; wirklich repräsentativ wurde sie nur zögerlich, punktuell und unter Skandalisierungen. Sie zog es vor, ihre Zeichen in massenhaften »Events« zu setzen; in Stadtfesten, in Festspielen, in Spektakeln. Das Donauinselfest wurde die größte derartige Veranstaltung Europas. Die gebauten Selbstdarstellungsversuche der Republik mißlangen. Nur der monströse Kitsch eines Hundertwasser war konsensfähig. Hans Holleins Haas-Haus auf dem Stephansplatz, mit dem die goldene Regel der Bezirksvorsteher-Architektur durchbrochen wurde, ist ein Kaufhaus. Längst wurde es zum Wahrzeichen. Lange hat niemand realisieren wollen, daß der repräsentative Kulturbau der Zweiten Republik, das Museumsquartier, auch die Frage staatlicher Selbstdarstellung stellt. Man mußte sie verdrängen, sonst hätte man erkannt, was es bedeutet, sich den Bau von den Tyrannen des Boulevard zurechtstutzen lassen; hier Standfestigkeit zu zeigen hätte nicht der Versicherung von Künstlerloyalität gedient, bloß der puren Selbstbehauptung.

Die Fassade der Hofstallungen, eines der schlechtesten Werke Fischers von Erlach, mußte unter allen Umständen stehen bleiben! Fischer, der das »Fundament für das österreichische Architekturbewußtsein legte« (Friedrich Achleitner) ist sakrosankt. Barock ist unantastbar.

Die Vorbereitungen zu den Jubiläen »50 Jahre Republik« und »1000 Jahre Österreich« verliefen auf geradezu unglaubliche Weise im Sand des Getriebes zwischen rivalisierenden Ministerien; das Institut, das mit der Organisation, der Sammlung und Sichtung von Projekten beauftragt war, ein zuvor florierender kleiner Wissenschaftsbetrieb, wurde durch den Selbstdarstellungskonkurs in den Ruin getrieben. Immerhin, eine soziale Skulptur, an die man sich erinnern wird.

Eine Zurückhaltung, die nicht aus jedem Bedenkjahr einen Historikerstreit und aus jedem EU-Beitritt eine Debatte über die österreichische Nation machen muß, ließe sich auch als österreichische Eleganz interpretieren. Daß das Staatsrednertum nicht derart ausgeprägt ist wie in Deutschland oder Frankreich, sehen pathosempfindliche Österreicher als entspannend. Daß die Republik – im Gegensatz zu Ländern und Städten – keinen Zwang zum Monumentalen kennt, kränkt allenfalls die Architekten. Auch kann man das Defizit an Selbstdarstellungsfähigkeit nicht allein dem Boulevard anlasten. Die Unfähigkeit zur Geste erklärt sich nicht aus weiser Selbstbeschränkung oder aus dem

Willen zur musealen Repräsentativität. Hier liegt ein Fall von Selbstlähmung, wenn nicht von Selbstdemontage vor.

Die amtgewordene Form dieser Entscheidungsschwäche heißt Denkmalschutz. Statt zwischen Erhaltenswertem und dem Neuem, zu Opferndem, zu unterscheiden, wählt Denkmalschutz die bewährten Verfahren: Verhindern, Kleinkriegen, Kleinhalten, Hintenhalten, Untenhalten, und nennt es sanfte Rekonstruktion. Als der Redoutensaal der Hofburg abgebrannt war, verhinderte er einen Neubau; dem Projekt Museumsquartier setzte er einen Architekten in den Pelz, dessen Markenzeichen sein schonender Umgang mit der historischen Substanz ist. Schonung als Gnadenlosigkeit der Zeitgenossenschaft gegenüber: Restauration.

Der komplementäre Charakter zum Barockknecht ist der Zeichensetzer. Auch ihm ist zu mißtrauen, denn ihm kommt es nur auf die große Geste an. Jeder Bau ein Denkmal seines Architekten. Diese Haltung mag befreiende Züge tragen, wenngleich hauptsächlich für den Haltungsträger. Durch die lange Praxis der Restauration haben sich die Zeichensetzer gezwungenermaßen den Sozialcharakter des avantgardistischen Genies angeeignet; auch der Staatsarchitekt pflegt den Gestus des Revolutionärs. Beide Seiten tragen schwer an ihren prozessualen Defiziten. Zeichen für einen industriellen Auftraggeber zu setzen ist leicht. Der weiß, was er will. Ein Staat kommt um den öffentlichen Prozeß des Zeichensetzens nicht herum. Darin, nicht an der Unfähigkeit zum Projekt, scheitert Österreich immer wieder. Der Gesamtpapierkorb ist voll von Projekten und Entwürfen. Es scheitert an der Unfähigkeit, ein Projekt im öffentlichen Prozeß durchzusetzen. Es gibt großartige österreichische Architekten; das zeigt sich in Deutschland, Holland oder Japan, wo sie bauen. Bei privaten Auftraggebern, auch bei Ländern und Gemeinden hat sich bereits vieles geändert. Es gibt viel feine, große und kleine Architektur zwischen Graz und Bregenz, von Zumthor bis Domenig; und in Wien existieren Wohnbauten wie die von Helmut Richter oder jene Jean Nouvels, von denen kaum einer weiß, wo sie stehen.

Der Republik aber mangelt es an ästhetischer Selbstdarstellung. Vielleicht ist es sogar ein Glück, daß der österreichische Staat auf ein Übermaß an Repräsentation und Selbstdarstellung verzichtet hat. Wo er es nicht tat, hat er fast nichts als Scheußlichkeiten geschaffen, Mahnmale bürokratischer und ästhetischer Korrumpierung. Das Repräsentative fällt bekanntlich der Demokratie am schwersten. Die staatliche Intellektuellenfremdheit ist mit ein Grund dafür. Kunst und Künstler sind unsere Botschafter, jawohl! Und zugleich scheint der Gedanke, einen Dichter zum Botschafter zu machen, hierzulande derart absurd, daß er schneller vom Tisch gelacht wäre, als man Paz sagen könnte. Magister: Quid est Austria?

Kleiner Unterschied. Die Unfähigkeit zu sprechen ist schwer von Zurückhaltung zu unterscheiden. Mancher Stumme tritt nicht stolz vor, um zu schweigen, er hat einfach nichts zu sagen. Ebenso mündet die Kritik am Österreichertum, wie es sich in den realsatirischen Charakteren manifestiert, notgedrungen in satirische Darstellung; die Satire ist aber gleichzeitig ein Symptom der Notwehr von Leuten, die aus der Debatte herausgehalten werden.

Ihr Außenseiterstatus ist manchen Intellektuellen nicht nur durch Ausgrenzung gegeben. Er ist mitunter selbstgewählt. Gescheitheit und Scheitern werden als einander bedingend verstanden. Das Anstreben oder gar Ostendieren ökonomischen Erfolgs gelten als verboten. Damit hängt die Verachtung wirtschaftlicher Tüchtigkeit zusammen, eine Art Weltlosigkeit, die alle jene mit Verachtung straft, die versuchen, ihre Position auf dem intellektuellen Markt neu zu finden. Andererseits weiß man in Österreich, daß die Bedeutung von Intellektualität in einer Gesellschaft mit dem Gedeihen der Volkswirtschaft nichts zu tun hat. Mozart mag gut sein für die Kühe, aber er ist Luxus, verglichen mit einer Alfa-Laval-Melkanlage. Die Positionen der Vermittler, der Berater, der Übersetzer, der Verständlichmacher bleiben weitgehend verwaist. Stellungen sind nicht zugänglich; oder nur zu einem Preis, den unabhängige Geister nicht bezahlen wollen. So bleiben einige der besten unter Österreichs Intellektuellen trotz zunehmender öffentlicher Präsenz im Abseits – halb suchen sie es selbst, halb werden sie dorthin gestellt.

Entlegenheit als Rettung:
Franz Schuh. Eine Reverenz

In der größten Buchhandlung der Wiener Innenstadt befindet sich ein voluminöses Regal, das österreichische Gegenwartsliteratur ausstellt. Seit 1995 habe ich darauf gewartet, daß dort der wichtigste österreichische Roman der letzten Jahrzehnte auftaucht. Nicht einer der wichtigsten, der wichtigste. Wer so lange wartet, darf in der Superlativkiste wühlen. Heuer nämlich war es so weit. Auf einem mit »G. Roth« beschrifteten Brett stand unversehens, zwischen Hermann Schürrer und Julian Schutting alphabetisch absolut korrekt eingekeilt, »Der Stadtrat« von Franz Schuh. Ganz vorsichtig noch einmal in die Wühlkiste gegriffen: Franz Schuh ist unter den lebenden österreichischen Prosaschriftstellern der bedeutendste – dies sage ich im vollen Bewußtsein, daß man Partizipien nicht steigern soll.

Schuh selbst bereite ich mit diesem Urteil wenig Freude,

denn erstens ist es eine Meinung, und nichts verabscheut er so sehr wie das Meinunghaben. Zweitens würde er in einem literarischen Pandämonium festgemacht, über das er vermutlich denkt, was eine schöne österreichische Redewendung ausdrückt: »Hier möchte ich nicht einmal angemalt sein.« Der Autor Michael Basse läßt in einem der wenigen überhaupt zu Schuh erschienenen kritischen Texte, einem Essay in der Zeitschrift *Merkur* mit dem treffenden Titel »Augenblicke des Verschwindens«, Schuh selbst sagen: »Gut sein, das ist immer auch eine Form von Verschwindenwollen; es ist, unter den Bedingungen des machtzerfressenen Lebens, eine Art des Einverständnisses mit der eigenen Nicht-Existenz. Der gute Mensch geht jeder Selbstbehauptung aus dem Wege.«

Die Virtuosität, mit der Franz Schuh die Nichtbehauptung seiner selbst betreibt, nötigt Bewunderung ab. Deutsche Verlage kamen nicht einmal dazu, ihm Angebote zu machen. Ein österreichischer Verlag mußte es sein; aber natürlich nicht Residenz, der Verlag der Staatsliteraten. Da war Ritter in Klagenfurt schon besser. Genau 637 Stück hat er in vier Jahren vom »Stadtrat« verkauft. Nachträglich stellte sich Schuhs Wahl als eine gute Wahl heraus, denn der Ritter Verlag geriet mit seinem ehrgeizigen und ehrenwerten Programm durch gezielte Bemühungen der Kärntner rot-schwarzen Kulturmafia an den Rand des Ruins und wäre beinahe verschwunden. In Arno Schmidts »Tina oder über die Unsterblichkeit« hätte Schuh ein feines Leben, denn dort ist Unsterblickeit ein Fluch, und nur der, dessen Name auf Erden nicht mehr gedruckt vorkommt, darf in die Sterblichkeit abtreten – ein allgemein ersehnter Augenblick. Die Gotenkönige zum Beispiel verprügeln Felix Dahn, wo sie ihn treffen. Ohne ihn wären sie schon längst verschwunden. Insofern dürfte Schuh das Werk »Österreichische Literatur 1945–1998« des Germanisten Klaus

Zeyringer mit Befriedigung zur Kenntnis nehmen. Dort sind Essays von ihm zitiert, der 1995 erschienene »Stadtrat« kommt jedoch nicht vor.

»Wo ist der große Stadtroman nach Doderer? Der zeitgenössische Wien-Roman, der Graz-, Klagenfurt- oder zumindest Bludenz-Roman? Es gibt ihn nicht«, schrieb Robert Menasse 1992. Nach dem »Stadtrat« sagte mir Menasse: »Alles, was konstitutiv war für die Zweite Republik, existiert entweder nicht mehr oder ist heillos in der Krise, oder zumindest kein Fetisch mehr. In aller Tiefe ist mir das klargeworden, als ich den Roman ›Der Stadtrat‹ von Franz Schuh gelesen habe, ein geniales Buch. Er hat alle Bestimmungen der Zweiten Republik in reflexive Stimmungen aufgelöst, und es weht durch das Ganze ununterbrochen der Hauch einer untergegangenen Welt. Das Buch ist etwas, das man nicht für möglich gehalten hätte: die Fortsetzung des ›Mann ohne Eigenschaften‹. Musils monumentaler Roman war Produkt und Dokument des Untergangs der Habsburgermonarchie. Die 200 Seiten ›Der Stadtrat‹ leisten dasselbe für die Zweite Republik. Beiden gemeinsam ist: Sie vermitteln bleibend die Stimmung vom Ende. Als ich den ›Stadtrat‹ von Franz Schuh gelesen habe, wurde mir auf einmal so leicht ums Herz: ›Ich habe das überlebt!‹«

»Der Stadtrat« also. Ein Text, der weniger auf vielen Ebenen spielt, als daß er zwischen verschiedenen Ebenen hin- und herspielt. Dieses Spiel ist sein Thema und seine Welt. Die Bilder gehen ineinander über mit der Eleganz jener Endlosschleife, die Schuh zwischen wechselseitigen Negationen anlegt: »Vielleicht verschwindet die Einheit (Einhalt) von Form und Inhalt in einer Endlosschleife ...« Einhalt! Aber es gibt keinen Halt auf dieser vielspurigen Einbahn. In diesem Wien, das auf der Schleife in Schuhs Kopf wie auf Schienen, Rädern und Tragflächen dahinrast, flimmern die Bilder, Szenen und Phrasen aus dem richtig falschen Leben hin und her zwischen Medien und Wörtern, Stadtorten und Aborten, Schulen und Sexklubs, Parteien und Massagesalons, Banken und Bars, Fundbüros und Arztpraxen.

Der Autor hat alle Hände voll, die andrängenden Bilder aus dem Leben zu greifen, aber sie fehlen dort nicht, denn sie sind nur zitiert, wie alles, sie rinnen ihm durch die Hände wie der Sand, aus dem die Chips der Bildmaschinen sind. Er wehrt sich gegen die Wahnsinnsschleife, mit einer Verzweiflung, die echt und gepielt ist, was über alles einen zugleich hohen und urkomischen Ton legt. Der Bildungsbürger sagt beim Onanieren, »das er zumeist zaghaft begann und sofort entschlossen abbrach: ›Das habe ich nun doch wiederum nicht nötig!‹« Die Schleifen fallen über die Augen und über die Figuren, diese sind Denkmäler ihrer Schleifenhaftigkeit, über und über behängt mit ihnen, mit Schleifen eines Kettenbriefs, einer Vorabendserie, eines Videobands oder eines Tonbands. Es gibt Lösungsversuche, Versuche, sich zu entwirren, loszukommen, aber sie fallen verrückt aus. Die Strutz, eine Hauptfigur, stellt ihre Bibliothek nur noch aus verschiedenen Übersetzungen von »Wuthering Heights« zusammen, ein Analphabet hingegen zündet eine Bibliothek an. Ehe man Schuh mit dem Inferno kommt, hält der einem entgegen, er sei stolz, noch vor dem »Spritzenkarli« den Brand für die österreichische Unterhaltungsindustrie wiederentdeckt zu haben. »Die Stadt ist die Hölle, aber die Stimmung in Rabenstein a. d. Pielach ist auch nicht ohne.«

»Brand« bedeutet selbstverständlich auch Durst. Der bis zum Umfallen trinkende Stadtrat ist zugleich für die Brandbekämpfung zuständig. Explosionen finden statt, schlechte und hervorragende Wortwitze werden darüber gemacht, und das schönste – man kann sie bald selbst nicht mehr voneinander unterscheiden. Was halten Sie von: »Das Zeitalter des Detonationalismus?«

Überhaupt führen die Wörter in einen reinigenden Wahnsinn. Der gestreßte Mensch kann nicht abschalten, ohne daß ihm Schuh den Fernseher hinstellt, den er aus der Phrase vom Abschalten zieht und aus dem sofort eine Vorabendserie quillt. »Wir müssen uns auf unsere amerikanischen Wurzeln besinnen.« Dann brennt auch noch der Redoutensaal, ein Herzstück österreichischer Identität. Die Herzen und die Geschlechtsteile brennen sowieso. Zum Anstieg der Brandstiftungen darf eine Theorie nicht fehlen. Der Stadtrat hat eine: Die zunehmende Elektrifizierung habe die Zahl der Heizer abnehmen lassen, und irgendwo müsse die Energie ja hin!

Tatsächlich nennt Schuh seinen Roman im Untertitel »Eine Idylle«. Keiner, sagt die Strutz, »will heute seine Idylle ungebrochen, und um ihr einen modernen Sinn zu geben, dient sie am besten als Vordergrund kommender Katastrophen; ja nur so ist sie überhaupt (›hinter der harmlosen Idylle eine dunkle, unheimliche Welt‹) als Idylle erkennbar.« Die Phrase ist Teil der Definition, Schuh ironisiert sie, aber er baut sie in die Schleife ein; drohende Katastrophe, Apokalypse, Grauen am Horizont. In Wirklichkeit (man schreibt das Wort bereits nur noch mit gehobener Augenbraue hin) fehlt genau dieser. Die Idylle als Auskommen der Schafe mit den Wölfen hat weder Hintergrund noch Horizont; sie ist so geschichtsleer wie phrasenvoll, alles ist nur gebrochen zu haben, aber nichts bricht mehr auf. Stillstand in der Raserei auf der großen Schleife; am Wort ist der Sportreporter: »Wir waren geistig und körperlich leer, und deshalb haben wir die Punkte verloren.« Oder der Popstar, der Philosoph, der Beamte im Fundbüro, der Barmixer, der Journalist – eine von den vielen Figuren, die in uns zu uns sprechen, ob wir wollen oder nicht. Das ist unheimlich, und unheimlich komisch. Der gefaßte Brandleger, der Analphabet, spricht sich in einer perfekten Zeitungsphrase aus: »Ich bin kein Hühnerdieb, ich bin der Feuerteufel!«

Schuh hat ein derart empfindliches Verhältnis zur Sprache, daß man ihn beleidigen würde, hieße man ihn sprachmächtig. Nicht nur, weil er »ein gestörtes Verhältnis zur Macht« (Basse) hat. Schuh ist ein Sprachkünstler, kein Erbe, ein Schüler des Karl Kraus, der die Schule durchlaufen, also sie im Unterschied zu den Epigonen am anderen Ende wieder verlassen hat. Konrad Bayer hat nicht nur »sein Sprach- und Literaturverständnis geprägt« (Basse), er hat, wie Schuh selbst sagt, mit dem Roman »der sechste sinn« Schuhs Autobiographie geschrieben. Warum sollte nicht jemand anderer meine Autobiographie schreiben, wenn der besser schreiben kann, fragt er. Und selber schreibt man – »ungebrochen« – sowieso keine mehr. Bayers Texte, so Schuh, beschreiben »die Dialektik des Ausgleitens und das Zurückgeworfensein auf einen Narzißmus, Überwertigkeitsgefühle bei gleichzeitigem Willkommenheißen von Depression und Melancholie«. Seine Intelligenz lasse sich nicht auf Erkenntnis festlegen, sie möchte spielerisch bleiben. Zudem sei Bayer ein »kindischer Autor«, sehr jung gestorben, und »dieses Kindische, dieses Verkindete, ist etwas ganz Wesentliches für Leute, die im sozialen Raum – ob sie es nun wollen oder nicht – nicht verankert sind«. Schuh stellt die Alternative auf: Entweder man sei erwachsen und ausgetrocknet, mit Laufbahn, aber ohne Auslauf. Oder man erhalte sich eine Art Kindlichkeit, die des Spiels, der Spielerei.

Schuh hat sich für das Spielerische entschieden; im Schreiben und, was dasselbe ist, im Leben. Das beziehungsvolle und bedeutungsschwere Sprechen verachtet er, ganz im Sinn Benjamins, dem zufolge die entscheidenden Schläge mit der linken Hand geführt werden, abgesehen davon, daß Schuh keine entscheidenden Schläge führt. Es geht ihm um die Kraft des Indirekten. Beispielsweise ist im Stadtrat der Name »Franz Grillparzer« als Namensgeber einer Schule präsent; ein andermal erklärt ein »Meisterschauspieler« im Fernsehen, Grillparzers Sprache lasse sich »nicht ins Körperliche übertragen«. Mit dem Satz: »Die Stimme spielte zum Antlitz auf« wird er an seinen Platz gestellt. Durch die indirekte Präsenz Grillparzers scheint »Der Stadtrat« nebenbei zu einem Text über die Nation Österreich zu werden. Eine Nation, auf die der Begriff der Idylle und der Insel der Seligen mehr als oft genug angewandt wurde. Und kaum gestattet man sich, zu erinnern, daß Grillparzer den Satz »Von der Humanität über die Nationalität zur Bestialität« gesagt hat (detto: Nationalität), kaum richtet man sich auf das Match Grillparzer gegen Weimar ein, merkt man, daß die Fotografie auf dem Cover des Buches nicht Grillparzer, sondern einen Ausschnitt des Wiener Goethedenkmals zeigt. Diese kleinen Verschiebungen, Verzerrungen und Unschärfen (Schreinemakers heißt im Buch »Schreinemakker«, die Bank zum Erfolg »Erfolgsbank« und so weiter) zeigen: Hier darf nichts wörtlich genommen werden, weil alles beim Wort genommen wird. Jede Spur zum Sinn führt auf die Schleife.

Wie mit seinen Themen verfährt Schuh mit sich selbst. Unauffällig bringt er sich selbst zum Verschwinden und zieht sich in die Entlegenheit zurück. Die einzige Geste, die ihn interessiert, ist das Abwinken. »Mit der Zeit gehen, sie verstehen, das heißt für mich auch: mit ihr verschwinden. Das undramatisch Verschwindende enthält vielleicht ebensoviel Wahrheit wie das Bleibende, das seinen Stiftern einen schon verlorenen Status gewährt: zur Rede berechtigt zu sein.« Diese Sätze hat Schuh auf den Umschlag seines Essaybandes »Liebe, Macht und Heiterkeit« setzen lassen. Ein Zen-Meister der Redeberechtigung. Bekanntlich ist, wenn wir an den Meister aller Meister, den Tod, denken, alles lächerlich. Diesen Satz hat der österreichische Autor, der etwas auf sich hält, bei der Entgegennahme eines Staatspreises auszusprechen. Gerade deshalb bezweifle ich, daß Schuh das bei dem ihm zugesprochenen Staatspreis getan hat; ihm ist das Leben lächerlich genug. Das Maß an Anerkennung, das ihm erreichbar sei, sagt er, dem der Status des Großmeisters jederzeit zugänglich wäre, habe er bereits überschritten. Bedenke man seine soziale Herkunft von ganz unten, habe er seine Lebenserwartung bei weitem übertroffen, indem er gelernt habe, überhaupt »einen geraden deutschen Satz zu sprechen«.

In seinen autobiographischen Schriften, die in entlegenen Essaybänden verstreut sind, kann man eine Passage über den jungen Schuh im Märzpark finden. Ausgestattet mit vom Vater erworbener günstiger Freizeitkleidung sitzt er an den Tischen anderer Meister, an den Tischen kartenspielender »Tarock-Mönche«. Auch wenn wir wissen, daß er uns sofort mit herben Worten auf den Unterschied zwischen realem und literarischem Subjekt aufmerksam machen würde (»Es gibt Trottel, die meinen, wenn ich ›ich‹ sage, rede ich von mir selber«), lesen wir: »Die Alten haben mich gelehrt, was es heißt, kein Talent zu haben. Talentlos saß ich an ihren Tischen, mischte ihnen die Karten, unterlag noch mit dem besten Blatt, der ›Gstieß‹ fiel mir aus der Hand, mit dem Mond wußte ich nichts anzufangen. Talentlos – das ist ein Weggefegtwerden von einer unbekannten Macht, man sah sie schon, wie sie sich aufmachte, einen zu düpieren, sie war da in der Unsicherheit, auf dieses oder jenes Blatt zu setzen, sie war da in der Schnelligkeit, in der die anderen ihre Stiche machten, man wußte, wie es sein wird, wozu es kommen wird, aber man begriff es nicht, man hatte auch keine Zeit, es zu begreifen, denn bald war man außer Atem, man hetzte einem Gedanken nach, den man zu Anfang gefaßt hatte, aber der durch die neue Situation völlig entwertet worden war. So war man im Stich gelassen, jedesmal von neuem, und wenn man gewann, hatte man es auch nicht begriffen, der Sieg geschah mit einem, es war nie ein Triumph, und wenn man gelernt hatte zu verlieren, durch tausendmaliges Üben im Angesicht der gewitzten Alten, dann war es möglich, daß eines Tages die Talentlosigkeit zwar nicht verschwand, sondern in eine ihr verwandte Routine überging. Dann spielte man mit, aber jedes Spiel hieß: Man war an seine Grenzen gelangt.«

Den Ritualen der gewitzten Alten darf man sich nicht ausliefern. Sie zwingen einen, in Routine zu verfallen. Der Verfall ist unausweichlich, man spielt nicht mehr mit, im Sinn des Spiels als Selbstverwirklichung, man wird gespielt. Die Grenzmarkierungen sind überall, die Alten haben alles im Griff, auch wenn es sich um biologisch junge Alte handelt. Dieses Spiel macht Schuh um nichts in der Welt mit. Das hat nichts zu tun mit Verweigerung, schließlich war Schuh von 1976 bis 1980 Generalsekretär der Grazer Autorenversammlung. Gemeinsame Arbeit mit anderen, beispielsweise journalistische, schwebt ihm sogar als Ideal vor; er hat sie nie verwirklichen können (vielleicht, weil er nicht merkt, wie sehr er andere mit seiner Intelligenz überfordert), obwohl er als Lektor, Redakteur und Journalist Hervorragendes geleistet hat. Aber das ist es ja gerade.

Eher hat Schuhs Position zu tun mit Verachtung für den Betrieb, für Leute, die – wenn wir schon von Idylle reden – »ihre Schäfchen ins Trockene gebracht haben« und sich eine Radikalität leisten, als hätten sie keine Laufbahn, sondern noch ihren Auslauf. Aber gerade Schuhs Verachtung für die »merkwürdige Situation, daß jeder die Moral für die Praxis des anderen macht, was zu einer vollkommenen

Übermoralisierung bei einem gleichzeitigen unmoralischen Verhalten führt«, macht es ihm unmöglich, seine eigene Praxis außer acht zu lassen. Nur für diese eigene Praxis hat Moral behauptet zu werden. Billige Polemik kann man bei diesem gewesenen (past perfect) Schüler von Karl Kraus verlernen. Man muß mit seinen Gegnern vorsichtig umgehen, sagt er. Und: Man darf den Feinden nie im vorhinein unrecht geben. Er sagt das nicht, um bösartigen Reflexen auszuweichen (er kann den Haxlbeißern, wenn's sein muß, polemisch durchaus den Meister zeigen); es geht ihm um die Unversehrtheit seiner Position, »um ein gewisses Glück, das mit dieser Art von Produktion zusammenhängt. Und dieses Glück darf man sich unter keinen Umständen verderben lassen.«

Sein bester Grund, die öffentliche Rolle nicht zu spielen, ist das Wissen, daß er sein Glück verspielen würde, weil er sie alle spielen könnte, den Großkritiker, den Professor, den Fernsehschwätzer. Es spreche gegen ihn, daß er es könnte, sagt er. Aber mehr noch, sage ich, spricht es gegen die Öffentlichkeit, es ihm nicht einmal angeboten zu haben. Schuh lebt von Rezensionen für den Rundfunk und für Zeitschriften, zwischendurch von Projekten und Stipendien, von einem bescheidenen Lehrauftrag an der Universität für angewandte Kunst. Nie habe er sich »als ein Subjekt in der Öffentlichkeit gesehen, sondern immer – ironisch gesagt – als Diener der Verbesserung dieses Öffentlichkeitscharakters«. Und diese Verbesserung ist mit der Rolle eines Prominenten, des Trägers einer offiziellen Funktion nicht vereinbar. Nein, das Wort Verweigerung will Schuh nicht hören. Er sei kein Verweigerer. Höchstens wiege er sich in der kindlichen, von der Familie vermittelten Sicherheit, »mir kann nichts geschehen«. Über die Pension rede man später. Nie habe er auch nur eine Sekunde daran gedacht, vom Schreiben leben zu können, von etwas also, das er gerne tue. Schriftsteller wurde er zufällig; als fürs Berufsleben ungeeignet erwies er sich bereits in der ersten Stellung nach dem Studium. Er entwand sich der Qual entfremdeten Alltags und sozialer Inkompatibilität mit einem psychischen Zusammenbruch. Alfred Kolleritsch hörte ihn über einen Literaten reden und forderte ihn auf, das Gesprochene aufzuschreiben. So erschien sein erster Text in den *Manuskripten* und wurde sogleich einem anderen zugeschrieben, der über einen Schriftsteller einen gleichen Satz geäußert hatte wie der davon nicht informierte Schuh. Eine ehrenvolle Verwechslung: Ernst Jandl war es, der wie Schuh über einen Kollegen sagte: Sebestyén schwätzt und schwätzt und schwätzt ...

Schuh, der Redner. Auch diese Fähigkeit war, wiewohl in ihm angelegt, zufällig zutage gekommen. Auf langen Spaziergängen nach dem Zusammenbruch rettete sich Schuh durch Wechselreden mit einem Freund über seine Beklemmungszustände. Er redet sich frei. Keiner im Land, der es ihm in freier Rede gleichtäte. Es wäre nicht Schuh, würde er dieser Fähigkeit, sofern sie ihn glänzen läßt, nicht zugleich mißtrauen. Immerhin gibt er zu: Seine Essays, seine Literatur wären ohne die erotische Grundstimmung seiner öffentlichen Rede nicht denkbar. Schuhs Radiorezensionen leben davon, daß er selbst sie spricht. Wie Kraus seine Sprache als »geschriebene Schauspielkunst« bezeichnet, muß man Schuhs Literatur und Essayistik als geschriebene Rede nehmen. Im Wirbel der Bilder, im Fluß der Gedanken, die sich spielerisch stets neu drehen und mit jeder Drehung produktiver werden, bis zur scheinbaren Lähmung eines totalen Infragestellens von allem inklusive des Infragestellens (Schleife zu), strömt der Atem des Sprechers Schuh und zieht ein Band, das einem manchmal den Boden wegzieht, aber nie die Luft raubt. Schuh formuliert druckreif, nicht ohne Pathos im Ton, weil es ein Liebesleid ist mit den Zuhörern. Er spürt vielleicht, daß sie ihm folgen, weil sie mitschwimmen auf dem Atemstrom, in dem die Gedanken dahintreiben, sie folgen nicht immer den Gedanken, die der Atem an sie hinweht, er weht über sie hinweg, aber sie lassen sich ergreifen von der Sprache des Sprechers; und diesem Glück entzieht sich Schuh nicht.

Schuh übt seine Kunst des Verschwindens öffentlich aus. Er begreife sich als Lokalschriftsteller, sagt er und läßt geschickt den Geltungsanspruch von Weltstadtliteratur darin verschwinden. Und übrigens: »Was soll ich denn hier sein? Ein Lieferant für das Burgtheater? Vielleicht Opernlibretti schreiben? Soll ich Chefredakteur des *Kurier* werden? Oder Filme über Hans Dichand im Fernsehen drehen? Was ist es denn, was man da sein möchte? Das einzige, was irgendeine Aussicht bietet, ist eine Art von Zwischenexistenz, von Wechsel aus gemeinsamem Arbeiten und Einsamkeit. Eine Zwischenexistenz, die sowohl in der Lage ist, das Höchste des Geistigen zumindest zu rezipieren als auch auf der untersten Ebene klamaukmäßig mitzuspielen.« Schuh läßt es sich nicht nehmen, als Schauspieler in spaßigen Stücken und im Fernsehen in der Klamaukserie »Tohuwabohu« aufzutreten. Der Künstler der Verschwindens weiß wohl, daß man auch zum Verschwinden gebracht wird. Er wüßte aber nicht, was ihm die Mechanismen der Anerkennung Gutes tun könnten, sagt Schuh. Andererseits: »Es ist ein ganz entscheidendes Problem der österreichischen Gesellschaft, daß die Anerkennungsmechanismen nicht funktionieren. Die Leute in der Kultur stehen einander so nahe, daß sie sich gar nicht anerkennen können.« Dazu komme die Unfähigkeit der Kritik, avantgardistisch gestimmte Produktion zu verstehen und zu würdigen. »Sie verwechseln, was der andere erreicht hat, immer mit den eigenen Möglichkeiten, die sie versäumt haben.«

Zur Kunst des Verschwindens gehört die Kunst des sich Verschwendens. Nichts verachtet Schuh mehr »als dieses ökonomische Denken in bezug auf geistige Dinge. Man muß sich immer überfordern, und man muß die Fähigkeit zur Verschwendung haben.« Lieber das Glück in einem geglückten Vortrag vor ein paar Dutzend Studenten finden, als dauernd daran zu denken, »ob man die Schäfchen ins trockene bringt«. Das Sich-Entwinden Schuhs ist also nichts als eine Rettung seiner Produktion, seines nicht durch ökonomische Enge begrenzbaren Glücks. Der Kummer seiner Freunde, die ihn zu öffentlicher Anerkennung drängen, nimmt dabei nicht wahr, daß Schuhs Strategie sein Werk integer hält. Es geht ihm zuerst um Selbstanerkennung, um eine Integrität durch Nichtintegration. Mit Protest hat das nichts zu tun. Den Protest hat er schon 1981, lange ehe der von ihm geschätzte Norbert Bolz den schönen Titel »Die Konformisten des Andersseins« prägte, als »Alibi des Konformismus« bezeichnet, und als das »Politische der Literatur gerade ihre Unverhältnismäßigkeit, ihre Nicht-Angepaßtheit an die Machtverhältnisse. Literatur ist die Sprache des Konfliktes, die dessen parlamentarisch-politische Lösung so sehr transzendiert, daß sie in einer Republik, in der es keine politische Sprache gibt, nicht verstanden wird, schon gar nicht als politisch verstanden wird.«

Kommt deswegen aus dem spielerischen wie dem verschwenderischen Kindlichen doch noch eine Art Rettung für die von »Selbstinfantilisierung« bedrohte Republik? »Sie handelten auch untereinander Pfuis und Bravos aus, führten Akten, Zeitungsausschnitte, Gesprochenes und Abgebildetes bei sich, veranstalteten Prozesse, wahre Gerichtstage über sich selbst, um einander davon zu überzeugen, daß sie andere, schlechthin andere waren. Ihr Betrieb des Bezichtigens und Abwehrens der Bezichtigungen, des Beschuldigens und der Entschuldigungen verlieh ihrem Sein an der Grenze zu Nicht-Sein, ihrem Anders-Sein ein großes Gewicht. Aber weil sie für ihre Überzeugungskräfte nur einander hatten, kamen sie nie von sich los, und ohne es zu merken, waren sie süchtig auf die Nebenwirkungen ihrer unaufhörlichen Versuche geworden: Die Welt, die ganze Welt war verschwunden und hatte die Einheimischen auf ihren Plätzen mit den Beweisen ihrer Identität allein zurückgelassen. Das war die Idylle.« Damit wäre, was wir in einem ganzen Kapitel kaum andeuten, in einem einzigen Absatz gesagt. Legen wir nun den Hobel hin und bekennen wir, daß wir vom Verschwender Schuh viel gelernt haben (doch nicht genug), und empfehlen wir noch einmal nachdrücklich seine Literatur, seine Essays, seine Kritiken. Daß er begeisterte Leser hat, wird selbst der große Verschwinder verwinden müssen. Nicht einmal gegen die Empfehlung, seine Bücher zu kaufen, wird er etwas einwenden können. Schließen wir also mit einem Wort seines Autobiographen Konrad Bayer: »ich gebe zu, franz ist gott.«

Am Schluß ein Wort zur Beruhigung. Daß einige Intellektuelle im Land derart deutlich dessen Normalität betonen – oder zumindest dessen Normalisierung –, während andere mitunter geradezu schrill auf die Abnormalität hinweisen, die unter der Decke von Wohlstand, Frieden und Demokratie ihr Unwesen treibt, unterhält und macht uns sogar klüger. Eine Funktion von öffentlicher Intelligenz ist es, den gärenden Bodensatz des Ressentiments zu zähmen, indem sie Partei nimmt, zum Beispiel gegen fremdenfeindliches Handeln. Sie muß sich dazu in Konkurrenz zu Politik und Medien begeben, umso mehr, als diese allzu leicht bereit sind, dem Ressentiment nachzugeben. Sie muß Politik herausfordern; auch dazu ist ein gewisses Maß an ge-

genseitiger Anerkennung notwendig. Daß es für diesen Dialog auf einer öffentlichen Ebene neue Ansätze gibt, von den Auseinandersetzungen um das Restitutionsgesetz bis zum Menschenrechtsbeirat im Innenministerium, von der Debatte um die Universitätsreform bis zur Neuformulierung von Kulturpolitik, läßt sich trotz aller Frustration nicht übersehen.

Daß in einem Land selbst Zweifel an dessen Normalität herrschen – wäre das nicht normal? Daß die Artikulation dieser Zweifel sich so oft in Sach- und Tonlage vergreift, aber weiters ohne Folgen bleibt, außer daß die Feuilletonseiten sich füllen, die Programme der Verlage sich beleben (wie mit diesem Buch) – spricht nicht gerade das für die These, daß Normalität beginnt, Platz zu greifen? Wie immer spielt eine gewisse österreichische Rückständigkeit eine nicht ausschließlich unerfreuliche Rolle. Das Land hat auf dem Weg zur umfassenden Medienkommerzialisierung Nachholbedarf, man sieht es im öffentlich-rechtlichen Fernsehen. Dort gibt es erfrischend wenige Plaudershows; der intelligente Büchertratsch wird importiert, die Pressestunden und die abendlichen Politikdebatten meiden klinisch sauber jeden intellektuellen Aufputz. Ganze Berufsbilder liegen brach; andererseits bedeutet das für die Denker mehr Freiräume, sich zu artikulieren, wo sie ein Publikum finden. Wir befinden uns am Übergang, noch ist Platz zum Luftholen.

Der Journalismus ist weitgehend verrottet, das hat seine Vorteile: Die Konkurrenz um die Meinungsmacher ist nicht so scharf wie anderswo, weil sich die meisten Journalisten nicht für Intellektuelle als Aufputz interessieren; junge, verjüngte und neue Medien, die kapieren, daß sich sowas gut macht, kommen einstweilen noch beruhigend selten vor.

Der Einzige und seine Einzigartigkeit. Eine Anekdote: Ein Freund, ein bedeutender Schriftsteller und Intellektueller des Landes, erzählte mir, er sammle österreichische Einzigartigkeiten. Provoziert durch den Besuch des Kanzlers bei der Präsentation der ersten Ausgabe des Magazins *Format* rief er in Deutschland an und erkundigte sich, ob ähnliches dort denkbar wäre. Undenkbar, lautete die Antwort im Kanzleramt. In anderen Hauptstädten der großen alten Demokratien des Westens antwortete man ihm ähnlich. Siehst du, sagte er, *so etwas gibt es nur in Österreich.* Ich weiß nicht, dachte ich bei mir, in wie vielen Ländern es diesen Topos der Einzigartigkeit gibt; ich vermute, in einigen. Das gibt es nur bei uns in Finnland, rufen erbittert die dortigen Alkoholiker. Nur in Budapest, die ansässigen Selbstmörder.

Ich überlege noch, ob das für meinen Freund und alle, die von ähnlichen Sorgen geplagt sind, eine Linderung und einen Trost bedeutet. Falls Österreich sich wirklich als übermäßig reich an Einzigartigen erweisen und darin unter allen Ländern hervorstechen sollte, hätte ich einen weiteren Gegenstand für seine Sammlung der Eigenheiten. Wo noch existiert ein Schriftsteller, der sein Land so verzweifelt liebt, daß er mit der Leidenschaft des Entomologen alle landesüblichen Einzigartigkeiten sammelt und aufspießt? Auch den gibt es, wenn schon, nur bei uns.

Bibliographie

Werner Anzenberger: Casa de Austria Republicana. »Haus Österreich« in Literatur und Politik. Ein Essay. Graz 1999

Thomas Auchter, Laura Viviana Strauss: Kleines Wörterbuch der Psychoanalyse. Göttingen 1999

Gerd Bacher, Karl Schwarzenberg, Josef Taus: Standort Österreich. Über Kultur, Wirtschaft und Politik im Wandel. Graz 1990

Brigitte Bailer-Galanda, Wolfgang Neugebauer: Haider und die »Freiheitlichen« in Österreich. Berlin 1997

Konrad Bayer: Sämtliche Werke. 2 Bände. Hrsg. von Gerhard Rühm. Wien 1985

Ulrich Beck: Die Erfindung des Politischen. Zu einer Theorie reflexiver Modernisierung. Frankfurt/Main 1993

Elisabeth Beer, Brigitte Ederer u. a.: Wem gehört Österreichs Wirtschaft wirklich? Wien 1991

Ernst Bloch: Spuren. Neue, erweiterte Ausgabe. Frankfurt/Main 1961

Emil Karl Blümml, Gustav Gugitz: Altwienerisches. Bilder und Gestalten. Wien 1920

Norbert Bolz: Die Konformisten des Andersseins. München 1999

Pierre Bourdieu: Die Intellektuellen und die Macht. Hrsg. von Irene Dölling. Hamburg 1991

Susanne Breuss, Karin Liebhart, Andreas Pribersky: Inszenierungen. Stichwort Österreich. Wien 1995

Emil Brix (Hrsg.): Civil Society in Österreich. Wien 1998

Gordon Brook-Shepherd: Österreich – Eine tausendjährige Geschichte. Wien 1998

Peter A. Bruck: Das österreichische Format. Kulturkritische Beiträge zur Analyse des Medienerfolges »Neue Kronenzeitung«. Wien 1991

Peter A. Bruck, Günther Stocker: Die ganz normale Vielfältigkeit des Lesens. Zur Rezeption von Boulevardzeitungen. Wien 1996

Ernst Bruckmüller: Nation Österreich. Kulturelles Bewußtsein und gesellschaftlich-politische Prozesse. Wien 1996
Heinz Bude: Die ironische Nation. Soziologie als Zeitdiagnose. Hamburg 1999
Rudolf Burger, Egon Matzner, Anton Pelinka, Heinz Steinert, Elisabeth Wiesbauer (Hrsg.): Verarbeitungsmechanismen der Krise. Wien 1988
Rudolf Burger: Überfälle. Interventionen und Traktate. Wien 1993
Erhard Busek, Meinrad Peterlik: Die unvollendete Republik. Österreich ohne Phrase 1. Wien 1968
Erhard Busek, Clemens Hüffel (Hrsg.): Politik am Gängelband der Medien. Wien 1998
Herbert Dachs, Peter Gerlich, Herbert Gottweis u. a. (Hrsg.): Handbuch des politischen Systems Österreichs. Wien 1991
Hans Dichand: Kronenzeitung. Die Geschichte eines Erfolgs. Wien 1977
Hans Dichand: Im Vorhof der Macht. Erinnerungen eines Journalisten. Wien 1996
Irene Etzersdorfer: Arisiert. Eine Spurensicherung im gesellschaftlichen Untergrund der Republik. Wien 1995
Hans Heinz Fabris, Kurt Luger (Hrsg.): Medienkultur in Österreich. Film, Fotografie, Fernsehen und Video in der Zweiten Republik. Wien 1988
Hans Heinz Fabris, Fritz Hausjell: Die vierte Macht. Zu Geschichte und Kultur des Journalismus in Österreich seit 1945. Wien 1991
Hubert Feichtlbauer: Der Aufstand der Lämmer. Wien 1995
Antonio Fian: Hölle, verlorenes Paradies. Aufsätze. Graz 1996
Ernst Fischer: Von Grillparzer zu Kafka. Sechs Essays. Wien 1962
Heinz Fischer (Hrsg.): Das politische System Österreichs. Wien 1974
Georg Franck: Ökonomie der Aufmerksamkeit. München 1998
Sigmund Freud: Jenseits des Lustprinzips. In: Essays III. Berlin 1990^3
Emil Gaar, Mauriz Schuster: Liber Latinus. Wien 1928
Karl-Markus Gauß: Der wohlwollende Despot. Über die Staats-Schattengewächse. Klagenfurt 1989

Karl-Markus Gauß: Ins unentdeckte Österreich. Nachrufe und Attacken. Wien 1998

Michael Gehler, Hubert Sickinger: Politische Affären und Skandale in Österreich. Von Mayerling bis Waldheim. Wien 1995

Franz Grillparzer: Der Traum, ein Leben. Wien 1840

Peter Handke: Die Wiederholung. Frankfurt/Main 1989

Ernst Hanisch: Der lange Schatten des Staates. In: Österreichische Geschichte 1890–1990. Hrsg. von Herwig Wolfram. Wien 1994

Ernst Hanisch, Theo Faulhaber (Hrsg.): Mentalitäten und wirtschaftliches Handeln in Österreich. Wien 1997

Josef Haslinger: Politik der Gefühle. (Überarbeitete Neuauflage.) Frankfurt/Main 1995

Friedrich Heer: Der Kampf um die österreichische Identität. Wien 1981

Friedrich Heer: Nach 1945. In: Vom Reich zu Österreich. Erinnerungen an Kriegsende und Nachkriegszeit. Hrsg. von Jochen Jung. München 1985

Erwin Hirtenfellner, Bertram Karl Steiner: Tatort Kolig-Saal 1929–1999. Klagenfurt 1999

Hans Jürgen Jakobs, Uwe Müller: Augstein, Springer & Co. Deutsche Mediendynastien. Zürich 1990

Hans Janitschek: Nur ein Journalist. Hans Dichand. Ein Mann und drei Zeitungen. Wien 1992

Elfriede Jelinek: Die Kinder der Toten. Roman. Reinbek 1995

Elfriede Jelinek: Stecken, Stab und Stangl/Raststätte/Wolken-Heim. Neue Theaterstücke. Reinbek 1997

Andreas Khol, Günther Ofner, Alfred Stirnemann (Hrsg.): Österreichisches Jahrbuch für Politik. Wien 1990 ff.

Walter Klier: Es ist ein gutes Land. Österreich in den neunziger Jahren. Wien 1995

Robert Knight (Hrsg.): »Ich bin dafür, die Sache in die Länge zu ziehen.« Die Wortprotokolle der österreichischen Bundesregierung von 1945–1952 über die Entschädigung der Juden. Frankfurt/Main 1988

Samo Kobenter: Republik der Sekretäre. Die Seilschaften der Machthaber in Österreich. Wien 1997

Helmut Konrad, Manfred Lechner: »Millionenverwechslung«. Franz Olah, die Kronenzeitung, Geheimdienste. Wien 1992

Wolfgang Kos: Eigenheim Österreich. Zu Politik, Kultur und Alltag nach 1945. Wien 1994

Gerd Kräh: Die Freiheitlichen unter Jörg Haider. Rechtsextreme Gefahr oder Hoffnungsträger für Österreich? Frankfurt/Main 1996

Karl Kraus: Werke in 14 Bänden. Hrsg. von Heinrich Fischer. München 1954–1967

Eva Kreisky, Albrecht Konecny u. a. (Hrsg.): Staberl. Eine Dokumentation. »In Sachen« Heft 4. Wien 1977[6]

Felix Kreissler: Der Österreicher und seine Nation. Ein Lernprozeß mit Hindernissen. Wien 1984

Othmar Lahodynsky: Der Proporz-Pakt. Das Comeback der großen Koalition. Wien 1987

Konrad Paul Liessmann: Der gute Mensch von Österreich. Essays 1980–1995. Wien 1995

Wolfgang Mantl (Hrsg.): Politik in Österreich. Die Zweite Republik: Bestand und Wandel. Wien 1992

Siegfried Mattl: Ende und Auferstehung der diskreten Strategien – Politische Kultur im Österreich der I. und II Republik. In: Von der Sinnlichkeit der roten Farbe. Victor Th. Slama. Hrsg. von Bernhard Denscher. Wien 1990

Robert Menasse: Die sozialpartnerschaftliche Ästhetik. Essays zum österreichischen Geist. Wien 1990

Robert Menasse: Das Land ohne Eigenschaften. Essay zur Österreichischen Identität. Wien 1992

Robert Menasse: Hysterien und andere historische Irrtümer. Wien 1996

Thomas Meyer: Politik als Theater. Die neue Macht der Darstellungskunst. Berlin 1998

Hans-Leo Mikoletzky: Österreichische Zeitgeschichte. Vom Ende der Monarchie bis zur Gegenwart. Wien 1969[3]

Georg Mitsche: Der Untergang der Kunsthalle Ritter Klagenfurt und die Kärntner Mafia oder: Rote Laternen und ein schwarzes Loch. Klagenfurt 1997

Andreas Mölzer: Und wo bleibt Österreich? Die Alpenrepublik

zwischen deutscher Einigung und europäischem Zusammenschluß. Eine Zwischenbilanz. Berg am See 1991

Rainer Nick, Anton Pelinka: Österreichs politische Landschaft. (Aktualisierte Neuauflage.) Innsbruck 1996

Alfred Noll (Hrsg.): Die Verfassung der Republik. Texte zu Rechtspolitik 1. Wien 1997

Ewald Nowotny, Georg Winkler (Hrsg.): Grundzüge der Wirtschaftspolitik Österreichs. Wien 1997²

Alfred Payrleitner: Aufbruch aus der Erstarrung. Neue Wege in die österreichische Politik. Wien 1999

Anton Pelinka (Hrsg.): EU-Referendum. Zur Praxis direkter Demokratie in Österreich. Wien 1994

Anton Pelinka, Fritz Plasser (Hrsg.): Das österreichische Parteiensystem. Wien 1988

Anton Pelinka, Christian Schaller, Paul Luif: Ausweg EG? Innenpolitische Motive einer außenpolitischen Umorientierung. Wien 1994

Peter Pelinka: Das Ende der Seligkeit. Wien 1995

Johann Pezzl: Skizze von Wien. Ein Kultur- und Sittenbild aus der josefinischen Zeit. Hrsg. von Gustav Gugitz und Anton Schlossar. Graz 1923

Max Preglau, Rudolf Richter: Postmodernes Österreich? Konturen des Wandels in Wirtschaft, Gesellschaft, Politik und Kultur. Wien 1998

Manfred Prisching (Hrsg.): Identität und Nachbarschaft. Die Vielfalt der Alpen-Adria-Länder. Wien 1994

Oliver Rathkolb: Washington ruft Wien. US-Großmachtpolitik und Österreich 1953–1963. Wien 1997

Gerhard Roth: Das doppelköpfige Österreich. Essays, Polemiken, Interviews. Frankfurt/Main 1995

Michael Rutschky: Reise durch das Ungeschick. Und andere Meisterstücke. Zürich 1990

Hans Safrian: Die Eichmann-Männer. Wien 1993

Roman Sandgruber: Ökonomie und Politik. Österreichische Geschichte. Hrsg. von Herwig Wolfram. Wien 1995

Michael Scharang: Das Wunder Österreich oder Wie es in einem Land immer besser und dabei immer schlechter wird. Wien 1989

Michael Scharang: Bleibt Peymann in Wien oder kommt der Kommunismus wieder? Geschichten, Satiren, Abhandlungen. Hamburg 1993
Hans-Henning Scharsach: Haiders Kampf. Wien 1992
Hans-Henning Scharsach: Haiders Clan. Wie Gewalt entsteht. Wien 1995
Sigurd Paul Scheichl, Emil Brix (Hrsg.): »Dürfen's denn das?« Die fortdauernde Frage zum Jahr 1848. Wien 1999
Anne-Marie Schlösser, Kurt Höhfeld (Hrsg.): Trauma und Konflikt. Bibliothek der Psychoanalyse. Gießen 1998
Gerhard Schmid: Österreich im Aufbruch. Die österreichische Sozialdemokratie in der Ära Kreisky (1970–1983). Wien 1999
Franz Schuh: Das Widersetzliche der Literatur, Wien 1981
Franz Schuh: Liebe, Macht und Heiterkeit. Essay. Klagenfurt 1985
Franz Schuh: Das phantasierte Exil. Essays. Klagenfurt 1991
Franz Schuh: Der Stadtrat. Eine Idylle. Klagenfurt 1995
Hans Sedlmayr: Johann Bernhard Fischer von Erlach. Wien 1956
Thomas Seifert: Sprungbretter zur Macht. Kaderschmieden in Österreich. Wien 1998
Richard Sennett: Verfall und Ende des öffentlichen Lebens. Die Tyrannei der Intimität. Frankfurt/Main 1983
Reinhard Sieder, Heinz Steinert, Emmerich Tálos (Hrsg.): Österreich 1945–1995. Wien 1995
Johann Skocek, Wolfgang Weisgram: Wunderteam Österreich. Scheiberln, wedeln, glücklich sein. Wien 1996
Kristian Sotriffer (Hrsg.): Das größere Österreich. Geistiges und soziales Leben von 1880 bis zur Gegenwart. Wien 1982
Hilde Spiel (Hrsg.): Wien. Spektrum einer Stadt. München 1971
Gerald Stourzh: Um Einheit und Freiheit. Staatsvertrag, Neutralität und das Ende der Ost-West-Besetzung Österreichs 1945–1955. Wien 1998[4]
Edward Timms: Karl Kraus. Satiriker der Apokalypse. Leben und Werk 1874–1918. Wien 1995
Gudmund Tributsch: Schlagwort Haider. Ein politisches Lexikon seiner Aussprüche bis heute. Mit einem Essay von Franz Januschek. Wien 1994

Peter Turrini: Liebe Mörder! Von der Gegenwart, dem Theater und dem Lieben Gott. Hrsg. von Silke Hassler und Klaus Siblewski. München 1996
Thomas Vašek: Ein Funke genügt... Die Briefbombenattentate. Der Fall Franz Fuchs. Wien 1999
Alexander Vodopivec: Wer regiert in Österreich? Wien 1960
Franz Vranitzky (Hrsg.): Themen der Zeit. Wien 1994
Michael Wassermair, Lukas Wieselberg: 20 Jahre Córdoba – 3:2 Österreich: Deutschland. Wien 1998
Stefan Weber: Nachrichtenkonstruktion im Boulevardmedium. Die Wirklichkeit der »Kronenzeitung«. Wien 1995
Peter Wehle: Sprechen Sie Wienerisch? Von Adaxl bis Zwutschkerl. Wien 1980
Erika Weinzierl: Der Österreicher und sein Staat. Wien 1965
Klaus Zeyringer: Österreichische Literatur 1945–1998. Überblicke, Einschnitte, Wegmarken. Innsbruck 1999
Zöllner, Erich: Geschichte Österreichs. Von den Anfängen bis zur Gegenwart. Wien 1979[6]

*

Transit. Europäische Revue. Hrsg. am Institut für die Wissenschaften vom Menschen in Wien. Frankfurt/Main 1990 ff.
Merkur. Deutsche Zeitschrift für europäisches Denken. Hrsg. von Karl Heinz Bohrer und Kurt Scheel. München/Berlin 1995 ff.

Register

Achleitner, Friedrich 305
Adenauer, Konrad 40
Arafat, Jassir 52
Artmann, H. C. 144 f.
Attersee, Christian Ludwig 66 f., 270
Ausserwinkler, Michael 146
Bacher, Gerd 48, 52, 184, 186, 196, 255 ff., 304
Bailer-Galanda, Brigitte 162 f., 171
Bartels, Peter 219, 221
Barylli, Gabriel 274
Basse, Michael 309, 313
Bäuerle, Adolf 195
Bayer, Konrad 313, 321
Beck, Ulrich 165
Becker, Boris 16
Begin, Menachem 52
Benhabib, Seyla 169
Benjamin, Walter 298, 313
Bernhard, Thomas 85, 201, 274, 285, 286, 299 f.
Bismarck, Otto von 15
Blair, Tony 83, 91, 106, 297
Blecha, Karl 204
Bloch, Ernst 79 f.
Bloch-Bauer, Familie 102
Blum, Léon 108
Bolz, Norbert 320
Bourdieu, Pierre 289
Brecht, Bertolt 200, 268
Broda, Christian 274
Brody, Neville 259
Bronner, Oscar 232, 251 ff., 256

Brook-Shepherd, Gordon 37
Brundage, Avery 257
Bude, Heinz 267, 288
Burger, Rudolf 61, 75, 85, 266, 297 ff.
Burgstaller, Paul 117
Busek, Erhard 73, 116, 148 f., 201
Canetti, Elias 217
Charim, Isolde 302
Chorherr, Thomas 187
Chruschtschow, Nikita Sergejewitsch 109
Churchill, Winston 86
Clinton, Bill 83, 95, 192, 297
Clinton, Hillary 191 f.
Czernin, Hubertus 63, 85, 102, 227, 232 f., 253
Dahn, Felix 309
Dalma, Alfons 52
Dettling, Warnfried 278
Dichand, Hans 178 ff., 197, 208, 210 ff., 217 ff., 226 f., 230, 233, 235, 255, 258, 272, 319
Diderot, Denis 288
Doderer, Heimito von 191, 217, 312
Dogoudan, Attila 23 f.
Dohnal, Johanna 71, 84
Dollfuß, Engelbert 33, 61, 66
Drimmel, Heinrich 268
Domenig, Günther 307
Dulles, John Foster 109
Ebendorfer, Thomas 34
Eichinger oder Knechtl 67

Eichmann, Adolf 39
Einem, Caspar 69 f., 84, 99, 201
Enzensberger, Hans Magnus 79
Falk, Kurt 178 ff., 205, 212, 217 ff., 248
Faulkner, William 293
Fellner, Helmuth 169 ff., 176, 234 ff., 247 ff., 256, 261
Fellner, Wolfgang 169 ff., 176, 234 ff., 242 f., 246 ff., 256, 261
Ferrari-Brunnenfeld, Mario 161 f.
Fian, Antonio 286, 292, 302
Figl, Leopold 59, 67, 109, 110
Fischer von Erlach, Johann Bernhard 305
Franck, Georg 278
Franz Joseph I. 15, 49, 100
Freud, Sigmund 266
Frischenschlager, Friedhelm 57, 162
Fuchs, Franz 21 ff., 77, 101, 205
Fux, Herbert 237
Gauß, Karl-Markus 50, 52, 285, 299, 302
Gehrer, Elisabeth 89, 102
Gerharter, Hermann 72
Gerstl, Elfriede 292
Ghaddafi, Muammar al 52
Gingrich, Newt 159
Gnam, Peter 203
Gorsen, Peter 146
Graff, Michael 117
Gramsci, Antonio 140
Grillparzer, Franz 4 f., 26, 28, 81, 123, 174, 265, 314
Groër, Hans-Hermann 19, 60, 202, 233, 277
Grotkamp, Günther 226, 231
Gruber, Karl 108
Gruner+Jahr 237, 247, 249 f.

Gugerbauer, Norbert 162
Habermas, Jürgen 26, 86,, 281
Habsburg, Karl 116, 118
Haerdtl, Oswald 67
Haider, Hans 273
Haider, Jörg 57, 60 ff., 65, 70, 75 ff., 81 ff., 88, 90, 95, 104, 114 f., 123 ff., 179, 183, 193, 198, 204, 206, 212, 215, 241 f., 245 f., 252, 276, 284, 287, 296, 298, 301
Hainzl, Georg 7
Handke, Peter 8, 286, 291 ff.
Hanisch, Ernst 41, 47, 63 f., 152
Hartl, Edwin 290
Hass, Hans 293
Häupl, Michael 125, 131
Heer, Friedrich 34, 268, 303
Heller, André 274
Helmer, Oskar 39, 100
Henz, Rudolf 268
Herzog, Andreas 17
Hesoun, Josef 69
Hinterseer, Hans 12
Hirschbold, Karl 291
Hitler, Adolf 15, 32 f., 36, 40, 109, 197
Hof, Norbert 16
Hofmannsthal, Hugo von 272
Holaubek, Josef 7
Hollein, Hans 304
Hrdlicka, Alfred 51, 201, 285
Hundertwasser, Friedensreich 304
Jandl, Ernst 318
Januschek, Franz 140
Jelinek, Elfriede 9, 125 f., 145, 148, 176 f., 201, 235, 292, 298 f., 301
Josef II. 35, 49, 209, 270
Jünger, Ernst 284

Kahn, Oliver 17
Kerscher, Martin 18
Keynes, John Maynard 263
Khol, Andreas 117
Kippenberger, Martin 191
Kirch, Leo 260
Klaus, Josef 48
Klestil, Thomas 16, 61, 221, 287
Klier, Walter 302
Klima, Viktor 65, 69, 81 ff., 113, 150, 279
Klimt, Gustav 89
Klinger, Edith 209
Kobenter, Samo 76 f.
Kolig, Anton 146
Kolig, Cornelius 94, 146 f., 201, 270
Kolleritsch, Alfred 318
König, Franz Kardinal 19, 60
Konrad, Christian 231
Konrad, Helmut 177 f., 183
Koref, Ernst 107
Kos, Wolfgang 11
Kraus, Karl 126, 234, 264, 290 f., 313, 317 f.
Kreisky, Bruno 29, 31, 47 ff., 57, 60 f., 63, 74, 84, 86, 106, 114, 118, 136, 149, 178, 184 f., 232, 237, 257 f., 260, 269, 276, 278, 285, 287, 296, 299
Krenn, Kurt 19 f., 35, 116, 157, 193, 240, 284
Kuzmics, Helmut 53
Lauda, Niki 23
Le Pen, Jean-Marie 124 f.
Lepenies, Wolf 288
Lehmann, Silvio 61
Leitgeb, Gerd 219 f.
Lenhardt, Dieter 273
Lewinsky, Monica 191 f.

Liessmann, Konrad Paul 86, 287 f., 292
Lingens, Peter Michael 171, 180, 182, 233, 253
Lobisser, Suitbert 191
Löffler, Margot 221
Löffler, Sigrid 232
Löschnak, Franz 69
Ludwig XIV. 270
Macho, Thomas 175, 243
Mahr, Hans 237
Maier, Hermann 10 ff., 30
Maier, Michael 246
Mailer, Norman 235
Maleta, Alfred 108
Marchart, Oliver 302
Maria Theresia 35
Marin, Bernd 47
Martin, Wolf 20, 176, 201
Matejka, Viktor 39
Meischberger, Walter 157
Menasse, Robert 73, 85 f., 88, 91 f., 94, 110, 145, 148, 155, 287, 292, 296, 298, 300, 310
Milosevic, Slobodan 294
Mock, Alois 60, 72, 117, 252, 297
Mölzer, Andreas 141, 149, 194, 284
Mortier, Gérard 201
Mozart, Wolfgang Amadeus 308
Muehl, Otto 147, 177, 302, 304
Müller, André 272
Müller, Gerd 16
Muliar, Fritz 272
Musil, Robert 23, 310
Muster, Thomas 16
Nadler, Josef 268
Napoleon I. 35
Nenning, Günther 20, 187, 284
Nestroy, Johann 273

Neugebauer, Wolfgang 162 f., 171
Nimmerrichter, Richard (»Staberl«) 24, 144, 171, 194 ff., 205 f., 209, 219, 233, 235, 298
Nitsch, Hermann 9, 144, 146 f., 152, 201, 270, 273, 285, 298, 302
Nouvel, Jean 307
Nowotny, Ewald 46
Olah, Franz 179 f., 182 ff., 186, 214
Omofuma, Marcus 99, 203
Ottomeyer, Klaus 136, 138 f., 147, 151
Pasterk, Ursula 95, 125, 143, 271
Paz, Ocatvio 307
Pelinka, Anton 41, 112
Peter, Friedrich 57, 161
Peymann, Claus 65, 96, 125, 145, 177, 201, 244, 265, 270 ff., 301
Pezzl, Johann 299
Portisch, Hugo 230, 255
Potemkin, Grigori Alexandrowitsch 79
Praschak, Gerhard 76, 79 f., 118
Priessnitz, Reinhard 269
Prohaska, Herbert 14
Proksch, Udo 54 f., 118
Raab, Julius 44, 67, 107 f.
Rabl, Peter 232
Rainer, Friedrich 146
Rauscher, Hans 153, 253
Reder, Walter 57
Renner, Karl 32 f., 36, 38, 42, 107
Richter, Helmut 307
Riess-Passer, Susanne 157
Rosenstingl, Peter 31
Roth, Gerhard 145, 286, 295, 308
Rudas, Andreas 300
Rumpold, Gernot 157 f.
Rutschky, Michael 117
Safrian, Hans 39
Sailer, Toni 10
Sandgruber, Roman 40
Schandl, Adolf 7
Schärf, Adolf 38, 44, 107 f.
Scharang, Michael 265, 290 ff.
Scharping, Rudolf 297
Scharsach, Hans-Henning 158
Scheibner, Herbert 157
Schiele, Egon 191
Schiller, Friedrich von 76
Schimanek, Hans-Jörg 152, 272 f.
Schlögl, Karl 99
Schmidt, Arno 309
Schmidt, Heide 162
Schmitt, Carl 284
Schnell, Karl 153
Scholten, Rudolf 74, 84, 95, 125, 143 f., 201, 278
Schönhuber, Franz 125
Schranz, Karl 257
Schreinemakers, Margarete 314
Schröder, Gerhard 16, 91, 106, 124, 297
Schürrer, Hermann 308
Schuh, Franz 141, 145, 211, 265, 276, 292, 308 ff.
Schulmeister, Stefan 73, 151
Schumann, Erich 226, 228
Schuschnigg, Kurt 37
Schüssel, Wolfgang 73 f., 90, 97, 114 ff., 134
Schutting, Julian 308
Schwarzenegger, Arnold 11
Sebestyén, György 318
Sennett, Richard 171
Sichrovsky, Peter 149
Sika, Michael 100

Sinowatz, Fred 54, 58, 60, 260, 271
Spiel, Hilde 215, 217
Stadler, Ewald 157
Stalin, Jossif Wissarionowitsch 108
Steger, Norbert 60, 162
Stojsits, Terezija 118
Stourzh, Gerald 107, 111
Strauß, Franz Josef 135
Stronach, Frank 17 ff.
Swoboda, Ernst 228
Thorsch, Familie 102
Tietmeyer, Hans 117
Tramontana, Reinhard 204
Turrini, Peter 145, 177, 201, 285 f., 296
Vodopivec, Alexander 195
Voggenhuber, Johannes 113
Vogt, Werner 289
Votzi, Josef 233
Vranitzky, Franz 47, 53, 58 ff., 82 ff., 97, 110, 133 f., 137, 144, 150, 155, 158, 184, 197, 251 f., 273

Vujica, Peter 291
Waldheim, Kurt 26, 29, 34, 47, 52, 59 ff., 110, 117, 178, 198, 200, 233, 251, 268, 272, 277, 286 f., 301
Weber, Max 297
Weber, Stefan 240
Webhofer, Wilhelm 164
Weinzierl, Erika 34 f.
Weis, Gerhard 261
Welan, Manfried 41
Westenthaler, Peter 136, 157
Wiesenthal, Simon 57
Wlaschek, Karl 65
Wojtyla, Karol (Johannes Paul II.) 20, 60
Worm, Alfred 232
Wotruba, Fritz 211
Zeiler, Gerhard 260 f.
Zenker, Helmut 217
Zernatto, Christof 129, 152
Zeyringer, Klaus 310
Zumthor, Peter 307

Inhalt

I Trauma, Trick und Telefon
   Das österreichische Inland, als Panorama
   betrachtet 5

II Jetzt wird alles anders
   Das achtzehnte Kamel der österreichischen
   Identität 28

III Franz Vranitzky: Ausgleich
   Österreichs turbulenter Aufbruch in die
   europäische Normalität 58

IV Viktor Klima: Bildinfarkt
   Wo, bitte, geht's hier zum Dritten Weg? 81

V Guten Rutsch in den Putsch
   Mutmaßungen über Jörg Haider 123

VI Schöpfung der Krone
   Ein Land als Seifenoper seiner mächtigsten
   Zeitung 174

VII Seid wachsam!
   Acht Kolportagen über Medien und Politik
   in Österreich 216

VIII Am Buffet mit Intellektuellen
   28 Häppchen und drei Hauptgänge:
   Peymann, ein Nachruf. Scharang, eine Polemik.
   Schuh, eine Reverenz 265

Bibliographie 324

Register 331